Dörte Jödicke, Karin Werner
KulturSchock Ägypten

"Iß, was dir schmeckt und ziehe an, was den anderen gefällt."

Ägyptisches Sprichwort

Der
Reise Know-How Verlag Peter Rump GmbH
ist Mitglied der Verlagsgruppe

REISE KNOW-HOW

Dörte Jödicke, Karin Werner

KulturSchock Ägypten

Impressum

Dörte Jödicke, Karin Werner
KulturSchock Ägypten

REISE KNOW-HOW Verlag Peter Rump GmbH
Hauptstr. 198
33647 Bielefeld/Brackwede

1. Auflage 1996

Umschlaggestaltung: M. Schömann, P. Rump
Fotos: © Roswita Gost
Umschlagfoto: © Sigrid Tondok
Lithographie, Druck, Bindung: Fuldaer Verlagsanstalt GmbH, Fulda

ISBN: 3-89416-080-2

PRINTED IN GERMANY
Dieses Buch ist erhältlich in jeder Buchhandlung der BRD, Österreichs, der Niederlande und der Schweiz.
Bitte informieren Sie Ihren Buchhändler über folgende Bezugsadressen:
BRD: Prolit GmbH, Postfach 9, 35461 Fernwald (Annerod)
Schweiz: AVA-buch 2000, Postfach, CH-3910 Affoltern
Österreich: Mohr Morawa Buchvertriebs GmbH, Sulzengasse 2, A-1060 Wien
Niederlande: Nilsson & Lamm BV, NL-1380 AD Weesp

Wer im Laden trotzdem kein Glück hat, bekommt unsere Bücher gegen Voreinsendung des Kaufpreises plus 4,50 DM für Porto (Scheck im Brief) direkt bei:
Rump-Direktversand
Heidekampstr. 18, 49809 Lingen (Ems)

Einführung 9

Ägyptens Vergangenheit
– Stationen der Geschichte

Urbanes Leben – Die Nilmetropole Kairo

Ländliches Leben – Die Fellachen

Wirtschaft und Tourismus

Konsumkultur

Der Alltag des Reisenden

Anhang

Einführung

Ägypten, das Land, das sich auf Touristik-Prospekten als grandiose Ansammlung von Pyramiden, Tempeln und Moscheen, als Serie monumentaler Naturschönheiten und als pittoreske, orientalisch anmutende, Alltagskultur präsentiert, hat Reisenden viel zu bieten. Der zu Anfang für die meisten wahrscheinlich verwirrende Eindruck von bekannten und fremd oder gar exotisch anmutenden Aspekten wird noch größer, wenn man die jüngsten Entwicklungen im Lande verfolgt und hier insbesondere die wachsende Kluft zwischen westlich orientierten Lebensstilen und dem an Einfluß gewinnenden islamischen Fundamentalismus. Militante islamische Fundamentalisten waren es denn auch, die mit einer Serie von Anschlägen auf Besucher des Landes ein klares Statement zum Thema Tourismus in Ägypten abgaben, den sie als wesentlichen Faktor in einem umfassenden Verwestlichungsprozeß des Landes begreifen. Daß solche Gewalttaten Irritationen und auch Angst bei potentiellen Reisenden hervorrufen, ist verständlich, besonders da diese Gewalttaten in den Massenmedien als "Spitze eines fundamentalistischen Eisberges" dargestellt wurden. Daß man mit Ängsten viel Geld verdienen kann, ist Medienmachern seit langem bekannt, und was eignet sich hierzu besser als die über Jahrhunderte kultivierte Kluft zwischen Okzident und Orient, die in der Berichterstattung über den islamischen Fundamentalismus in Ägypten durch geschickte (Bild)sprache dramatisch vertieft wird?

Die Effekte solcher Medienberichterstattung füllen bedauerlicherweise nicht nur die Kassen der Produzenten, sie hinterlassen leider auch Spuren in den Vorstellungen ihrer Konsumenten, deren Wahrnehmung der islamischen Kultur(en) hiervon nicht unberührt bleibt. Suggestive Bilder von verschleierten Frauen als Ikonen des Exotischen graben sich tief ins Bewußtsein der Menschen in Mitteleuropa, die mittlerweile zwar "cool" auf tätowierte und gepiercte Körper reagieren, die aber, wenn sie einen Gesichtsschleier sehen, emotional außer Rand und Band geraten. Die verstärkte Sensibilität und tendentielle Hysterie des Westens gegenüber dem islamischen Kulturraum und seiner Symbolik zeigt sich auch an dem Umstand, daß Gewalttaten im Zeichen des Islam diesseits der kulturellen Demarkationslinie als erheblich bedrohlicher empfunden werden als Problempotentiale, denen Reisende anderswo ausgesetzt sind. So kann man davon ausgehen, daß das unlängst von Bombenattentaten heimgesuchte Paris nach wie vor eines der prominentesten Reiseziele in Europa bleiben wird.

Auch das Risiko, in Florida Opfer von Touristenmördern zu werden, hält nur die allerwenigsten davon ab, das Land jenseits des großen Teiches zu bereisen. Im Unterschied dazu nimmt man im Westen die Gefahren, die mit einem Urlaubsaufenthalt in Ägypten verbunden sind, als erheblich bedrohlicher wahr und reagiert mit Skepsis und Zurückhaltung. Wie es scheint, ist ein Ende der Polarisierung der beiden Kulturräume noch lange nicht in Sicht. Zum Verständnis des gesamten Ausmaßes dieser Entwicklung muß angemerkt werden, daß das Befremden über die andere Kultur nicht nur ein Phänomen ist, das im Westen in bezug auf den Nahen und Mittleren Osten ausgeprägt ist, sondern auch jenseits der kulturellen Demarkationslinie gegenüber den westlichen Gesellschaften.

Das doppelte Dilemma ist Grund genug, sich etwas eingehender mit Ägyptens Kultur zu beschäftigen. Dies ist besonders sinnvoll, wenn man vorhat, das Land zu bereisen. Entgegen eben den Versuchen, die kulturelle Vielfalt zugunsten von griffigen Polarisierungen einzuebnen, soll der potentielle Besucher in dem vorliegenden Buch Einblicke in die verschiedenen kulturellen Facetten und Subkulturen des Landes bekommen. Dies soll hier nicht aus der Perspektive des "göttlichen Zuschauers" erfolgen, der sich nur qua theoretischer Betrachtung auf dem Papier mit dem Land auseinandersetzt, sondern aus der Perspektive von Reisenden, die im Mittelpunkt aller Beschreibungen stehen. Die Wege und potentiellen Erfahrungen bzw. Begegnungen von Reisenden in Stadt und Land markieren die Positionen, also hier die Kapitel, des vorliegenden Textes. So beschreibt das ***erste Kapitel*** im wesentlichen die Abschnitte ***ägyptischer Geschichte***, die heute in Form von archäologischen Sehenswürdigkeiten von den Besuchern des Landes erschlossen werden. Hinter den Stationen der Geschichte, ein oft trockener und langweilig anmutender Stoff, verbergen sich mitunter amüsante Anekdoten, die oftmals von der Gegenwart nicht allzu weit entfernt scheinen.

Das ***zweite Kapitel*** zur ***Metropole Kairo*** ist im Unterschied dazu gegenwartsbezogen und konfrontiert den Leser mit der wunderbaren Großstadt am Nil. Dissonant, schrill, anstrengend und doch immer wieder anders als man es erwartet, präsentieren sich die Mega-Stadt und ihre Einwohner, deren Lebenswelten hier beschrieben werden. Die Sichtweise verschiedener urbaner Milieus wird wesentlich vom Selbstverständnis der Bewohner geleitet, der Leser flaniert informiert sowohl durch die Szenerie des gediegenen postkolonialen Stadtteils ZAMALEK als auch durch die dicht besiedelte turbulente Ruinenlandschaft des islamischen Kairo. Kulturschockerfahrungen, die oft in Fragen einmünden wie: "Warum ist hier alles so schmutzig?" oder "Warum ist der Verkehr so chaotisch?" und "Warum funktioniert denn hier vieles trotzdem?" versucht das Kapitel zu beantworten und so den Leser ein Stück weit auf die ihn erwartenden Erlebnisse vorzubereiten.

Das ***dritte Kapitel*** zum ***Leben auf dem Land*** beschäftigt sich sowohl mit dem Land als Wirtschaftsraum als auch mit den Konturen des ländlichen Alltagslebens. Die Bedeutung und Struktur der Familie werden ebenso thematisiert wie die Konsequenzen ländlicher Wanderarbeit, die in den vergangenen Jahrzehnten das dörfliche Leben geradezu revolutionär veränderte. Reisende, die Dörfer besuchen, werden dort Bestandteile moderner Kultur wie Steinhäuser, asphaltierte Straßen, Fernseher und anderes vorfinden. Dennoch sind hier auch traditionelle Lebensweisen nach wie vor existent.

Eine Lebensart, der vor allem Sinaireisende begegnen werden, ist die der ***Beduinen,*** deren Existenz sich seit einigen Jahrzehnten in einem Transformationsprozeß befindet. Ausgehend von der historischen Situation der Wüstensöhne und der Schilderung der praktische Lebensorganisation unter ökologisch schwierigen Bedingungen werden in ***Kapitel vier*** einige der wichtigsten aktuellen Einflußfaktoren auf das Leben der Wüstenbewohner geschildert. Staatliche Maßnahmen zur Seßhaftmachung der Beduinen und die durch die Ausbreitung des Tourismus veränderten aktuellen Lebensbedingungen der Beduinen werden im Rahmen dieses Kapitels beschrieben.

Der Blick auf die Einheit in der ***Vielheit Islam*** bestimmt den Verlauf von ***Kapitel fünf.*** Nach einer Darstellung der Grundelemente islamischer Geschichte sowie einiger Grundregeln der islamischen Religion widmet sich das Kapitel jüngeren historischen Entwicklungen. Der ägyptische Beitrag zum modernen Reformislam im 19. Jh. wird ebenso behandelt wie der Sufismus und die im 20. Jh. stattfindende Entwicklung des islamischen Fundamentalismus. In kurzen Beiträgen werden die Sichtweisen islamischer Fundamentalisten präsentiert, die das Phänomen dem Leser ein wenig nachvollziehbar machen.

Um die Situation der ***ägyptischen Frauen*** geht es dann im ***sechsten Kapitel.*** Der Text beginnt mit der kritischen Darstellung einiger westlicher Vorurteile gegenüber ägyptischen Frauen. Daran schließt eine chronologisch gegliederte Betrachtung der Situation der Ägypterinnen in der Moderne an. Die Emanzipationsbestrebungen ägyptischer Frauen im Rahmen der Nationalbewegung, die Position der Frauen im nasseristischen Ägypten und schließlich deren gegenwärtige Situation sind die Stationen, anhand derer die Darstellung erfolgt.

Die soziale ***Kerninstitution Familie*** steht im Zentrum des ***siebten Kapitels.*** Hier geht es darum zu zeigen, daß in Ägypten jedes soziale Milieu eigene Formen der Familie hat. Es werden ländliche, traditionell-städtische und modern-städtische Typen von Familie präsentiert. Die hier vorfindbaren Geschlechter- und Altersordnungen werden zum Teil anhand von Interviewauszügen mit Ägyptern veranschaulicht.

Kapitel acht befaßt sich dann mit ***Wirtschaft und Tourismus*** in Ägypten. Dieses Kapitel kann helfen, die aktuellen Probleme vieler Ägypter besser zu verstehen. Wer sind die Gewinner und Verlierer der seit den 70er Jahren praktizierten Politik der Weltmarktintegration? Welche Rolle spielt der Tourismus im wirtschaftlichen Prozeß? Solche und andere Fragen werden hier anhand von konkreten Beispielen behandelt.

Ein wichtiger Faktor der ägyptischen Kultur sind die ***Massenmedien,*** deren reiche Fülle von recht unterschiedlichen sozialen Gruppen produziert und konsumiert wird. Wie in dem Kapitel dargelegt wird, sind die Massenmedien ein ideologisches Schlachtfeld, auf dem westlich und islamistisch orientierte Positionen miteinander konkurrieren.

Ausführliche Tips erhalten Ägyptenreisende in ***Kapitel zehn***, welches darauf abzielt, ***interkulturelle Mißverständnisse*** zwischen Ägyptern und deutschsprachigen Besuchern zu minimieren. Im Rahmen des Kapitels werden die von Deutschen und Ägyptern wechselseitig aufeinander projizierten Stereotypen ebenso dargestellt wie gängige Verhaltenskonventionen in Ägypten. Hier werden neben Kleider- und Verhaltensregeln auch Formen des Kennenlernens von Ägyptern und die ägyptische Gastfreundschaft zum Thema. Das Kapitel endet mit Hinweisen für das Handeln und Feilschen in Ägypten.

Die in unserem Buch verwendete ***Umschrift*** ägyptisch-arabischer Begriffe stellt eine vereinfachte Version der Umschrift der Deutschen Morgenländischen Gesellschaft dar.

Wir wünschen den Lesern eine ebenso interessante wie fruchtbare Lektüre und einen faszinierenden Aufenthalt in Ägypten!

Dörte Jödicke
Karin Werner

Ägyptens Vergangenheit – Stationen der Geschichte

Wandgemälde aus dem Grab Sethos I

"Ich folgte dem Ruf einer romantischen und perfekten Vergangenheit, die mich mehr interessierte als die unnatürliche und unruhige Gegenwart."

Francis Frith, Ägypten-Besucher des 19. Jahrhunderts

Die Faszination, die Ägypten auf nahezu jeden Reisenden ausübt, ist ein altbekanntes Phänomen: Die ersten Touristen entdeckten seine Reize bereits im 2. Jahrtausend v. Chr., wenn nicht noch früher. Der bekannte griechische Historiker *Herodet* schwärmte um 450 v. Chr. vom "Geschenk des Nils", dessen Wunder und Überraschungen alle anderen ihm bekannten Länder übertreffe.

Heute bietet sich den Besuchern Ägyptens das Bild einer mehrtausendjährigen, kontinuierlichen Geschichte, die von Beginn an vom Nil geprägt war. Durch die Abgeschiedenheit der fruchtbaren Schwemmlandgebiete, die sich einer Insel gleich inmitten weiter Wüstenlandschaften befanden, war es dem Land möglich, eine eigenständige Hochkultur zu entwickeln. Über lange Zeiträume blieben die Ägypter autark und wurden lediglich von vereinzelten Eroberungszügen regionaler Nachbarn in ihrer Ruhe gestört. Auch mehrere Epochen einer frühen Fremdherrschaft konnten der ägyptischen Identität und Kultur nicht viel anhaben.

Heute bildet das Bewußtsein der ägyptischen Bevölkerung für ihre eigene, weit zurückreichende und wechselvolle Geschichte sicherlich die Basis für ihren Stolz und glühenden Patriotismus. Aber auch für ihre Aufgeschlossenheit, ihr Interesse und die überwältigende Gastfreundschaft gegenüber den Besuchern ihres Landes.

Frühzeit - Thinitenzeit (ca. 3000-2780 v. Chr.)

Begonnen hat die wechselvolle Geschichte Ägyptens vor 5000 Jahren, als König *Menes* (auch unter dem Namen *Aha* bekannt) die Reichseinigung von Ober- und Unterägypten einleitet und zum ersten Mal ein Herrscher beide Kronen trägt. Da *Menes* aus THINIS in Oberägypten stammte, wird er in der Literatur als Thinitenkönig, seine Epoche als Thinitenzeit bezeichnet. Zum Verwaltungs- und Regierungssitz wird MEMPHIS bestimmt. Im Zuge der fortschreitenden Konsolidierung der Staatsmacht verlieren die Stammesverbände nach und nach ihren Einfluß und ihre Unabhängigkeit. Diese dynastische Frühzeit kann als eigentliche "Geburt" der ägyptischen Hochkultur bezeichnet werden. Die Einführung von Kalender und ersten Formen der Verschriftlichung sind erste Anzeichen für das, was folgt.

Altes Reich - Pyramidenzeit (ca. 2780-2263 v. Chr.)

Dieses Zeitalter gilt als das der Monumentalbauten. König *Djoser* ließ in SAKKARA die Stufenpyramide errichten, die noch heute als eine der großartigsten künstlerischen und technischen Leistungen gilt. Unter *Snofru* entstehen zwei Pyramiden in DAHSHUR, und in GIZA werden die bekannten Cheops-, Chephren-, und Mykerinospyramiden erbaut. In diese Epoche fällt auch die Entstehung der Pyramidentexte: Pharao *Unas,* der etwa von 2355 bis 2325 v. Chr. das Land beherrschte, ließ als erster in seiner Pyramide in Sakkara die magischen, vom Totenkult zeugenden Schriften anbringen.

Parallel werden die Handelsbeziehungen und Märkte ausgebaut: Rinder, Bodenschätze wie Kupfer und Gold werden aus Nubien, dem Sudan und der Halbinsel Sinai herangeschafft. Holz für den Schiffsbau und Menschen für die anwachsende Armee werden ebenso dringend benötigt; von der Küste Somalias werden Weihrauch, Parfüm, Elfenbein, Gold und Ebenholz bezogen.

Der Kraftakt dieser Handelsexpeditionen und der gewaltigen Bautätigkeit zeugt von einem voll funktionierenden und durchorganisierten Staatsapparat, dessen absolute Macht der König vertrat *(pharao* = das Große Haus).

Mittels einer straff organisierten Beamtenschaft, der die Verwaltung der einzelnen Gaue obliegt, wird für lange Zeit die Aufrechterhaltung der inneren

Blick auf die Pyramiden von Giza

Ordnung gewährleistet, bis eben jener Beamtenstand sich zu einem Gaufürstentum wandelt und die absolute Macht des Pharaos langsam aber sicher dezentralisiert. Zuletzt kommt es durch die Lossagung einzelner Gaue vom "Großen Haus" und den Aufstand der Nubier zum Zusammenbruch des Alten Reiches.

Erste Zwischenzeit – Herakleopolitenzeit (ca. 2263-2040 v. Chr.)

Das ägyptische Reich zerfällt, die Zeit ist geprägt von ständigen Unruhen, blutigen Aufständen und anarchischen Zuständen. In Oberägypten regieren ungeachtet einer staatlichen Macht die Gaufürsten, während Beduinenstämme nahezu ungehindert das Delta plündern können. Das Chaos ist komplett. Kein Wunder, daß in dieser Phase die großen Bauten ausbleiben und das künstlerische Niveau allgemein absinkt. Zwei einflußreiche Teilstaaten - THEBEN und HERAKLEOPOLIS - entstehen und versuchen, die von ihnen kontrollierten Gebiete zu erweitern. Die Herakleopoliter beherrschen zeitweilig strategisch wichtige Gebiete - das Delta und MEMPHIS - daher gilt diese Epoche als Herakleopolitenzeit.

Mittleres Reich (ca. 2133-1680 v. Chr.)

Aus dem Machtkonflikt zwischen Thebanern und Herakleopolitern gehen die thebanischen Grafen schließlich siegreich hervor. Um 1040 v. Chr. gelingt dem Thebaner *Mentuhotep I* die Wiedervereinigung von Ober- und Unterägypten. Unmittelbar darauf beginnt er, mit umfassenden Maßnahmen die alten Machtverhältnisse zu rekonstruieren. Residiert wird erst in THEBEN, später in MEMPHIS. Die wachsende politische Stabilität ermöglicht materiellen Wohlstand, und sukzessive kommt wieder neues Leben in die Architektur, die bildende Kunst - Rundplastik und Relief erleben neue ästhetische Dimensionen - und in die Literatur. Zeugnis von dieser Art "Renaissance" im Mittleren Reich legen zahlreiche Bauwerke und Kunstschätze ab: Die wichtigsten erhaltenen Denkmäler sind die Pyramiden in LISCHT, der Obelisk in HELIOPOLIS, die als Labyrinth angelegte Grabstätte von *Anemenhet III* im nördlichen FAYYUM. Während sich die Künste vervollkommnen, reicht Ägyptens Einfluß von Nubien über Libyen, Palästina, Syrien und den östlichen Mittelmeerraum bis nach Griechenland!

Jedoch kommt es wieder zu internen Thronstreitigkeiten und zu erneuter Auflösung des Einheitsstaates. Während die innenpolitische Situation von Instabilität und Zwistigkeiten geprägt ist, gelangen Invasoren aus der vorderasiatischen Region ins östliche Delta.

Zweite Zwischenzeit
- Hyskoszeit (ca. 1680 -1527 v. Chr.)

Diese Invasionen waren nur der Anfang. Aus Asien gelangen schließlich die *Hyskos,* was soviel wie "Hirtenkönige", bzw. "Häuptlinge der Fremdvölker" bedeutet, ins Ostdelta und errichten dort ihre Residenz in AURIAS. Der damals herrschende König *Didimose* wird verjagt und *Memphis* erobert. Danach steht der Übernahme des Reiches nichts mehr im Wege. Die Herrschaft der Hyskos dauert 100 Jahre, während derer sie nichts bedeutend Neues in die ägyptische Kultur einbringen; sie scheinen eher bestrebt, sich im Vorhandenen einzurichten. Einzige Ausnahme bilden hierbei Pferde und Wagen, ein absolutes Novum in Ägypten, welches das Rad noch nicht erfunden hatte, ebenso metallbewehrte Waffen, Schilde und Helme. Im entfernt liegenden Theben bildet sich währenddessen - dem offiziell zur Schau getragenem Vasallentum zum Trotz - eine starke ägyptische Herrscherklasse heraus, die aus ihrer Mitte Könige bestimmt und zum Widerstand gegen die Hyskos mobilisiert. Doch erst mit *Ahmose,* der als Gründer des Neuen Reiches bezeichnet wird, gelingt um 1550 v. Chr. die endgültige Vertreibung der Hyskos aus Ägypten. Der Pharao bringt darüber hinaus die innen- und außenpolitische Neuordnung des Landes zustande.

Neues Reich
- Zeit des Großreiches (ca. 1550-1070 v. Chr.)

In dieser Phase dominieren die Großmachtsbestrebungen. Unter Pharao *Thutmosis I,* der etwa um 1511 v. Chr. auf den Thron gelangte, erweitert Ägypten seine Grenzen: Die Südgrenze liegt tief im heutigen Sudan, im Norden wird bis Syrien vorgerückt. Dem Pharao folgt sein Sohn, *Thutmosis II,* auf den Thron. Er war übrigens Halbbruder und Gemahl der legendären Königin *Hatschepsut.* Sie, durch ihre direkte Abstammung vom Pharao und seiner ersten Gemahlin priviligiert, ermöglichte *Thutmosis II* erst die vollen Königswürden, da er lediglich Kind einer der vielen Haremsfrauen war. Nach seinem Tod übernimmt sie die Regentschaft, sie krönt sich selbst und triumphiert so 22 lange Jahre über ihren Stiefsohn *Thutmosis III,* der ebenfalls Ansprüche auf den Thron erhebt. Der Felsentempel in DEIR EL-BAHARIYA ist das bekannteste Zeugnis ihrer Herrschaft.

Als *Thutmosis III* endlich an die Macht gelangt, ist er nicht eben gut auf seine Stiefmutter zu sprechen: In kleinlich anmutender Manier versucht er, ihr Andenken auszulöschen, indem er den Namen *Hatschepsuts* aus Schrifttexten und Bauwerken entfernt und ihn durch seinen eigenen, bzw. den seines Vaters ersetzt. Dann setzt er die Eroberungsfeldzüge seiner Vorfahren erfolgreich fort und besiegt das gesamte Syrien, Nordmesopotamien, Libyen und

Moses und Ägypten

Laut Bibeltexten des Alten Testamentes war der Exodus des Volkes Israel aus Ägypten, als dessen dramatischer Höhepunkt die Verkündung der zehn göttlichen Gebote gilt, eine gefahrenvolle, durch Irrungen und rettende Wunder gekennzeichnete Reise. ...

Bereits geraume Zeit zuvor (ca. 2000 v. Chr.) waren israelische Nomadenstämme, wie auch zahlreiche andere, auf der Suche nach Wasser und Weideplätzen auf die Sinai-Halbinsel und bis nach Ägypten gelangt. Sie wurden von den ägyptischen Pharaonen über lange Zeit toleriert, bis sie ca. im 13. Jahrhundert zur Fronarbeit gezwungen wurden. Laut historischer Quellen geschah der Auszug der Israeliter während der Regentschaft des *Merenptah* (1224 - 1204 v. Chr.), welcher der Ramessiden-Dynastie entstammte. Es wird angenommen, daß aufgrund außenpolitischer Turbulenzen, die während dieser Epoche das politische Geschehen bestimmten, die abrückenden Hebräer auf wenig Widerstand seitens ihrer Herrscher stießen. Moses ist die zentrale Figur dieser Abwanderung. Er wurde in Ägypten geboren und wuchs möglicherweise am Hof des Pharaos auf. Die hinlänglich bekannte "Binsenkorb-Geschichte" des Findelkindes *Moses,* das von der Pharaonentochter im Schilf entdeckt wird und unter ihrer Obhut lebt, ist historisch nie belegt worden und gehört wohl eher ins Reich der Legenden.

Nachdem *Moses* einen Wächter ermordet hat, muß er in die Wüste fliehen. Er schließt sich den Medianitern, einem hier lebenden Volksstamm, an und heiratet eine ihrer Frauen. Moses hütet das Vieh seines Schwiegervaters und lernt das Überleben in der Wüste - eine Zeit, die ihn für die spätere anstrengende Odyssee ins gelobte Land schult und abhärtet. Als er wieder einmal mit der Herde unterwegs ist, spricht *Jahwe* (der jüdische Gott) zu ihm und fordert ihn auf, sein Volk aus Ägypten zu führen. Erst sträubt sich Moses, später aber fügt er sich dem göttlichen Auftrag. Laut Bibeltexten machen sich mehr als eine halbe Million Israeliten unter seiner Führung auf den Weg, eine Zahl, die Wissenschaftler als völlig unrealistisch bewerten und eher von ein paar tausend Menschen ausgehen.

Die biblische Version, derzufolge Moses die Meeresfluten für sein Volk teilt und es sicher hindurchführt, während die nachsetzenden Verfolger ertrinken, ist immerhin denkbar. Eini-

Nubien. Damit hat Ägypten eine unbestrittene Vormachtstellung in der Region, THEBEN ist sozusagen der Mittelpunkt der Welt, und aus den neuen Kolonien fließen vielfältige Reichtümer ins Land. Berühmte Bauwerke aus dieser Zeit sind der Tempel von LUXOR, der unter *Amenhotep III* entstand, und die Memnoskolosse, Überreste seines Grabmals. Doch dann kommt es - mal wieder - zum Bruch mit dem Althergebrachten. *Amenhotep IV,* der sich *Echnaton* nennt und in den Jahren zwischen 1364 und 1347 v. Chr. das Land beherrscht, bringt die sehr starke und mächtige Priesterschaft des Reiches gegen sich auf, als er die Amun-Religion, der das gesamte Reich anhängt, verwirft und stattdessen die Vergöttlichung der Sonnenscheibe Aton - und nur dieser - durchsetzen will. Weder Volk noch Amunpriester stehen einmütig hinter diesem Entschluß, und es kommt zu Spannungen innerhalb des Reiches. Währenddessen ist der Pharao eifrig bemüht, sämtliche Spuren der alten Religion im Lande zu tilgen und eine neue Philosophie zu verkünden, die Liebe als erstrebenswerteste Macht überhaupt preist. Er ordnet sogar eine völlig neue Stilrichtung in der Kunst an: statt wie bisher die Abbilder der Pharaonen stilisiert und ziemlich starr zu gestalten, werden sie nun in expressio-

ge Wissenschaftler gehen davon aus, daß die Hebräer, mit nur wenig Gepäck belastet, durchaus im Stande gewesen sein können, die flachen Ausläufer des Roten Meeres zu überwinden - die Verfolger mit schweren Waffen, Pferden und Gepäckwagen jedoch nicht. Später wird die mühsame, stockende Reise in Richtung KANAAN fortgesetzt. Dabei bestimmen die für die Wüste typischen Orientierungspunkte wie Brunnen, Quellen und Weideplätze Tempo und Ausrichtung der Route. Hunger, Durst, Erschöpfung und feindliche Nomadenstämme erschweren das Fortkommen der Hebräer, von denen die meisten niemals zuvor unter den harten Bedingungen der Wüste existieren mußten. Ihr Leben in der zivilisierten Hochkultur Ägyptens rüstete sie nur schlecht für solche Widrigkeiten. Es kommt zu Meutereien gegen den Anführer *Moses,* und man beginnt sich zu fragen, ob eine Rückkehr nach Ägypten nicht das Sinnvollste sei. Dort wartet zwar die Fronarbeit statt des gelobten Landes, aber wenigstens nicht der sichere Tod. In der kritischen Situation ereignen sich - Gott sei dank - die Wunder, die das geschwächte Volk zum Durchhalten bewegen: Aus der Mosesquelle steigt frisches Wasser empor, Manna fällt vom Himmel, und Wachteln erscheinen in schönster Schlaraffenlandmanier, um sich verspeisen zu lassen.

Was wie ein Wunder erscheint, hat auch hier eine gewisse Tatsachen-Basis: Zugvögelschwärme suchen tatsächlich regelmäßig den Sinai auf und sind nach ihren lange Flügen erschöpft genug, um sich leicht einfangen zu lassen. Bei "Manna", dem himmlischen Brot, könnte es sich um die süßen Absonderungen von Blattläusen, die von Bäumen auf die Erde herabrieseln, gehandelt haben.

In der Beschreibung des Exodus mischt sich Wahrscheinliches mit Unwahrscheinlichem, und alles in allem sind die Wissenschaftler heute der Meinung, daß in den Schilderungen der Bibel verschiedene Legenden, Geschichten und Ereignisse, die den unterschiedlichsten Nomadenstämmen der Region enstammten, zu einer Erzählung verschmolzen sind.

Auch der Berg, auf dem Gott *Moses* die Tafeln mit den zehn Geboten überantwortet haben soll, war Gegenstand von zahlreichen Untersuchungen. Es wurde im Lauf der Zeit mehreren Gipfeln des Sinai diese Auszeichnung zuteil, bis die Gläubigen sich auf den 2285 hohen GEBEL MUSA, den Mosesberg einigen konnten. Er ist bis in die Gegenwart hinein eine Pilgerstätte für Christen aus aller Welt.

nistischer Manier und teilweise grotesk anmutend mit allen körperlichen Unvollkommenheiten dargestellt. Ein beeindruckendes Beispiel für dieses neue Kunstverständnis ist im Ägyptischen Museum in KAIRO zu sehen: eine Statue aus Sandstein (ca. 1365 v. Chr.), die den Herrscher selbst zeigt, schmal und vergeistigt.

Und wie immer, wenn Ägypten vorwiegend mit sich selbst befaßt ist, klopfen die Invasoren an die Pforten des Großen Hauses. Diesmal sind es die Hethiter, welche die internen Schwierigkeiten nutzen, um nach Syrien vorzudringen und die ägyptische Vormachstellung zu gefährden.

Die berühmte Schönheit *Nofretete, Echnatons* Frau, hat keinen Sohn, und so wird im Jahre 1347 v. Chr. *Tut-ench-Aton,* ein Schwiegersohn des verstorbenen *Echnatons,* neuer Pharao. Er schlichtet den Religionskrieg und läßt die alten Amun-Kulte wieder aufleben. THEBEN wird wieder Reichshauptstadt und die Ägypter, die sich für *Echnatons* revolutionäre Vorstellungen letztlich nie so ganz begeistern konnten, atmen auf. Der junge Pharao nennt sich fortan *Tut-ench-Amun* und erlangt durch sein berühmtes Grabmal, das 1922 nahezu unversehrt entdeckt wurde, große Bekanntheit.

Bemerkenswertes passiert erst wieder im Jahre 1333 v. Chr., als der, mit dem Königshaus nicht verwandte, General *Haramhab,* den Thron besteigt. Er zeigt den nötigen Elan, Ägypten intern zu restrukturieren und zu stärken. Seine Nachfolger sind bestrebt, ihm dies außenpolitisch nachzutun. So bekämpft *Sethos I* die Libyer, Syrer und Hethiter, während *Ramses II* als Held aus dem Hethiterkrieg hervorgeht und den ersten historisch überlieferten Friedensvertrag mit ihnen abschließt. *Ramses III* schließlich gelingt es, eine weitere Gefahr zu bannen: Die "Seevölker", die gegen Ägypten vorrücken, werden zurückgeschlagen. *Ramses III.* kann die Machtansprüche erhalten und die Grenzen des Landes verteidigen.

Spätzeit – Niedergang und Fremdherrschaft (ca. 1070-332 v. Chr.)

Retrospektiv gilt *Ramses II* als der letzte der großen Pharaonen. Schon allein die Anzahl der Bauwerke, die ihm zugerechnet werden, ist beeindruckend. Als wichtigste Zeugnisse seiner Epoche gelten die Fels-Tempel von *Abu Simbel,* die Ost-Tempel und die Vollendung des großen Säulensaales in KARNAK sowie sein imposanter Totentempel (Ramesseum) in Theben. Mit Ramses XI schließlich endet die Ramessiden-Dynastie (nach dem berühmten Pharao Ramses II benannte Herrscherfolge) und damit das Neue Reich.

Die nachfolgenden Herrscher geraten zunehmend unter den Einfluß der Amunpriesterschaft, deren irdische Reichtümer und Macht unaufhaltsam anwachsen. Mit *Ramses XI.* schließlich endet die Ramessiden-Dynastie und damit das Neue Reich. Offiziell wird zwar immer noch das Bild des geeinten Reiches bemüht, die Realität sieht aber anders aus. Chaos und Korruption bestimmen den Alltag. Jede Splittergruppe scheint zu machen, was ihr beliebt. Von Großmachtbestrebungen keine Spur mehr: Syrien, Nubien und Libyen gehen verloren. In Oberägypten errichten die Priester in Vorwegnahme ayatollahafter Bemühungen einen "Gottesstaat" des Amun, parallel dazu existiert im Delta ein weiteres Machtzentrum der Pharaonen. Später sind es Libyer, als Söldner ins Land gekommen, die eine Dynastie von Herrschern begründen, die sich immerhin ca. 200 Jahre lang behaupten kann. Dann herrschen für 50 Jahre die Nubier über Ägypten. Eine Fremdherrschaft im strengen Sinne bringen diese Regime aber nicht. Sowohl Libyer als auch Nubier sehen sich als legitime Pharaonen, sie akzeptieren ägyptisches Brauchtum und die Landesreligion. Später sind es die Assyrer, die Ägypten in wechselvolle Kämpfe verwickeln. Danach folgt eine kurze Phase der Ruhe vor dem erneuten Sturm: *Psammetich I* gelingt es um 664 vor Chr., das Land zu befreien und die religiöse Macht im Staate zu begrenzen, er initiiert ein erneutes Aufblühen der Künste. Den nachfolgenden Pharaonen bieten sich somit günstige Voraussetzungen zu einer relativ friedvollen Epoche. Damit ist es jedoch endgültig vorbei, als 525 v. Chr. der Perserkönig *Kambyses* das Reich erobert und Ägypten zu einer persischen Provinz macht. Obwohl auch die Perser sich um eine gewisse Toleranz bemühen, bleiben die fremden Machthaber diesmal dauerhaft unbeliebt. Die Ägypter sind hocherfreut, als die Eroberer für einige Zeit aus ihren Gebieten vertrieben werden, gegen 343 v. Chr. kommen sie jedoch mit aller Vehemenz zurück. Nun wird eine Art Terrorregime installiert: Tempel werden vernichtet, religiöse Kulte profanisiert, die meisten Schätze nach Persien geschafft. So ist es eigentlich kein Wunder, daß *Alexander der Große,* als er 332 v. Chr. den Persern die Provinz Ägypten abjagte, als Befreier gefeiert wird.

Griechische Zeit – Die Herrschaft der Ptolemäer (ca. 332-30 v. Chr.)

Alexander geht von Anfang an weitaus sensibler und diplomatischer mit seinen ägyptischen Untertanen um als die persischen Eroberer. Eine seiner ersten Taten in Ägypten besteht darin, sich nach der Oase SIWA zu begeben, wo er das Orakel des *Amun-Re* bezüglich seiner Herrschaftsansprüche befragt. Praktischerweise scheint das Orakel ihn voll und ganz anerkannt zu haben, denn die Priesterschaft weiht ihn ohne Umschweife zum "Sohn" der Gottheit. Damit ist *Alexander* rechtmäßiger Pharao Ägyptens. Mit der Gründung ALEXANDRIENS, dem ersten nennenswerten Seehafen, entsteht eine wichtige Handelsroute zwischen Europa und Afrika. Aber auch der kulturelle Austausch nimmt während der Herrschaft *Alexanders* zu: Wissenschaften, Kunst und Literatur stehen in regem Austausch, was sich auch nach dem Tod *Alexanders* fortsetzt. Sein einbalsamierter Körper wird vom Nachfolger *Ptolemäus* in ALEXANDRIEN beigesetzt. Unter *Ptolemäus* und den ihm nachfolgenden Herrschern vermehren sich hellenische Einflüsse: Griechisch ist Amtssprache, griechisches Kulturgut und Wissen werden von zahlreichen Künstlern, Literaten, Philosophen, Mathematikern, Historikern und Theologen verbreitet. Hauptsitz dieser Aktivitäten ist ALEXANDRIEN, das gleichzeitig neue Residenz ist. Erhaltene Bauwerke aus der griechischen Epoche sind das Serapeum in ALEXANDRIA sowie die Tempel von EDFU, KOM OMBO und DENDRA. Kunstwerke, die unter griechischer (aber auch unter der später folgenden römischen) Herrschaft entstanden, sind heute im Griechisch-Römischen Museum im Alexandria zu besichtigen.

Trotz der griechischen Präsenz in nahezu allen Bereichen achten die Herrschenden ägyptische Traditionen. Sie übernehmen Mythos und Habitus der Pharaonen, und sie behalten den zentralen Verwaltungsapparat bei. Religion und Priesterschaft werden respektiert, heilige Kulte und Bauwerke gepflegt. Darüber hinaus animieren sie die Griechen, in größerem Rahmen in Ägypten zu siedeln. Ganz ohne Konflikte geht dies Nebeneinander unterschiedlicher

Kulturen aber nicht vonstatten. Obwohl Griechen und Ägypter gegenseitig die hochkulturellen Errungenschaften und die Wissenschaften anerkennen und schätzen, haben sie im Alltag kaum Gemeinsamkeiten. Es gibt nationalistische Tendenzen unter den reichen ägyptischen Landbesitzern, denen als getreue Vasallen eine relative Gleichstellung mit den Griechen ermöglicht wird.

Unter dem schwachen Regime der letzten Ptolemäer-Könige treten die altbekannten Schwierigkeiten wieder auf: Aufbegehren gegen griechische Vorherrschaft, Querelen um die Thronfolge und der Verlust Syriens setzen der Blüte ein Ende. *Kleopatra,* die legendäre Ptolemäerin, besteigt im Jahre 51 v. Chr. zusammen mit ihrem Bruder *Ptolemäus XII* den Thron, aber lange geht diese Allianz nicht gut. Es kommt zum Zerwürfnis, und *Ptolemäus* verbannt seine Schwester aus Ägypten. Als *Cäsar* 47 vor Chr. in ALEXANDRIEN landet, schlägt er sich auf *Kleopatras* Seite, sichert ihren Herrschaftsanspruch und macht sie zu seiner Geliebten. Nach *Cäsars* Tod wird der Sohn der beiden, *Cäsarion,* zum Mitregenten *Kleopatras.* Als nächster erliegt im Jahre 41 v. Chr. der römische Offizier *Mark Anton* ihrer Schönheit und Klugheit. Aus dieser allzu bekannten "Amour fou" resultieren drei gemeinsame Kinder, und *Kleopatra* spannt *Mark Anton* derart vor den ägyptischen Karren, daß er Rom völlig zu vergessen scheint. Der römische Senat ist befremdet und wittert die Konkurrenz ägyptischer Großmachtspläne. Also wird *Mark Anton* kurzerhand zum Staatsfeind Nummer 1 erklärt und *Oktavian* - der spätere Kaiser *Augustus*- erklärt ihm den Krieg. Bei der Seeschlacht von Acitum 31 v. Chr. siegt Rom; daraufhin begehen *Mark Anton* und *Kleopatra* Selbstmord. Nachdem auch Mitregent *Cäsarion* aus dem Weg geräumt ist, wird *Oktavian* alleiniger Herrscher Ägyptens, das zur römischen Provinz erklärt wird. Der Kaiser bleibt in Rom - aus Schaden ist man klug geworden- und läßt das Reich von römischen Vizekönigen und Ministern regieren.

Römische Zeit (ca. 30 v. Chr.-395 n. Chr.)

Auch die römische Fremdherrschaft bliebt an der Oberfläche höflich: Römische Herrscher tolerieren weitgehend ägyptische Bräuche und erliegen, wie schon ihre Vorgänger, der Faszination des Pharaonenkultes. Sie übernehmen ihn ohne weitere Umstände. Dennoch bestehen deutliche Unterschiede zur hellenischen Besatzung. Griechen wie Ägyptern waren die Perser zutiefst verhaßt, eine Gemeinsamkeit, die es zwischen Römern und Ägyptern nicht gibt. Alle wichtigen Ämter und Funktionen befinden sich fest in römischer Hand, während die Ägypter so gut wie nichts zu melden haben. Sie bleiben bloße Handlanger der Machthaber und können in der Regel kein römisches Bürgerrecht für sich geltend machen. Sie sind zwar nicht ausgesprochen unfrei, haben aber auch keine Möglichkeit, politischen Einfluß in ihrem Lande auszuüben. Dazu kommen belastende Steuern, die besonders die Landbevölkerung treffen. Umfangreiche Bewässerungssysteme werden installiert, Ägypten wird zur Kornkammer des römischen Reiches. Unzufriedenheit und religiöse Orientierungslosigkeit nehmen zu. Die Priester haben keine Sonderstellung mehr, sondern "verbeamten" mehr und mehr. Die Christianisierung steht in ihren Anfängen: die Entstehung der koptischen Klöster in WADI NATRUN fällt in die Römer-Epoche. Das Christentum ist anfangs zwar lediglich für die gebildeten Schichten der Juden, Griechen und Römer attraktiv, später aber bekehren sich auch Ägypter. Ihre Glaubensangehörigen werden als Kopten bezeichnet. Sie sind noch heute die größte christliche Minderheit in Ägypten.

Mit der Teilung des römischen Reiches 395 n. Chr. fällt Ägypten an Byzanz, den Sitz des oströmischen Reiches. Mit umfassenden Verwaltungsreformen, fortschreitender Christianisierung und der Schließung von Isis- und Amun-Tempeln verabschiedet sich Ägypten von zentralen Punkten seiner bisherigen Geschichte.

Die arabische Eroberung – Islamisierung (ca. 642 n. Chr.)

Im 7. Jahrhundert n. Chr. begründet *Mohammed* den Islam. Mit Ausbreitung der neuen Religion wird die geistige Einigung der Araber in einer Glaubensgemeinschaft - der *Umma* - erreicht, und die ständigen Stammesfehden werden beschwichtigt. Unter dem Banner des *dschihad* (Heiliger Krieg) starten die islamischen Krieger gemeinsam Überraschungsangriffe nach Norden und bringen weite Gebiete Persiens und Byzanz' unter ihre Kontrolle. Im Jahre 641 gelingt *Amr ibn El-As* fast mühelos die Eroberung Ägyptens, und das Reich wird zu einer Provinz des Kalifenreiches. FUSTAT, das heutige ALT- KAIRO, wird gegründet und zur neuen Hauptstadt bestimmt. Die Ägypter, mit dem Phänomen der Fremdherrschaft bereits gut vertraut, begegnen den neuen Machthabern relativ gelassen. Zunächst sind lediglich die gesellschaftlichen Eliten und die führenden Köpfe der Verwaltung von den Änderungen betroffen. Auch die *Kopten* bleiben vorerst von Bekehrungen verschont, vorausgesetzt, sie zahlen widerspruchslos und regelmäßig ihre hohen Steuern und Abgaben. Dennoch nimmt die Zahl der zum Islam bekehrten Einwohner Ägyptens stetig zu, so daß bereits im 8. Jahrhundert die Christen eine Minderheit darstellen. Die fortschreitende Arabisierung Ägyptens durch den raschen Zuwachs siedelnder Araberstämme verdrängt nach und nach die alte Kultur; Ägypter vermischen sich mit Arabern.

Die Phase der arabisch-islamischen Eroberung ist, wie die pharaonische, gekennzeichnet von einander ablösenden Dynastien, doch sind die jeweiligen Herrschaftsphasen jetzt bedeutend kürzer.

Von 658 bis 750 beherrschen von Damaskus aus die *Omaijaden* das Land;

vor Ort sind es Statthalter, die das Sagen haben. Dann folgen die *Abbasiden* aus dem heutigen Irak (750 bis 868). Während dieser Phase schlägt ein gewisser *Mamun* ziemlich brutal aufständische *Kopten* und Beduinen zurück. Unter *Ibn Tulun* kann sich Ägypten für kurze Zeit (868 bis 905) vom Kalifat lösen und wird selbständig. Die wunderschöne Ibn-Tulun-Moschee in KAIRO kann noch heute als Relikt dieser Epoche besichtigt werden. Tulun scheint ein recht beliebter Herrscher gewesen zu sein, er erweitert das Reich um Syrien und Mesopotamien und gründet die Tuluniden-Dynastie. Seine Nachfolger vermochten jedoch nicht, alle hinzugewonnenen Gebiete zu verteidigen. Nach einer 30jährigen Herrschaft der Abbasiden übernehmen die Ichschididen die politische und militärische Führung. Die nach dem türkischen Statthalter Ichschitt benannte Dynastie regiert Ägypten von 935 bis 969 und vermag erneut, Syrien und Palästina einzunehmen.

Dann kommen aus dem Magreb die *Fatimiden* und übernehmen die Macht in Ägypten. Bei ihnen handelt es sich um *Schiiten*, die ihren Machtanspruch von der direkten Abstammung vom Propheten *Mohammed* und seiner Familie (= *Schia*) ableiten - im Gegensatz zu den *Sunniten,* die ihren Kalifen wählen. Ein von Wohlstand geprägtes Zeitalter (969 bis 1171) bricht an: ein fatimidischer Feldherr gründet KAIRO neben FUSTAT, die Azhar Moschee entsteht, frühe Universität und geistiges Zentrum aller Muslime zugleich. Der Bau KAIROS wird fortgesetzt, die heute noch zu besichtigenden Stadttore el-Futuh, en-Nasr, es-Zuweila und die el-Hakim-Moschee entstehen während der Fatimiden-Phase. Doch es kommt zu internen Spannungen in Ägypten, zu denen sich zu allem Überfluß noch eine Pest-Epidemie gesellt. Verschärft wird die Situation durch die Einmischung der christlichen Kreuzfahrer: Durch den Konflikt zwischen sunnitischen und schiitischen Fraktionen bedingt, wenden sich die schiitischen *'Fatimiden* vom sunnitischen Machtzentrum BAGDAD ab und orientieren sich statt dessen am Westen - der christlichen Welt. Es bestehen rege Handelsbeziehungen untereinander, und im 12. Jahrhundert kommt es sogar zu einem kurzfristigen Bündnis mit den Kreuzfahrern. Nachdem diese jedoch im Jahre 1099 Jerusalem erobert haben, schlägt der Islam zurück. Während der Dynastie der *Aijubiden* (1171 bis 1250), gegründet von einem Kurden namens *Salah ed-Din* ("Saladin"), gelangen die symbolträchtigen Stützpunkte JERUSALEM, Palästina und Syrien wieder in muslimische Hand. *Salah ed-Din* herrscht uneingeschränkt über die arabische Halbinsel, er errichtet die Zitadelle im Westen KAIROS. Als Sunnit löscht er außerdem rigoros das schiitische Gedankengut der *Fatimiden* aus, unter anderem, indem er die erste *Medrese* in KAIRO gründet, eine Religionsschule, in der man sich der Lehre und Interpretation des Koran und des islamischen Rechts widmet.

Danach beginnt die mehr als 250 Jahre andauernde Herrschaft der *Mameluken* (1250 bis 1517). Bereits nach dem Tod *Salah ed-Dins* geht immer mehr Macht auf diese ehemals unfreien mongolischen Söldner über (*mamluk* = der in Besitz genommene), und nach der Ermordung des letzten *Aijubiden* gelangt der erste Mameluke auf den Thron. Diese Dynastie hat eine hohe Fluktuation an Herrschern (es sind 48, und sie werden fast ausnahmslos ermordet) und zeichnet sich durch besonders ruppige Herrschaftspraktiken aus. Nach außen können die Mameluken erfolgreich ihre Macht behaupten, im Lande selbst herrschen Intrigen, Korruption und Unterdrückung. Trotzdem durchlaufen Wirtschaft und Wissenschaften jetzt eine neue Hochzeit. Die Lagerhäuser sind gefüllt, die medizinische Forschung und die Geschichtsschreibung werden gefördert. Auch der Ausbau KAIROS geht unter diesem Regime weiter, es entstehen die Nekropolen von Kairo, die Sultan Hasan-Moschee sowie die Mardani-Moschee. Die Bevölkerung wächst, und KAIRO wird mit einer Einwohnerzahl von einer halben Million zur bevölkerungsreichsten Stadt der damaligen Welt.

Schließlich übernehmen die Türken mit einem drastischen Symbolakt die Macht in Ägypten . Der osmanische Sultan Selim I läßt den letzten Führer der Mameluken auf offener Straße erschlagen und setzt sich selbst an die Spitze des Staates. Ägypten wird eine osmanische Provinz und untersteht fortan türkischen Gouverneuren und türkischer Verwaltung. Die *Mameluken* retten sich über den Machtwechsel hinweg, vor allem wohl, weil die neuen Herren durch ihre vielfältigen kriegerischen Aktivitäten zu schwach sind, um sie völlig aus ihren Ämtern zu vertreiben. So sind zahlreiche Positionen in Verwaltung, Beamtenschaft und Armee nach wie vor von *Mameluken* besetzt. Mit der osmanischen Epoche (1517 bis 1798) beginnt der große kulturelle und ökonomische Abstieg Ägyptens. Durch die Entdeckung Amerikas und des Seeweges nach Indien pflegt Europa Handelsbeziehungen mit anderen Regionen, während KAIRO mehr oder weniger vom Geschehen abgeschnitten wird. Die osmanischen Vizekönige zeigen sich eher nachlässig und träge in ihren Regierungsgeschäften, und allmählich verwandelt sich KAIRO - einst die aktivste und strahlendste Metropole der Region - in eine rückständige Stadt.

Die erste Begegnung mit dem europäischen Kolonialismus - Napoleon ante portas (1798-1800)

Im Jahre 1798 mischt sich *Napoleon* in die Geschicke Ägyptens. Von seinen vorangegangenen Eroberungen berauscht, gedachte er, zwei Fliegen mit einer Klappe zu schlagen: Zum einen wollte er durch eine Besetzung ägyptischen Bodens die Handelsmacht seines Erzrivalen England auf dem Mittelmeer beschneiden und den Seeweg nach Indien blockieren. Zum anderen spielten sicherlich auch koloniale Bestrebungen mit, um den Ruhm Frankreichs - sprich Napoleons - zu mehren. Er rüstet eine Expedition nach Ägypten, schlägt das mamelukische Heer bei den Pyramiden und zieht in KAIRO ein.

Zusammen mit den französischen Streitkräften ist eine stattliche Zahl von

Napoleon in Ägypten.
Das 1868 vollendete Gemälde von *J.-L. Gérôme* trägt den Titel "Ödipus".

Gelehrten unterwegs, die alles Wissenswerte über das Land zu erforschen, zu bestimmen und zu katalogisieren hatten. Doch *Napoleons* Triumph dauert nur wenige Wochen: Der englische Admiral *Nelson* läuft in der Nähe von ALEXANDRIA ein, versenkt die französische Flotte und schneidet das in Ägypten stationierte französische Heer von Fankreich ab.

Napoleon schlägt sich noch mit *Mameluken* und *Osmanen* herum, muß dann aber vor den vereinten Streitkräften der Engländer und Türken kapitulieren. Er kehrt im Jahre 1799 desillusioniert nach Frankreich zurück. Seine vorerst in Ägypten verbliebenen Truppen dürfen ihm zwei Jahre später folgen, zahlenmäßig stark dezimiert. Die französische Mission ist gescheitert. Dabei hatte *Napoleon* einiges versucht, das heruntergewirtschaftete Land zu modernisieren. Er gründete aus ägyptischen Rechtsgelehrten und religiösen Würdenträgern *"Diwans"*, eine Art Stadtverwaltung von KAIRO. Auf dem Lande ließ er die Bewässerungskanäle ausbessern und Windmühlen errichten. In KAIRO wurden Krankenhäuser und Bibliotheken gebaut. Und er versuchte einige, das europäische Empfinden hart ankommende Probleme wie Brutalität, Willkür und den allgegenwärtigen Schmutz zu überwinden. Doch die Ägypter konnten sich für solche zivilisatorischen Segnungen nicht erwärmen, und schon gar nicht für ihre Spender. Das Gedankengut, das dahinterstand, war allzu fremd, nicht im geringsten islamisch. Zwei einander zutiefst fremde Kulturen waren aufeinander geprallt. Doch das Interesse Europas an Ägypten und all seiner faszinierenden Fremdartigkeit war geweckt.

Die Dynastie Mohammed 'Ali – Sinnbild des modernen Ägypten (1805-1952)

Nach *Napoleons* Rückzug herrschen zunächst verworrene Zustände in Ägypten. Die bisher so widerstandsfähigen *Mameluken* gehen geschwächt aus der Begegnung mit Frankreich hervor, es herrscht Chaos und Anarchie im Land. Diese Situation nutzt der albanische General *Mohammed 'Ali,* der sich im Kampf gegen die Franzosen bewährt hatte, um die Macht zu ergreifen. Im Jahre 1805 wird er von den Osmanen zum Statthalter (= *Pasha*) Ägyptens ernannt. Den Ägyptern ist es recht; zwar herrscht nun wieder ein Fremder, der hat aber wenigstens den Vorzug, ein Muslim zu sein. Eine sechsmonatige Okkupation Alexandrias durch die britischen Streitmächte im Jahre 1807 vermag 'Ali ohne Blutvergießen aufzuheben, indem er ihnen dringend benötigtes Getreide verkauft. Weniger erfolgreich hingegen verlaufen seine Verhandlungen mit den Mamelukenführern, die wenig Neigung zeigen, seine absoluten Führungsansprüche anzuerkennen. Daher lädt er unter dem Vorwand, einen Feldzug nach Arabien zu planen, mehrere hundert Mamelukenführer auf die Zitadelle ein und metzelt sie ohne Ausnahme nieder. Nachdem seine Macht durch diesen Coup gefestigt ist, beginnt er mit umfassenden Reformen, wobei ihm in erster Linie Europa als Vorbild dient. Zumindest bei *Mohammed 'Ali* hat die kurze französische Besetzung Spuren hinterlassen: Er ist fasziniert vom zivilisatorischen und technologischen Vorsprung des Okzidents. Außerdem ist er bestrebt, mehr Unabhängigkeit vom osmanischen Reich zu erlangen. Als erstes gilt es, die gesamte ägyptische Streitmacht grundlegend zu reformieren. *'Ali* hebt in großem Umfang Truppen aus und stellt französische Offiziere ein, um europäischen Drill zu gewährleisten, eine Maßnahme, die vor allem die *Fellachen* verabscheuen, welche von 'Ali zum Militärdienst rekrutiert werden.

Zum Teil verstümmeln sie sich selbst, um sich dem verhaßten Militärdienst zu entziehen. Auch eine weitere Neuheit ist auf dem Lande nicht eben beliebt: Die Bauern werden gezwungen, auf ihren Felder Baumwolle anzubauen, und die gedeiht auch prächtig. In großem Umfang werden weiterverarbeitende Industrien errichtet, in denen zunächst europäische Fabrikarbeiter, später dann auch geschulte Ägypter arbeiten. Bereits in der Mitte des 19. Jahrhunderts ist Baumwolle zum Exportfaktor Nummer 1 geworden. In allen Bereichen ist man am Werk: Straßen und Transportwesen werden ausgebaut, umfangreiche Bewässerungsanlagen werden installiert, Schulen werden gegründet. Als ein Resultat dieser Neuerungen steigt der Lebensstandard der ägyptischen Bevölkerung und damit ihre Anzahl - während der Herrschaft *Mohammed 'Alis* verdoppelt sie sich.

In seinen außenpolitischen Aktivitäten ist *'Ali Pasha* ebenfalls erfolgreich. Es gelingt ihm, den Sudan zu erobern und zeitweise auch Mittelarabien und Syrien. Als er schließlich zu einer Gefahr für das osmanische Reich wird, schalten sich die führenden europäischen Nationen ein; sie werden langsam unruhig durch soviel ungebremsten Eroberungswillen. *Mohammed 'Ali* wird gezwungen, seine Armee zu verringern und Syrien an die Türken zurückzugeben. Dennoch überwiegen letztendlich seine Erfolge. Als Wahrzeichen seiner Macht prangt die Alabaster Moschee, die seinen Namen trägt, hoch oben auf der Zitadelle über KAIRO.

Während der Herrschaft *Mohammed 'Alis* als Vizekönig unter den Osmanen taucht aber noch ein weiteres, bisher unbekanntes Phänomen in Ägypten auf: Der Strom wohlhabender Reisender aus Europa und Amerika. Die Veröffentlichungen, Photographien und Zeichnungen der französischen Forscher und Wissenschaftler, die sich seinerzeit in Napoleons Troß befanden, hatten ein gewaltiges Interesse an allem Ägyptischen geweckt. Sogar eine neue wissenschaftliche Disziplin, die *Ägyptologie,* wird ins Leben gerufen.

Mohammed 'Ali war auch der Begründer einer neuen Dynastie. Noch zu seinen Lebzeiten tritt sein Sohn *Ibrahim* als direkter Erbe seine Nachfolge an. *Ibrahims* Herrschaft überdauert jedoch nur wenige Monate, und als *Mohammed 'Ali* 1849 im - für einen damaligen Krieger - stattlichen Alter von 80 Jahren stirbt, kommt sein Enkel *Abbas I* ans Ruder. *Abbas* ist ziemlich ungnädig gegenüber den Europäern eingestellt, besonders Franzosen gegenüber hegt er eine starke Abneigung. Statt sich wie *Mohammed 'Ali* von ihnen auf den Gebieten Technik und Landwirtschaft inspirieren zu lassen, sucht er lieber Rat und Beistand bei ihm vertrauten islamischen Würdenträgern. Immerhin erteilt er den Briten die Erlaubnis zum Bau von Eisenbahnverbindungen, ein Projekt, das erst nach seinem Tod (er wird 1854 von seinen Leibwächtern getötet) fertiggestellt wird. Aber er vermeidet weitere Verschuldungen im Ausland, was man von seinen Nachfolgern nicht gerade behaupten kann.

Als nächster wird *Said,* vierter Sohn *Mohammed 'Alis,* 1854 Vizekönig in Ägypten. Wie sein Vater, ist auch er pro westlich eingestellt; er genehmigt *Ferdinand de Lesseps,* dem er seit langem freundschaftlich verbunden ist, den Bau des Suezkanals. *Graf de Lesseps* war in den 30er Jahren französischer Konsul in KAIRO und soll schon zu dieser Zeit die Sympathie *Saids* gewonnen haben, als er dem dicklichen Prinzen half, die vom Vater verordnete Diät zu boykottieren. Die vertraglichen Klauseln für das Suezprojekt sind für die ägyptische Seite reichlich nachteilig; es scheint, daß *Said* die Schriftstücke im Vorfeld nur flüchtig studiert hatte. Es folgen mehrere Jahre zäher Verhandlungen bis zur Fertigstellung des Kanals im Jahre 1869. Um die Vertragsänderungen finanzieren zu können, sieht *Said* sich gezwungen, den ersten umfangreichen Auslandskredit aufzunehmen, eine Entscheidung, die Schule machen sollte. Zwischenzeitlich starb *Said*, so daß ihm der Triumph der Kanaleinweihung vorenthalten blieb, ebenso die Uraufführung der Oper Aida, die *Verdi* eigens zu diesem Anlaß komponiert hatte.

Ismail, ein Neffe *Saids,* übernimmt 1863 die Geschicke des Landes. Für teures Geld, zahlbar an den türkischen Sultan, legt er sich den persischen Titel *"Khedive"* zu, wohl eine ebenso eitle wie auch symbolische Geste. *Ismail* gilt als überaus charmanter Grandseigneur, der seine Erziehung und Ausbildung in Europa erhielt. Das ist sicherlich ein Grund für seine enge Orientierung an europäischen Maßstäben, die ihn zum ideellen und auch praktischen Nachfolger *Mohammed 'Alis* werden läßt. Der *Khedive* ist bestrebt, mehr Autonomie gegenüber dem osmanischen Sultan zu erreichen, vor allem aber will er Modernisierung und Technisierung eilends an europäische Standards angleichen. Doch dieser Ehrgeiz hat seinen Preis: Immense Summen müssen von französischen und britischen Banken geliehen werden, um die vielen Visionen des Herrschers zu realisieren. Die *Fellachen* ächzen unter immer neuen Steuern und sind gehalten, Baumwolle monokulturell anzubauen. Das aber bringt eine starke Abhängigkeit vom schwankenden Weltmarktpreis mit sich.

Kostspieliges Lieblingsprojekt *Ismails* ist zweifelsohne der Umbau des noch mittelalterlichen KAIRO nach Pariser Vorbild. Seit er bei seinem Besuch anläßlich der Weltausstellung Frankreichs renovierte Metropole bestaunen konnte, blieben ihm die großen Boulevards, die weitläufigen öffentlichen Parkanlagen und die großzügig gestalteten öffentlichen Gebäude unvergeßlich. Er träumt davon, auch KAIRO den europäischen "Chic à la Haussmann" zu verpassen. Also läßt er Ufergelände des Nils trockenlegen und errichtet darauf großzügige Avenuen mit stattlichen Villen und Wohnhäusern. Er läßt den Azbakiyah-Park in europäischer Manier gestalten und ein Opernhaus eröffnen. Von diesen kostspieligen Verschönerungen profitieren natürlich in erster Linie die ägyptischen Eliten und europäische Geschäftsleute vor Ort. Für den Rest der Bevölkerung bleibt ein ausgebautes Straßen- und Eisenbahnnetz, Telegraphenverbindungen, Schleusen und Kanäle, zahlreiche Schulen und der Hauptbahnhof.

Der Bankrott läßt nicht lange auf sich warten. Mit dem Baumwollmonopol, das Ägypten lange Zeit behaupten konnte, ist es nach Beendigung des amerikanischen Bürgerkrieges vorbei. Mit den Unabhängigkeitsträumen auch: *Ismail* muß seine Suezkanal-Aktien an England verkaufen – de facto kontrollieren die Briten jetzt den Kanal – und wird gezwungen, sämtliche finanziellen Transaktionen des ägyptischen Staatshaushaltes von französischen und britischen Experten überwachen zu lassen. 1879 wird er schließlich vom türkischen Sultan abgesetzt und durch seinen ältesten Sohn *Tawfik* ersetzt.

Währenddessen machen sich die großen europäischen Nationen mit ihrer Politik der unerbittlichen Schuldeneintreibung zunehmend unbeliebt im Lande. Die Ägypter standen eigentlich die ganze Zeit den europäischen Einmischungen ablehnend gegenüber, nun aber wächst ihr latenter Unmut parallel zum eigenen Nationalbewußtsein. Eine nationalistische Widerstandsbewegung aus Politikern und hohen Militärs formiert sich, die sich neben der ägyptischen Autonomie ein weiteres Ziel gesteckt hat: verbesserte Lebensbedingungen der Fellachen, die sich in starker Abhängigkeit von nur einer Handvoll Großgrundbesitzern befinden – diese Klasse des ägyptischen "Landadels" war unter den Regentschaften Saids und Ismails stark angewachsen. Der aus einer ländlichen Gegend stammende Oberst *Achmed Arabi* setzt sich an die Spitze des Widerstands und wird Kriegsminister. Damit haben die Briten endlich den Vorwand für eine militärische Intervention gefunden: die drohende Gefahr einer Militärdiktatur in Ägypten und die Gefährdung der dort lebenden Europäer. In Wahrheit fürchten sie wohl eher, die Kontrolle über den Suezkanal an eine starke und entschiedene nationalistische Bewegung zu verlieren, ganz zu schweigen von den immer noch nicht beglichenen Schulden. Also taucht 1882 die englische Flotte vor Alexandria auf und beschießt die Stadt. Es kommt zu Auseinandersetzungen; schließlich gehen die Engländer an Land und besiegen Oberst *Arabis* Truppen bei *Tell el-Kebir*. Der zu dieser Zeit regierende Khedive Tawfiq, der sich vorsorglich von den Nationalisten distanziert hatte, begibt sich nun unter die Obhut der Engländer.

Nachdem der Versuch, die Briten endgültig loszuwerden, mißlungen ist, wird *Arabi* der Prozeß gemacht. Dann wird er dahin geschafft, wo er vorerst kein Unheil mehr anrichten kann: nach Ceylon.

Die Konsolidierung britischer Herrschaft – Lord Cromer (1882-1907)

Jetzt besetzen die Engländer Ägypten, offiziell ist die Rede von einer kurzfristigen Vorsichtsmaßnahme, um die öffentliche Ordnung wieder herzustellen, in Wahrheit aber setzen sich die Briten für die Dauer von über 70 Jahren im Lande fest. Es ist ein seltsames Miteinander von England und Ägypten während dieser Zeit, so unterstützen beispielsweise englische Truppen die ägyptische Armee 1898 während der Mahdi-Aufstände im Sudan. Dann stellen sie den Sudan unter englisch-ägyptische Oberhoheit, an der die Ägypter aber so gut wie nichts mit zu bestimmen haben. Außerdem bleibt Ägypten Teil des Osmanischen Reiches, doch England hält die wichtigsten Instrumente der Macht in der Hand: die Kontrolle von Armee und Finanzen.

In Funktion und Persönlichkeit von *Lord Cromer* finden sich ähnliche Ambivalenzen wieder. Er hatte frühe Erfahrungen in Ägypten gesammelt, als er bei der gemeinschaftlichen Finanzprüfung Englands und Frankreichs mit von der Partie war. Im Jahre 1882 kehrt er als Generalkonsul ins Land zurück und regiert neben dem *Khediven Abbas II Hilmi*. Er handelt wie wahrscheinlich die meisten Kolonialbeamten: Einerseits ist er als guter Christ bestrebt, das Los der Armen und Rechtlosen auf dem Lande zu verbessern. Also veranlaßt er Steuersenkungen für die Fellachen und die Abschaffung des Frondienstes. Auf der anderen Seite folgt der Generalkonsul aber knallhart seinen materialistischen Überzeugungen. Planungen und Projekte, die sich nicht unmittelbar in barer Münze auszahlen oder gar Englands Vormachtstellung gefährden könnten, werden ignoriert oder eingestellt. Das Recht auf freie Schulbildung, von *Mohammed 'Ali* eingeführt und von *Ismail* fortgesetzt, wird abgeschafft; auch den weiteren Aufbau einer starken und eigenständigen Industrie in Ägypten weiß *Cromer* zu verhindern.

Ansonsten ist er über 25 Jahre ein erfolgreicher Regent des Landes. Durch kluges Wirtschaften können die Schulden langsam abgebaut werden, nicht zuletzt durch die gesalzenen Gebühren, die für die Benutzung des Suezkanals erhoben werden. Im Jahre 1890 entsteht ein Staudamm im Delta, 1902 wird der erste Assuan-Staudamm gebaut, danach folgen zwei Talsperren in ASSIUT (1903) und in ESNA (1906). Weil das Land nun weniger abhängig von den jährlichen Nilüberschwemmungen ist, können die Ernteerträge gesteigert werden, ein wichtiger Vorteil angesichts der stetig wachsenden Einwohnerzahlen. Doch zugunsten der Agrarwirtschaft wird der industrielle Sektor konstant weiter vernachlässigt, so daß Ägyptens Abhängigkeit von Europa stetig wächst. Das Kapital befindet sich fest in europäischer Hand, und immer mehr Ausländer kommen nach Ägypten, um Geschäfte zu machen. Sie prägen das Erscheinungsbild und Tempo der beiden größten Städte KAIRO und ALEXANDRIA.

Das europäische Flair, das in jenen Tagen Ägypten heimsucht, beruht auf einer gehörigen Portion britischen Snobismus: Der gesellschaftliche Umgang mit der ägyptischen Bevölkerung ist verpönt, man bleibt unter sich, wohnt in modernen Unterkünften in ebenso modernen Bezirken und pflegt die abendländische Kultur. Dennoch gefällt es den britischen Kolonialbeamten, sich ebenso wie die Verwaltungsangestellten muslimischen, koptischen oder jüdischen Glaubens mit einem roten *"Tarbusch"*, der klassischen Kopfbedeckung des osmanischen Beamtenstandes zu schmücken. Sie lassen sich als *"Pasha"* oder *"Effendi"* titulieren, und damit sind die Gemeinsamkeiten auch schon erschöpft.

Der Erste Weltkrieg und seine Folgen in Ägypten – Zaghlul Pasha und die Wafd (1914-1936)

Mit ***Beginn des Ersten Weltkrieges*** 1914 werden die bisher notdürftig verschleierten Machtverhältnisse in Ägypten klarer. Als das Osmanische Reich sich nicht eindeutig auf die britische Seite schlägt, erklärt England Ägypten offiziell zu seinem Protektorat und verhängt das Kriegsrecht. Der *Khedive Abbas II. Hilmi,* der sich zu dieser Zeit nicht in Ägypten aufhält, wird von den Briten abgesetzt und für die nächsten drei Jahre von seinem 60jährigen Onkel *Husain Kamil* abgelöst. Während des Krieges sind die Ägypter im großen und ganzen auf britischer Seite, dennoch lassen ihre Autonomiebestrebungen nicht nach. Die Zahl der oppositionellen Nationalisten, zu denen sich auch Kopten und islamische Größen der Universität El-Azhar zählen, wächst an. Führender Kopf ist *Zaghlul Pasha,* ein Anwalt mit solider El-

Azhar-Ausbildung. Er galt über lange Zeit als pro-britisch, verkehrte in den Salons der ägyptischen Aristokratie, praktizierte zunächst als Richter und wurde später von *Lord Cromer,* der ihn schätzte, zum Erziehungsminister ernannt. Erst die demütigende Wandlung seines Landes zum britischen Protektorat bewirkt bei ihm eine veränderte Geisteshaltung: Er geht zu den Nationalisten über.

Nach Beendigung des Krieges beantragt *Zaghlul Pasha* eine Reise nach Versailles, wo er mit einer ägyptischen Delegation *(Wafd)* bei den Siegerstaaten die Unabhängigkeit seines Landes erwirken möchte. London aber bleibt stur, verbietet die Delegation und verbannt den Unbequemen nach Malta. Das provoziert heftige Reaktionen der Ägypter und bringt, begleitet von einem Generalstreik, die gesamte Bevölkerung auf die Beine: die koptischen und jüdischen Minderheiten ebenso wie die Moslems, Frauen wie Männer, Arme wie Reiche.

Um Schlimmeres zu vermeiden, lassen die Engländer *Zaghlul* heimkehren und gestatten ihm schließlich, seine Delegation nach Versailles zu führen. Aber dort winkt man ab, die Siegernationen haben sich geeinigt und die Staaten des Nahen und Mittleren Ostens bereits wieder untereinander aufgeteilt. Nach seiner Rückkehr gründet *Zaghlul* die *Wafd-Partei* und agitiert weiter für die Unabhängigkeit. Den Engländern fällt nichts besseres ein, als ihn ein zweites Mal zu verbannen, diesmal noch ein Stück weiter weg, auf die Seychellen. Wieder kommt es zu einer Periode des Protestes und der Aufstände, und *Zaghlul* darf zurückkehren. Endlich, im Jahre 1922, verkündet England die Unabhängigkeit Ägyptens und *Sultan Fuad,* von den Briten auserkoren, die Nachfolge seines verstorbenen Bruders *Husain Kamil* anzutreten, heißt jetzt König *Fuad I.* Eine Verfassung nach westlichem Vorbild tritt in Kraft, doch das Empire kann sich auch weiterhin bedeutende Vorrechte sichern: die Besetzung von Suezkanal und Sudan und die Kontrolle über das ägyptische Verteidigungswesen.

Die *Wafd-Partei* bekämpft diese Einschränkungen 14 Jahre lang mit Nachdruck. Ihre Beliebtheit in der Bevölkerung wächst, und immer, wenn freie Wahlen abgehalten werden, hat sie eine klare Vormachtstellung im Parlament. *König Fuad I.,* der nicht gerade ein Freund der *Wafd* oder des demokratischen Prinzips ist, sieht seine Stellung als Souverän von zwei Fronten bedroht: Auf der einen Seite wird er von den Engländer kurz gehalten, und auf der anderen Seite wird seine Macht von der *Wafd* angekratzt. Da er gegen die Engländer nicht unmittelbar vorgehen kann, bekämpft er die Nationalisten-Partei. Unterstützt von königstreuen Abgeordneten gelingt es ihm, vorhandene Unstimmigkeiten innerhalb der *Wafd* zu schüren und auf diese Weise mehrfach ein Zustandekommen von *Wafd*-Regierungen zu verhindern.

Erst im Jahre 1936 kommt es zum Schulterschluß von *Wafdisten* und England: Italien erweist sich im internationalen Kräftespiel als neue koloniale Bedrohung. Nach der Invasion von italienischen Truppen in Libyen folgt ein Feldzug nach Äthiopien. Die Ägypter fürchten, daß Italien auch vor ihrem Land nicht halt machen wird. So kommt es zu einer vertraglich festgelegten Einigung der ägyptischen Regierung mit England. Damit ist die militärische Präsenz der Briten im Niltal und am Suezkanal legalisiert.

Der Zweite Weltkrieg und seine Folgen – Das Ende der alten Ordnung (1936-1952)

Als *König Fuad* 1936 stirbt, verläßt sein minderjähriger Sohn *Faruk* die Schule in England und kehrt zum Regieren nach Ägypten zurück. Begeistert wird er bei seiner Ankunft empfangen, mehr als zwei Millionen Ägypter erleben euphorisch die Krönungsfeierlichkeiten mit. Um die Person des neuen Herrschers ranken sich die Hoffnungen vieler Ägypter nach Autonomie und nach Beendigung der ständigen britischen Einmischungen. Doch die anfängliche Beliebtheit des Königs ist nicht von langer Dauer; *Faruk* ist auch nicht imstande, sich kurzfristig einen eigenen Regierungsstil zuzulegen:

König Fuad (links) und *Faruk*, der Thronfolger (rechts)

Der Ausbruch des Zweiten Weltkrieges und das erneute Auftrumpfen der Briten lassen seine Macht allmählich bis zur Bedeutungslosigkeit schrumpfen.

Bei Kriegsausbruch beruft sich England auf den Vertragsabschluß von 1936 und besetzt die militärischen Anlagen Ägyptens. Der Ausnahmezustand tritt in Kraft. KAIRO wird zum Hauptquartier Englands im Nahen Osten, von wo aus die Truppen in Nordafrika und im östlichen Mittelmeerraum befehligt werden. Während des Krieges ist die Stadt Versorgungsschwerpunkt für die britische Kolonialarmee, deren Angehörigen das Geld bei ihren Kauf- und Amüsiertrips locker sitzt. Ein sichtbarer Aufschwung der heimischen Wirtschaft ist die Folge, kleinere Güterproduktionen und Bautätigkeiten florieren zu dieser Zeit. Hinsichtlich des Kriegsgeschehens bleibt Ägypten neutral; während die Regierung die britische Armee unterstützt, verfolgt ein großer Teil der Bevölkerung die Kampfhandlungen nur vage interessiert.

Nach Kriegsende ziehen sich die Briten 1946 aus Ägypten zurück, halten aber weiterhin die Kanalzone besetzt. Im Jahre 1948 solidarisiert sich Ägypten mit den anderen arabischen Staaten und bekämpft gemeinsam mit ihnen den gerade neu gegründeten Staat Israel. Nach einer deutlichen Niederlage der arabischen Seite im 1. Palästinakrieg erfolgt 1949 der Waffenstillstand.

Schon gegen Ende des Zweiten Weltkrieges existierten in Ägypten mehrere politische Fraktionen und Splittergruppen nebeneinander. Sie gewinnen an Wichtigkeit, denn der König mutiert zusehends zum verwestlichten Playboy, dem die Spieltische in den Casinos besser vertraut sind, als die Zustände in seinem Land. Die *Wafd* wird zusehends korrupter und hat sich inzwischen in *Wafd* und *Saad Wafd* gespalten. Die *Muslimbrüder,* die sich 1928 unter *Hassan el-Banna* mit dem Ziel der Purifizierung und Neubelebung des Islams zusammengeschlossen haben, radikalisieren sich mehr und mehr. Durch die Niederlage im Palästinakrieg enttäuschte, stark nationalistische Militärs schliessen sich zur Gruppe *"Freie Offiziere"* zusammen. Alle Parteien eint die Ablehnung der inzwischen endlos scheinenden britischen Präsenz im Land, aber übergreifende Bündnisse kommen nicht zustande. So warten vor allem die *Freien Offiziere* unter der Führung von *Gamal 'Abdel Nasser* auf einen günstigen Zeitpunkt für den Umsturz.

Die Revolution von 1952 – Gamal 'Abd el-Nasser (1952-1970)

Der Machtwechsel in Ägypten, der wenig später durch eine Revolution herbeigeführt werden soll, kündigt sich bereits mit dem ***"schwarzen Samstag"*** vom 26. Januar 1952 an. Ursache dieses Ereignisses war aller Wahrscheinlichkeit nach die letzte einer Vielzahl von gewaltsamen Auseinandersetzungen zwischen ägyptischen Hilfspolizisten und britischen Truppen in ISMAELIA, welche die ägyptische Seite mit zahlreichen Toten bezahlte.

Der abgesetzte Präsident *Nagib* (rechts) und General *Gamal Abd el Nasser* (links)

Hier, in der von den Briten unnachgiebig besetzten Suezkanalzone, war es immer wieder zu Ausschreitungen gekommen, um einen vorzeitigen Abzug der Engländer zu erzwingen. Am Morgen des *"schwarzen Samstages"* sind es vor allem die Studenten der Universitäten KAIROS, die sich zu Demonstrationszügen durch die Stadt formieren - später gesellen sich Hilfspolizei und unzählige Neugierige hinzu. Es kommt zu einer Kundgebung vor dem Regierungssitz, bei der anti-britische Parolen skandiert werden. Als all dies nicht die gewünschten Effekte erzielt, werden handfestere Methoden gewählt: Gebäude werden in Brand gesteckt, vorzugsweise Amüsierbetriebe wie Kinos, Bars und Cafes. Diese Auswahl legt den Verdacht nahe, daß militante *Muslimbrüder* die Hand mit im Spiel haben. Später am Tage fallen auch die verhaßten Symbole britischer Herrschaft - das *Shepheard's Hotel* und der *Turf Club* - dem Brand zu Opfer.

Am 23. Juli des gleichen Jahres folgt der ***Staatsstreich*** durch die *Freien Offiziere*. Der lang ersehnte "günstige Moment" ist gekommen. Ohne auf große Widerstände zu stoßen, bringen die Revolutionäre strategisch wichtige Punkte der Stadt unter ihre Kontrolle: den Flughafen, den Bahnhof, die Post und die Rundfunktstation. Über Radio Kairo verkündet einer von ihnen - er heißt *Anwar es-Sadat* - dem Volk die Machtübernahme. Nachdem die *Freien Offiziere* auch das Hauptquartier der Streitkräfte erobert haben, können sie einen ihrer Generäle, den respektablen *Mohammed Nagib* von ihrer Mission überzeugen und zur Mitarbeit gewinnen. Unterdessen weilt *Faruk* in der Sommerfrische in ALEXANDRIA. Als er von dem Putsch erfährt, ist er bemüht, rasch alte Freunde und Verbündete um sich zu scharen, um eine Gegenoffensive starten zu können. Aber der König steht isoliert da. Statt sich voreilig mit ihm zu solidarisieren, wollen seine ehemaligen Weggefährten lieber erst mal abwarten, was noch kommt. Nur drei Tage später, am 26. Juli 1952, wird *Faruk* gezwungen abzudanken und auf seiner Yacht ins Exil gen Italien zu entschwinden. Damit ist die Feudalherrschaft der Dynastie *Mohammed 'Alis* in Ägypten endgültig beendet.

Jetzt unternehmen die *Freien Offiziere* die notwendigen Schritte, um ihre Machtstellung abzusichern. Die politischen Parteien werden aufgelöst, 1953 wird die Republik ausgerufen und die Monarchie formell abgeschafft. *General Nagib* wird Staatspräsident, *Nasser* sein Stellvertreter und Innenminister. Aber bereits 1954 spielt der gemäßigte *Nagib* keine Rolle mehr im Revolutionstheater, denn *Nasser* hat das Spiel um die Alleinherrschaft gewonnen - er ist der *Rais,* der Staatspräsident. Zunächst gilt sein Augenmerk der Evakuierung der Kanalzone und dem allmählichen Abzug sämtlicher britischer Truppen. Im Oktober 1954 wird ein solches Abkommen von beiden Seiten unterzeichnet. Zwei Jahre später haben die Ägypter allen Grund zum Jubeln: Der letzte britische Soldat verläßt das Land. Nach langen Jahren der Unfreiheit als europäische Kolonie ist das Land am Nil nun wieder ein souveräner Staat.

Nasser lenkt sein souveränes Ägypten zunächst in Richtung Blockfreiheit, eine klare politische Neuorientierung in Richtung Sozialismus erfolgt erst während der ***Suezkrise.*** Nachdem die USA die Finanzierung des Assuan-Staudammes gestoppt hatten, verstaatlicht Nasser die Suezkanal-Gesellschaft, die sich zu diesem Zeitpunkt immer noch fest in den Händen britischer und französischer Aktionäre befindet. Mit den Gewinnen aus dieser Aktion, so sagt er, soll der Weiterbau des Staudammes gewährleistet werden. Das bringt Briten wie Franzosen derart in Rage, daß sie zusammen mit Israel Ägypten attackieren. Doch den beiden Großmächten USA und UdSSR paßt diese Entwicklung nicht, und sie zwingen die Angreifer zum Rückzug. Trotz seiner klaren militärischen Unterlegenheit geht *Nasser* aus diesem Konflikt als strahlender Held und fähiger Staatsmann hervor. Der Assuan-Staudamm wird später mit sowjetischen Geldern vollendet.

Solcherart in seiner Macht und Beliebtheit bestätigt, nutzt *Nasser* die Gunst der Stunde, um sich als Sprecher der arabischen Nationen zu profilieren. 1958 wird auf sein Betreiben hin die *Vereinigte Arabische Republik (VAR)* gegründet; sie besteht aus Ägypten, Syrien und dem Jemen. Weitere Staaten sollen dem Beispiel folgen. Mit dem Begriff des *"Panarabismus"* wird die Idee einer einzigen arabischen Nation heraufbeschworen; gemeinsame Werte des Islam und des Sozialismus sollen die arabische Welt zusammenschweißen. Doch das kühne und ehrgeizige Projekt scheitert drei Jahre später, als erst Syrien und dann auch der Jemen die Allianz aufkündigen.

Aber auch innenpolitisch kommt in Ägypten einiges in Bewegung. Die Wirtschaft des Landes wird teilweise nationalisiert, vor allem die Sektoren Banken, Handel und Versicherungen, die während des alten Regimes von Franzosen und Engländern dominiert wurden. Die zweite umfassende Welle der

Verstaatlichung folgt zu Beginn der sechziger Jahre, nun sind vor allem Betriebe des Transportwesens und der Industrie betroffen. Einhergehend mit einer ***Bodenreform,*** die den Landbesitz pro Kopf auf 100 *Feddan* (1 *Feddan* = 0,42 ha) begrenzt, werden große Teile des Privatbesitzes wohlhabender Ägypter eingezogen. Einige tausend Familien verlieren im Handumdrehen ihr altes Vermögen, bestehend aus Landbesitz, Immobilien, Konten, Schmuck; sogar Möbel und Bücher werden konfisziert. Das konnte die traditionelle, ägyptische Oberschicht nie verwinden, zusammen mit materiellen Reichtümern schwanden auch die Kultur und der elitäre Habitus dieser Klasse. Die von den Enteignungen betroffenen Ausländer entschließen sich in großer Zahl zur Emigration. Ganze Stadtviertel, die zuvor von Franzosen, Briten, Griechen oder Italienern bewohnt und von ihrer Lebensart geprägt waren - ZAMALEK, HELIOPOLIS, GARDEN CITY, MAADI und DOKKI - werden von Ägyptern übernommen. Auch in der Geschäftswelt KAIROS dominieren von nun an die ägyptischen Eigentümer, allen voran der ägyptische Staat.

Bei seinen Versuchen, Ägypten umfassend zu modernisieren und zu industrialisieren, steht *Nasser* in der *Tradition Mohammed 'Alis,* er setzt aber dabei weniger auf Europa als auf die ägyptischen Massen. Deren Lebensbedingungen gilt es mit dem Experiment des ***"Islamischen Sozialismus"*** zu verbessern. Die hierunter gefaßten sozialen Reformen können sich sehen lassen: Mietpreisbindungen, Kündigungsschutz der Arbeiter und staatlichen Angestellten, eine verbesserte schulische und berufliche Ausbildung sowie Arbeitsplatzgarantien für Hochschulabsolventen - das alles erleichtert das Leben der Ägypter, vor allem in den großen Städten. Den Wasserkopf der unter *Nasser* herangezüchteten Bürokratie hat man jedoch bis heute nicht in den Griff bekommen. Eine Vorstellung vom eindeutigen "Zuviel" an staatlichen Beamten und Angestellten kann der Besucher KAIROS gewinnen, wenn er sich ins Gewirr der MUGAMMA begibt, in jenes Zentrum undurchdringlicher Bürokratie arabischer Prägung am TAHRIR-PLATZ (siehe Kap. "Kairo").

Im Juni 1967 verursacht der Ausgang des ***Sechs-Tage-Krieges*** eine schwere Regierungs- und Gesellschaftskrise. Die Provokationen *Nassers* lieferten den Israelis einen willkommenen Vorwand, um nun ihrerseits die Muskeln spielen zu lassen. Am 5. Juni starten sie eine Gegenoffensive auf Syrien, Jordanien und Ägypten. Dabei drängen sie die ägyptischen Truppen bis an den Suezkanal zurück und zerstören die ägyptische Luftwaffe, noch bevor sich auch nur ein Flugzeug vom Boden erheben kann. Sie sind zu weiterem bereit, aber ein durch Einwirken der Supermächte herbeigeführter Waffenstillstand beendet den Krieg. Angesichts dieser Niederlage erklärt *Nasser* zutiefst resigniert seinen Rücktritt von sämtlichen Regierungsämtern. Die massiven Protestkundgebungen der Bevölkerung bewegen ihn jedoch, einen Tag später wieder anzutreten.

Im Sommer 1970 ist *Nasser* soweit aus panarabistischen Träumereien erwacht, daß er dem amerikanischen Friedensplan *(Rogersplan)* zustimmt, der die Anerkennung Israel und die Rückgabe der von israelischen Truppen besetzten Gebiete an Ägypten beinhaltet. Im September bemüht er sich, den Frieden zwischen Jordaniens *König Hussein* und den Palästinensern auszuhandeln. Einen Tag darauf stirbt *Gamal 'Abdel Nasser,* 52jährig, an Herzversagen.

Als die Nachricht seines Todes über Rundfunk und Fernsehen von Vizepräsident *Anwar es-Sadat* bekannt gegeben wird, kommt es zu tumultartigen Szenen in KAIRO. Die Menschen strömen in Massen laut klagend aus ihren Häusern; in manchen Bezirken sind ganze Straßenzüge unpassierbar. Sie weigern sich zu glauben, daß *Nasser,* der *"Löwe",* ihre Symbolfigur eines freien und starken Ägyptens, sterblich ist. Zur Beerdigung *Nassers* vier Tage später reisen Ägypter aus dem ganzen Land in die Metropole, die aus den Nähten zu platzen droht. Die Bestattungszeremonie gerät außer Kontrolle, als die trauernde Bevölkerung sich nicht an Absperrungen hält, sondern die angereisten Ehrengäste - Staatsmänner anderer Nationen und hochstehende Würdenträger - aus der Spitze des Trauerzuges verdrängt. Inmitten des unvorstellbaren Chaos befindet sich *Nassers* Sarg in einer Kutsche, die kaum von der Stelle zu bewegen ist. Die Polizei steht hilflos daneben. Das Volk nimmt Abschied von seinem *Rais.*

Die Politik der offenen Tür - Anwar es-Sadat (1970-1981)

Am 15. Oktober 1970 wird *Anwar es-Sadat,* der ehemalige Stellvertreter und alte Kampfgefährte *Nassers,* im Amt bestätigt. Anfangs gilt er nur als eine Art "Notlösung" für das Amt des Staatspräsidenten, aber *Sadat* erweist sich geschickter als zunächst angenommen. Im Mai 1971 kann er seine Machtposition mit den sogenannten *"Korrektivmaßnahmen"* festigen, einfacher ausgedrückt, er entfernt kurzerhand seine Gegner und Kritiker aus ihren Regierungsämtern.

Der neue Präsident sieht sich gleich zu Beginn mit zwei drückenden Problemen konfrontiert: Zum einen ist da die starke Abhängigkeit Ägyptens von der Sowjetunion, zum anderen ist die Wirtschaft des Landes (auch durch die wiederholten Kriege der jüngsten Vergangenheit) in einem desolatem Zustand. Um die Lösung beider Probleme bemüht, fährt *Sadat* einige Zeit erfolg- reich einen politischen "Schlingerkurs": 1971 begeht man die feierliche Einweihung des Assuan-Hochstaudammes zusammen mit den sowjetischen Genossen, die daraufhin Wirtschaftshilfe in Millionenhöhe zusagen. Zur gleichen Zeit werden ägyptische Kommunisten streng verfolgt, was aber einem Freundschaftsvertrag mit Moskau nicht zu widersprechen scheint. Wie sich im Laufe der Jahre jedoch immer deutlicher zeigt, liegt die Zukunft Ägyptens für *Sadat* ganz klar im Westen; die Sowjetunion hat als hilfreicher Partner ausgedient. Ein Sinnbild der endgültigen Abkehr von Russland ist die Ausweisung zahlrei-

Anwar es-Sadat bei seiner Vereidigung

cher russischer Techniker und militärischer Berater, die jahrelang in Ägypten tätig waren. Von nun an versucht *Sadat,* die Beziehungen zu Europa und Amerika zu festigen und auszubauen.

Einen großen Erfolg - vor allem innenpolitisch - bedeutet für ihn der positive Ausgang der letzten und mittlerweile vierten Auseinandersetzung mit Israel, der ***Oktoberkrieg 1973.*** Obwohl die Ägypter lediglich Teilerfolge erzielen konnten, ist *Sadat* für das Volk nun der strahlende Sieger über Israel. Das ägyptische Selbstvertrauen, das durch etliche Niederlagen gegen Israel in der Vergangenheit arg gebeutelt wurde, ist wiederhergestellt. Eine Nilbrücke in KAIRO, die KOBRI 6. OCTOBER, erinnert an diesen dringend benötigten Triumph.

Als Zeichen der politischen Umorientierung und Cleverness kann auch der ***Separatfrieden mit Israel*** von 1979 gewertet werden. Bereits 1977 reist *Sadat* zu Gesprächen nach Jerusalem, dann folgen Jahre zäher Verhandlungen, bis das ***Abkommen von Camp David*** 1979 den Frieden zwischen den beiden Staaten besiegelt. Der Friedensvertrag gewährleistet außerdem die spätere Rückgabe des Sinai an Ägypten. Die Anerkennung des Westens für die außenpolitischen Leistungen *Sadats* nimmt zu, in gleichem Maße jedoch sinkt sie innerhalb der arabischen Welt. Für die arabischen Staaten ist Ägypten nichts weiter als eine Nation von Verrätern, die ihre palästinensischen Brüder im Befreiungskampf allein lassen. Sie brechen die Beziehungen zu Ägypten ab und schließen das Land aus der *Arabischen Liga* aus; Ägypten ist zum Außenseiter in der arabischen Welt geworden. Die Saudi-Araber drehen den Öl- und Geldhahn zu, doch ist davon auszugehen, daß die kräftigen Finanzspritzen aus Amerika - quasi der Dank für den Friedensvertrag - die Nachteile der Isolation gemildert haben.

Fortan sucht *Sadat* die westliche, vor allem die US-amerikanische Unterstützung. Er fördert nachdrücklich die Privatwirtschaft des Landes und bereitet den Weg für Investitionen aus dem Aus- und Inland. Es werden auch wieder mehrere politische Parteien zugelassen, um sich in ***Demokratie*** zu üben, so beispielsweise die *Sozialistische Arbeiterpartei* und die *Neo-Wafd*. Jedoch bedeutet das Mehrparteiensystem keine ernste Gefahr für die Partei des Präsidenten, die *National-Demokratische Partei*. Den oppositionellen Parteien ist es verboten, an Universitäten oder in Betrieben für sich zu werben, und für die Neuetablierung von politischen Parteien gelten strenge Richtlinien.

In den Jahren der Regierung *Sadats* werden zahlreiche Modernisierungsarbeiten an Gebäuden und Straßen ausgeführt, ein wahrer Bauboom bricht aus: In KAIRO schießen die luxuriösen Bürohochhäuser und Hotels nur so aus dem Boden, letztere wohl auch, um die ***Tourismusbranche*** anzukurbeln. Offenbar mit Erfolg, denn nun ist die Zahl der Reiselustigen im Land am Nil zehnmal so hoch wie in den sechziger Jahren. Die Veränderungen in den Städten bewirken auch eine starke Zuwanderung der Landbevölkerung, die sich vor allem in KAIRO ein leichteres und besseres Leben erhofft. Bemerkenswert in dieser Zeit ist auch das verstärkte Auftreten von westlichen Statussymbolen. Vor allem Automobile, Fernseh- und Videogeräte legen sich die Ägypter zu - wenn sie es sich leisten können.

Interessanterweise wird von der Regierung *Sadats*, allem Modernismus und Materialismus zum Trotz, wieder eine stärkere Hinwendung zu islamischen Grundwerten lanciert. Nicht, daß der Islam jemals aus dem Bewußtsein der Ägypter verschwunden war: Die stärker betonte Religiosität in Regierungsdebatten und Ansprachen ist wohl eher ein politischer Winkelzug, um den islamischen Fundamentalisten den Wind aus den Segeln zu nehmen.

Sadats Art, das Land zu regieren, die wirtschaftliche Liberalisierung und ansatzweise Demokratisierung, wird oft als Politik der "offenen Tür" *(infitah)* bezeichnet. Ganz so rosig aber sind die Erfolge der *Infitah* nicht. Nun können die Ägypter zwar in westlichen Konsumgütern schwelgen - von Cola bis zum französischen Parfüm ist alles erhältlich - aber die sozialen Unterschiede werden um so schmerzlicher spürbar. Einigen wenigen, die über gute Verbindungen zu den richtigen Stellen, Kapital und genügend Privatinitiative verfügen, gelingt die schnelle Bereicherung. Sie werden im Volksmund ironisch die *"fetten Katzen" (al-utat as-samina)* genannt. Aber der große Rest der Bevölkerung, vor allem die Arbeiter, Angestellten und Beamten, die immer noch an alte Vergütungstarife gebunden sind, haben immer mehr unter der beachtlichen Inflation zu leiden. Eine neue Kluft der ***sozialen Unterschiede*** tut sich auf: Businessmen contra Staatsangestellte. Schulische und universitäre Bildung, einst erstrebenswert und hochgeschätzt, da ein Garant für eine gesicherte Zukunft, sind im harten Alltag immer weniger wert. Gestandene Akademiker sehen sich oftmals gezwungen, zusätzlich Taxi zu fahren, um über die Runden zu kommen. Zwei bis drei unterschiedliche Jobs pro Familienvater sind keine Ausnahme mehr. Für viele Ägypter - zunächst Akademiker und Facharbeiter, später aber auch Ungelernte - bot die zeitweise Arbeitsmigration in die benachbarten reichen Golfstaaten eine willkommene Gelegenheit, um an Geld zu kommen. Für die ägyptische Wirtschaft stellen die Ersparnisse ihrer im Ausland tätigen Männer bis heute eine der wichtigsten Einkommensquellen dar.

Anläßlich der Oktoberparade im Jahr 1981, ein Jahr, bevor der Sinai endgültig wieder an Ägypten zurückgegeben werden soll, wird *Sadat* aus den Reihen seiner Soldaten erschossen. Muslimische Extremisten, die das Militär infiltrieren konnten, werden für die Tat verantwortlich gemacht. Über Ägypten wird der ***Ausnahmezustand*** verhängt - er gilt bis heute.

Die Gegenwart - Hosni Mubarak (seit 1981)

Nach der Ermordung von Präsident ***Sadat*** tritt sein Stellvertreter *Hosni Mubarak* die Nachfolge an. *Mubarak* kommt, wie seine beiden Vorgänger, aus dem ägyptischen Militär, er ist Oberbefehlshaber der Luftwaffe und ein bekannter, ehemaliger Kampfpilot.

Der neue Präsident bemüht sich - in Rahmen der Möglichkeiten - innen- wie außenpolitisch um einen ausgewogenen Kurs. Er versucht, wieder politischen Anschluß an die arabischen Staaten zu gewinnen, was auch dringend geboten ist, angesichts der vorhandenen wirtschaftlichen Verflechtungen Ägyptens mit seinen Nachbarn: Vor allem wegen der ägyptischen Facharbeiter im arabischen Ausland und ihrer reichlichen Überweisungen nach Hause ist man aufeinander angewiesen. 1988 ist die ***Wiederaufnahme Ägyptens*** in die Arabische Liga erreicht. Später, während der irakischen Angriffe auf Kuweit, kann sich *Mubarak* durch seine Mittlerposition zwischen Orient und westlicher Welt beweisen, und auch bei den Nahost- Friedensverhandlungen ist er stets präsent.

Innenpolitisch soll mehr Demokratie gewagt werden. Bald nach seinem Amtsantritt verfügt *Mubarak* eine Generalamnestie der unter Sadat verhafteten politischen Gefangenen. Auch das Mehrparteiensystem soll sich allmählich durchsetzen. Im Mai 1984 finden die ersten halbwegs demokratischen Wahlen unter der Beteiligung mehrerer Parteien statt. Dennoch bleibt der Wahlsieg von *Mubaraks* National-Demokraten unangefochten, auch 1987 endet eine vorgezogene Wahl mit einem klaren Erfolg der NDP. Seit 1990 gibt es sogar eine "grüne" Partei - die *khodr* - in Ägypten. Ihre Arbeit ist aber wegen chronischem Geldmangel bislang nicht sonderlich erfolgreich. Um islamische Fundamentalisten von den Zentren der politischen Macht fernzuhalten, ist die *Partei der Muslimbruderschaft* (ikhwan el-muslimin) in Ägypten nach wie vor verboten. Dennoch fanden die cleveren Brüder einen Weg durch die Hintertür, indem sie nämlich 1989 eine Allianz mit der Sozialistischen Arbeiterpartei *(el-hizb el-ischtiraqi el-'umal)* eingingen. Das hat die Partei entzweit, denn spätestens eine Äußerung ihres Gründers *Ibrahim Shoukri,* daß die Parteiarbeit mittlerweile mehr auf islamischen Grundsätzen als auf sozialistischen zu beruhen habe, zeigt auch wohlmeinenden Sozialisten, wie der Hase mittelfristig zu laufen hat.

In den 80er Jahren wird die Infrastruktur des Landes verstärkt ausgebaut, zahlreiche neue Wege, Straßen und Brücken entstehen im Land. Endlich wird auch das Kairoer Telefonnetz weiter modernisiert, was alle Welt aufatmen läßt: Zuvor verließen sich Firmen und Büros oft lieber auf Boten, wenn sie miteinander kommunizieren wollten. Die Versuche, Verbindungen mit dem Ausland herzustellen, glichen schon fast einem Lotteriespiel. 1987 werden in KAIRO die Bauarbeiten für die erste Metro auf afrikanischem Boden abgeschlossen, ebenfalls eine weise Maßnahme angesichts des infernalischen Straßenverkehrs, der die Kairoer Innenstadt lahmlegt.

Obwohl sich Präsident *Mubarak* bis jetzt gut in seinem Amt bewährt hat - noch dazu ohne Kriege wie seine beiden Vorgänger - steht er vor ähnlichen Problemen wie die anderen "Dritte-Welt-Staaten": explosives Bevölkerungswachstum, noch immer weit verbreitetes Analphabetentum (vor allem auf dem Land), schleppende Reformen innerhalb der Wirtschaft, Korruption, finanzielle Abhängigkeit vom westlichen Ausland. Außerdem sieht sich die ägyptische Regierung nach wie vor massiv von radikalen islamischen Fundamentalisten bedroht. Seit Beginn der 90er Jahre kommt es immer wieder zu religiös verbrämten ***Attentaten*** auf islamkritische Politiker, Schriftsteller, Journalisten und Touristen (hierzu siehe auch das Kapitel "Der islamische Fundamentalismus in Ägypten"). Der vorläufig letzte Anschlag am 29. Juni 1995 hatte den ägyptischen Staatspräsidenten selbst zum Ziel: Anläßlich eines Staatsbesuches von *Hosni Mubarak* in ADDIS ABEBA (Äthiopien) wurden mehrere Gewehrschüsse von mutmaßlich militanten Moslems aus Ägypten auf *Mubarak* abgegeben; er wurde nur knapp verfehlt.

Nicht erst seit dem Attentat auf *Mubarak* sind die Beziehungen Ägyptens zu seinem südlichen Nachbarn Sudan gespannt. Zwischen beiden Staaten kam es immer wieder zu Grenzstreitigkeiten; dabei ging es vor allem um die erdölhaltigen Gebiete am Roten Meer, auf die langfristig beide ein Auge geworfen haben. Auch beschuldigte Ägypten den Sudan des öfteren, vom Iran gesteuerten islamischen Extremisten Schutz und Unterstützung zu gewähren. Jetzt verurteilt die ägyptische Regierung das Regime von Sudans *Omar el-Bashir,* auch in das Mordkomplott in Äthiopien verwickelt zu sein. Der Sudan kontert - nicht zum ersten Mal - mit der beklemmenden Aussicht, sich nicht mehr ans Wasserabkommen zu halten, also den Nil zu stauen und Ägypten so von seinem Lebensnerv abzuschneiden. Eine gewichtige Drohung, denn als einziges der nilanliegenden Länder speist Ägypten seinen gesamten Wasserbedarf aus dem Fluß. Im ägyptischen Parlament erhitzen sich Gemüter an dieser Frage derart, daß Abgeordnete anfragen, wann Ägypten denn endlich im

Sudan einmarschiere oder wann äthiopische Staudämme bombardiert würden. Es bleibt zu hoffen, daß Ägypten, ebenso wie seinem Nachbarn, eine friedliche Lösung dieses und der vielen anderen Probleme gelingt.

Urbanes Leben
- Die Nilmetropole Kairo

Auf Kairos Dächern

"Wer Kairo noch nicht sah,
der sah die Welt noch nicht!"

(Märchen aus 1001 Nacht, 28. Nacht)

Misr, Umm el-Dunya - Kairo, Mutter der Welt - so wurde die ägyptische Metropole einst von *Ibn Khaldun* beschrieben, einem arabischen Gesellschaftswissenschaftler und Historiker des Mittelalters. Bis heute sind für die meisten Ägypter ihr Land und ihre Hauptstadt ein und dasselbe: Misr. Diese Namensgleichheit verrät die wahre Bedeutung Kairos; die Stadt ist Dreh- und Angelpunkt des ganzen Landes. In Kairo befinden sich die Zentren der Macht - Politik, Wirtschaft und Verwaltung - von Kairo gehen die entscheidenden kulturellen Impulse bezüglich Medien, moderner Kunst, Literatur und Mode aus.

Mittlerweile sprengt die Stadt am Nil alle Dimensionen. Kairo ist eine "Dritte-Welt"-Metropole geworden, die ***größte und bevölkerungsreichste Stadt Afrikas*** und der arabischen Welt. Die vorrangigen Probleme sind allgegenwärtig: eine völlig unzureichende Infrastruktur, eine ständig anwachsende Einwohnerzahl und der Mangel an Wohnraum. Offizielle Stellen begründen dies gern mit den einschneidenden Veränderungen während der letzten 30 Jahre: Im ganzen Land kam es zu einem massiven Bevölkerungsanstieg, und ein nie versiegender Strom von Arbeitssuchenden zog aus den ländlichen Gebieten in die Städte - eine Entwicklung, die bis heute anhält. Um 1960 lebten nur knapp 40% der ägyptischen Bevölkerung in urbanen Gebieten, Kairo hatte eine Einwohnerzahl von etwa 3,5 Mio. Heute leben 80% der Ägypter in Städten, davon ca. ein Drittel in Kairo. Die ***Einwohnerzahl*** der ägyptischen Hauptstadt wird auf rund 15 Millionen geschätzt, ganz genau weiß das aber keiner, es können ebensogut 16 oder sogar 20 Millionen sein. Seit längerem versucht der Staat, mit Unterstützung der Medien, dieser Entwicklung mit Programmen zur Geburtenregelung entgegenzusteuern, jedoch finden solche Anstöße nur wenig Widerhall in der Bevölkerung - vor allem die Armen bleiben skeptisch. Zu einflußreich sind nach wie vor die von Religion und Tradition bestimmten Werte. Obwohl der Islam Empfängnisverhütung toleriert, bedeutet Kinderreichtum doch den Segen Allahs und soziales Ansehen. Vor allem aber ist eine große Familie die Versorgungsinstanz für den einzelnen. Solange der Staat seinen bedürftigen Bürgern nicht genügend soziale Absicherung garantieren kann, bleibt der Schutz der Familie unverzichtbar.

Angesichts der stetig weiter wachsenden Bevölkerung erwies sich die ***Stadtplanung*** als völlig unzureichend. Zentrale Aufgaben, insbesondere der Ausbau einer funktionierenden Infrastruktur und die Schaffung von genügend Wohnraum, wurden über Jahrzehnte hinweg vernachlässigt. Durch den Wohnungsmangel bedingt, wächst die Stadt seit Jahren unkontrolliert über ihre Grenzen hinaus. In den Randgebieten ließen private Geschäftsleute, von der Perspektive auf lukrative Gewinne magisch angezogen, zahlreiche Neubau-Siedlungen errichten - illegal, ohne staatliche Genehmigung und unter Umgehung jeglicher Bauvorschriften. Jahr für Jahr fallen so weite Flächen fruchtbaren Ackerlandes, das für eigentlich landwirtschaftliche Zwecke bestimmt ist, dem Bauboom zum Opfer. Die zugezogenen Bewohner - meist junge Ehepaare am Anfang ihrer Existenzgründung - leben in riesigen, unpersönlichen Wohnsilos, weit von ihren Familien entfernt und müssen dabei nicht selten auf Kanalisationsanschluß und Verkehrsanbindung verzichten.

Die von staatlicher Seite aus initiierten ***Siedlungsprojekte,*** die vor allem während der 70er Jahre unter dem Slogan *"hinaus in die Wüste!"* realisiert wurden, sollten die unglückliche Entwicklung in geordnetere Bahnen lenken. Illegalen Bautätigkeiten und dem Raubbau an fruchtbarem Boden sollte ein Riegel vorgeschoben, die Metropole deutlich entlastet werden. Es entstanden die Siedlungen Sadat *(sadat),* "10. Ramadan" *(aschara ramadan),* "6. Oktober" *(sitta oktober),* wo eigene Industrien Chancen zur Beschäftigung vor Ort bieten. Andere Projekte - "Es-Salam" oder "15. Mai" *(chamastaschar mayo)* - verkamen zu reinen Schlafsilos für die Pendler. Obwohl die staatlichen Neubauvorhaben besser durchdacht sind, als die ausschließlich gewinn- orientierten, privatwirtschaftlichen Bebauungen, erreichten sie nicht den erwarteten Zulauf von Umsiedlern. Die attraktive und vertraute Umgebung, die wichtigsten Sozialbeziehungen befinden sich nun mal nach wie vor in KAIRO City.

Obwohl drangvolle Enge, Wohnungsnot und Armut seit langem feste Bestandteile des städtischen Alltags sind, können Besucher, die sich einige Zeit in KAIRO aufhalten, eine gewisse Stabilität im ***Alltag*** dieser Riesenstadt erkennen. Die unüberschaubar und chaotisch anmutenden Bilder des öffentlichen Lebens lassen sich nicht so ohne weiteres auf die Bewohner KAIROS übertragen. Irgendwie funktioniert der Alltag, mal besser, mal schlechter; Voraussetzung ist Geduld mit einer Portion Gottvertrauen, aber auch das Entwickeln eigener Überlebensregeln: ein hohes Maß an Flexibilität, ein besonderes Verhältnis zur Zeit und eine gewisse Routine. Oft ist auch der Einsatz von Ellenbogen erforderlich, um sich im Gedränge einen Platz zu erobern und ihn gegebenenfalls zu verteidigen. Dann sind in der Regel lautstarke Auseinandersetzungen zu beobachten, plötzlich aufflammende Streits, die ebenso rasch beigelegt oder von Dritten geschlichtet werden.

Auch ***Touristen*** gehören inzwischen zum Straßenbild - vor allem in den Sommer- und Herbstmonaten und an einschlägigen Orten, wo katalogisierte Reize und exotisch-malerische Szenen vermutet werden. Den ausländischen Besuchern ihrer Stadt begegnen die Kairoer grundsätzlich ausgesucht freundlich, gelassen und höflich - im Gegensatz zu Bewohnern der meisten anderen Weltmetropolen. Touristen können sich bei ihren Erkundungstouren in der Regel frei und ohne Angst bewegen, denn noch ist KAIRO eine der sichersten Städte der Welt. Schwere Delikte wie Einbrüche, bewaffnete Überfälle oder Körperverletzung sind hier die Ausnahme. An diesen hohen Sicherheitsstandards ändern auch die Terroranschläge auf Touristen, welche in den vergangenen Jahren vereinzelt verübt wurden, nichts (siehe Kapitel "Der islamische Fundamentalismus in Ägypten"). Die Kriminalitätsrate KAIROS ist dank einer aufmerksamen Polizei und des ausgeprägten islamischen Rechtsempfindens der Bewohner deutlich niedriger als beispielsweise in deutschen Großstädten. Daher müssen weder Individualreisende - auch wenn es sich um Frauen handelt - noch Reisegruppen besonders um ihre Sicherheit bangen. Dennoch sind einfache Vorsichtsregeln zu beachten, wie bei allen anderen Auslandsaufenthalten auch: So ist es nicht unbedingt ratsam, während der Nachtstunden allein die abgelegensten Gebiete zu durchstreifen oder sich als Frau allzu freizügig zu kleiden und zu benehmen. Auch die persönliche Habe sollte man stets im Auge behalten und in Hotels die Safes nutzen.

Alles in allem bietet KAIRO dem Betrachter kein homogenes Bild. Die Stadt ist ebenso vielgestaltig wie ihre Bewohner, in den verschiedenen Bezirken der Stadt leben unterschiedliche Bevölkerungsgruppen mit unterschiedlichen Lebensstilen. Die Spannbreite der Möglichkeiten dabei ist weit: Gegensätze zwischen arm und reich, traditionell und westlich-modern, städtischer und ländlicher Herkunft, Universitätsstudium und Analphabetentum existieren dicht nebeneinander - weitaus plastischer und dramatischer als etwa in europäischen Gesellschaften.

Die moderne City - Rund um den Midan Tahrir

Gegenwärtig ist der turbulente MIDAN TAHRIR (Freiheitsplatz) der unumstrittene ***Mittelpunkt des modernen Zentrums.*** Mit einem Konstrukt aus einander kreuzenden Schnell- und Hochstraßen soll hier dem chronisch verstopften innerstädtischen Verkehr ein geregeltes Vorwärtskommen ermöglicht werden. Doch die allgegenwärtigen Staus sind auch dadurch nicht zu bewältigen. Die Zahl der offiziell registrierten PKWs in KAIRO hat mittlerweile die Millionengrenze überschritten. Beim Anblick des Verkehrsaufkommens um den MIDAN TAHRIR und in der Innenstadt begreift man, daß der Stau, *zahma,* ein beliebtes Sujet zahlreicher ägyptische Popsongs z.B. von *Hakim* und *Mustafa Amar* ist. *Zahma* erklärt und entschuldigt alles: jedes Versäumnis, jede Verspätung, jeden nicht eingehaltenen Termin.

Besonders während der Rushhour kämpfen am MIDAN TAHRIR die Massen von Autos, Taxen und Bussen hupend und knatternd um freie Fahrt. Menschentrauben schieben sich zu Fuß durch das Gedränge hin zum Busbahnhof oder zur Metrostation "SADAT". Deren kühle, unterirdischen Gänge sind sauber, ordentlich und werden von zahlreichen Uniformierten bewacht. Das Auftauchen aus dieser Versenkung konfrontiert den Besucher schlagartig mit dem krassen Gegensatz. Ein Moment im Gewirr aus Lärm und Staub kann den Eindruck erwecken, als hielten sich hier sämtliche Einwohner der Stadt zugleich auf.

Durch seine exponierte Position als Verkehrsknotenpunkt und Anlaufstelle von Touristen ist der MIDAN TAHRIR wiederholt zu einer Zielscheibe ***terrori-***

stischer Aktivitäten geworden. In den Jahren 1992/93, als fundamentalistischen Gruppen Ägypten mit einer Serie von Anschlägen heimsuchten, wurde der *Tahrir* zweimal Schauplatz terroristischer Anschläge. Einmal explodierte eine kleine Bombe auf dem Busbahnhof, ein anderes Mal wurde ein kleines Café durch einen Sprengsatz verwüstet. Daraufhin wurden die Sicherheitsvorkehrungen am *Tahrir* so massiv verstärkt, daß eine Wiederholung dieser Vorfälle nicht mehr zu befürchten ist.

Unerschüttert von solchen Aufregungen steht etwas abseits das ***Ägyptische Nationalmuseum,*** ein ehrwürdiges langgestrecktes Bauwerk, das zu Beginn dieses Jahrhunderts fertiggestellt wurde. Im Jahre 1857 begründete der französischer Journalist und Ägyptologe *Auguste Mariette "Pasha"* die umfassendste Sammlung ägyptischer Kunstgegenstände. *Mariette* leitete einige Zeit die Verwaltung sämtlicher ägyptischer Antiquitäten - eine undankbare Aufgabe angesichts des weitverbreiteten Kunstraubs und -schmuggels jener Tage. Außerdem wurde er zum Direktor eines zu diesem Zeitpunkt noch gar nicht existierenden Museums für ägyptische Altertümer bestimmt. Nach mehreren verschiedenen Unterbringungsorten für die Kunstsammlung konnte schließlich, im Jahre 1902, das heutige Gebäude bezogen werden. Gegenwärtig ist darin eine reichhaltige Sammlung altägyptischer Kunst zu bewundern; in chronologischer Anordnung sind neben den Überresten aus verschiedenen pharaonischen Dynastien Funde aus ptolemäischer und römischer Zeit ausgestellt.

Da die über 100 000 sehenswerten Exponate kaum an einem Tag zu bewältigen sind, sollte man mehrere Besuche einplanen oder sich auf die Besichtigung der Funde einiger ausgewählter Zeitabschnitte beschränken.

Für Erholungspausen während anstrengender Stadtrundgänge bietet sich das Nil-Hilton Hotel an.

Gegenüber dem Nil-Hilton Hotel, auf der anderen Seite des TAHRIR-Platzes, liegt das Gebäude der *Mugamma,* jenes berüchtigte ***Zentrum der ägyptischen Bürokratie.*** Der massive, grau-braune Bau entstand in den 50er Jahren, als während des *Nasser*-Regimes die staatliche Verwaltung neue Dimensionen annahm (s. Kap. "Geschichte"). Durch ihre ungeschlachte, trutzige Architektur wirkt die *Mugamma* schon auf den ersten Blick einschüchternd und trostlos. Wer eintritt, und das muß jeder Ägypter irgendwann einmal, der kann endgültig alle Hoffnung fahrenlassen. Auf 14 Stockwerken ist eine verwirrende Vielzahl verschiedener Ämter untergebracht, um nur einige zu nennen: die Abteilungen von Justiz, Sozialem, Bildung und Landwirtschaft. Die Angestellten und Beamten der *Mugamma* sind für alles zuständig: Sie bewilligen, verweigern oder verschlampen staatliche Dokumente wie Lizenzen, Pässe, Führerscheine, Visa, Zulassungen, Ausweisungen und vieles mehr. Die Arbeitsvorgänge wirken ebenso unüberschaubar wie ineffektiv. Den hier Beschäftigten wird ein hohes Maß an Bestechlichkeit nachgesagt, auf *Bakschisch* ("Trinkgeld") ist man wegen der völlig unzureichenden Entlohnung geradezu angewiesen. Die Antragstellenden haben aber Glück, wenn die Beamten während ihrer Arbeitsstunden überhaupt anwesend sind und nicht einer lohnenderen Tätigkeit nachgehen. Daher sind verzögerte Abwicklung, lange Wartezeiten und ungeklärte Zuständigkeiten in der *Mugamma* die Regel. Ägypter aus allen Teilen des Landes stranden hier, nach mehrtägiger Anreise, auf der Suche nach der richtigen Abteilung, dem richtigen Sachbearbeiter, dem richtigen Zeitpunkt für ihr Anliegen. Das Phänomen *Mugamma* bot dem ägyptischen Filmregisseur *'Adel Hussein* ausreichend Stoff für den Film: *Kebab we Irhab* (Kebab und Terrorismus):

Ein Mann sucht wegen einer bürokratischen Lappalie das Gebäude auf. Nach Tagen verläßt er es schließlich als "Terrorist"!: Bei seinen vergeblichen Bemühungen, sich bei den Bürokraten Gehör zu verschaffen, hatte er in einem Akt der Verzweiflung Geiseln genommen.

Im Normalfall läuft es allerdings weniger dramatisch ab. Die Tatsache, daß nur wenig Protest laut wird, daß sich Entnervung und Frustration in Grenzen halten, spricht für die Geduld und Gelassenheit der Ägypter. Ihre Resignation angesichts der Zustände in der staatlichen Verwaltung äußert sich zumeist in ebenso oft wie gern erzählten Witzen und Anekdoten.

Ebenfalls am *Midan Tahrir* befindet sich die American University of Cairo (AUC), die in einem ehemaligen Palast des *Khediven Ismail* untergebracht ist. Die Studenten stammen mehrheitlich aus reichen Familien, die imstande sind, die hohen Studiengebühren aufzubringen. Dahinter erstreckt sich der Bezirk Abdin mit weiteren Verwaltungsgebäuden und den Unterkünften für das Heer der Staatsdiener, der *muwazzafin*. Diese Klasse von verarmten, nicht arrivierten Beamten prägt den Charakter der Gegend. Die Männer bevölkern - am liebsten während ihrer Dienstzeit - in Grüppchen die Kaffeehäuser, wo sie sich auf einen Schwatz bei *schischa* (Wasserpfeife) oder *schai* (schwarzer Tee) treffen, die Frauen eilen in islamischer Kleidung, d. h. oftmals verschleiert, zu Besorgungen in die Geschäfte. Die meisten der *Muwazzafin* sind in hohem Maße frustriert: Sie haben zwar die Universität absolviert, sind aber im Staatsdienst stark unterbezahlt, und die Aussicht auf bescheidenen Wohlstand ist unwahrscheinlich. Daher ist diese Gruppe desillusionierter Bürokraten im Lauf der Zeit mehr und mehr anfällig für die Heilsversprechen radikaler Moslemgruppen geworden.

Der verblichene Glanz vergangener Zeiten

Der Ursprung des modernen Kairo fällt die Regierungszeit des *Khediven Ismail*. Mitte des 19. Jahrhunderts ließ er Gebiete am westlichen Stadtrand bis hinunter zum Nil trockenlegen und mit Hilfe französischer Architekten neu bebauen. Das Resultat war ein großzügiger, moderner und luxuriöser Bezirk nach Pariser Vorbild namens Ismailyya (s. Kapitel "Geschichte"). In der darauffolgenden Zeit - vor allem während der britischen Okkupation - wurde der "europäisierte" Ausbau dieses Stadtteiles weiter forciert, und immer mehr Wohn- und Warenhäuser, Verwaltungsgebäude, Banken, Clubs und Botschaften siedelten sich hier an.

Heute existiert besonders in den großen Einkaufsstraßen TALAT HARB und QASR EN-NIL, die vom MIDAN TAHRIR in nordöstlicher Richtung abgehen, noch immer ein Hauch von längst vergangenen, glanzvolleren Tagen - trotz der regen Geschäftigkeit, die diesen Bezirk beherrscht. Hier lebt der Traum des *Khediven Ismail,* KAIRO mehr europäisches und im besonderen - Gipfel aller Modernität - französisches Flair zu verleihen, in Ansätzen fort. Die meisten ausländischen Besucher sind spontan erstaunt, wie wenig orientalisch der Charakter dieses Stadtteils ist, im Gegenteil - die Architektur der mehrstöckigen Häuser und breiten Straßen erinnert stark an Paris. Obwohl mittlerweile arg vernachlässigt und renovierungsbedürftig, hat diese Gegend immer noch einen eigenen, morbiden Reiz. Die einst so glänzenden Fassaden präsentieren sich heute unter einer hartnäckigen Staubschicht; jede Renovierungsmaßnahme ist ein Kampf gegen den steten Wind aus der Wüste.

Stellvertretend für die glanzvolle Vergangenheit steht ein 1924 erbautes Eckhaus in der SCHARIA QASR EN-NIL: das legendäre CAFÉ GROPPI. Früher, vor der Revolution, war das GROPPI der Treffpunkt der obersten Gesellschaftskreise KAIROS. Bei Delikatessen, petit fours und Tee ging es ausgesprochen elitär zu, man parlierte in gepflegtem Französisch, und regelmäßig fanden sich unter der Glaskuppel des Gartenpavillons vornehme Damen und Herren zu Tanz- und Musikveranstaltungen ein. Doch der alte Zauber ist verflogen. Die Jahrzehnte des staatlichen Managements haben ihre Spuren hinterlassen. Das prächtige Jugendstilmobiliar wurde nach und nach durch eine nüchterne Einrichtung im realsozialistischen Stil ersetzt. Heute wirkt das Café von innen düster und anspruchslos, und gelegentlich stellt sich beim Betrachten der trockenen Croissants und des Plastik-Ambiente eine leichte Melancholie ein.

Einer solchen Mischung aus Überbleibseln bourgeoisen Charmes und nüchternem Funktionalismus der nachrevolutionären Ära begegnet man noch an anderen Stellen KAIROS. Oftmals fließt noch eine dritte Komponente ein - die ägyptische Volkskultur, *baladi.* Sie ist in der Gegend rund um den MIDAN TAHRIR durch zahllose kleine Verkaufsstände vertreten, deren Händler und Dienstleister ihre bescheidenen Geschäfte im Schatten der großen Gebäude eingerichtet haben. Schuhputzer warten neben Zigarettenverkäufern auf Kundschaft, an mobilen Getränkeständen wird frisch gepreßter Saft aus Mangos, Erdbeeren oder Orangen angeboten, und aus kleinen Garküchen strömt der Duft traditioneller Speisen wie *kebab* (gegrillte Hammel-, Rindfleisch- oder Leberstückchen), *ta'amiyya* (fritierte Bällchen aus Bohnenpüree) oder *ful* (Brei aus braunen Bohnen, mit Öl und Zitronensaft gewürzt). *Baladi,* die Lebensart der einfachen Menschen, hat sich hier Nischen erobert und bringt eine realitätsnahe Atmosphäre in die einstigen Prachtstraßen.

Weiter östlich begrenzt der Stadtteil AZBAKIYAH mit seinem gleichnamigen Park den modernen Sektor der Stadt. AZBAKIYAH hat eine weit zurückreichende und glanzvolle Vergangenheit: Bereits unter der mamelukischen Herrschaft im 15. Jahrhundert galt dieser Teil der Stadt als eine Art "Vergnügungszentrum", das sich um einen künstlich erweiterten See, der durch die regelmäßigen Nilüberschwemmungen entstanden war, erstreckte. Später, gegen Ende des 18. Jahrhunderts, residierte hier auch *Napoleon* während seines kurzen Gastspiels in Ägypten. Er veränderte das Bild AZBAKIYAHS dahingehend, daß er den See trockenlegen ließ und statt dessen ein Gelände für militärische Paraden schuf. Auch die Herrscher aus der Dynastie *Mohammed 'Alis* widmeten sich im 19. Jahrhundert dem Bezirk. Der See wurde wieder angelegt, umgeben von weitläufigen Gartenanlagen und Palästen für die Herrscherfamilie. Die Pläne des *Khediven Ismail* (1863 bis 1879), KAIRO ein weniger orientalisches, statt dessen ein mehr europäisches Gepräge zu verleihen, wurden auch in AZBAKIYAH erfolgreich durchgeführt. Gegen Ende des 19. Jahrhunderts gilt dieser Stadtteil als Zentrum des "modernen" KAIRO, das mit seinen Boulevards, Luxus-Appartements, Villen, Geschäftshäusern und Hotels über vielfältige Attraktionen verfügte. Auch dem Park wur-

Kairo: immer unter einer Dunstglocke

de mittels künstlicher Wasserspiele, Springbrunnen und Blumenrabatten ein neues Gesicht verpaßt. Wer heute AZBAKIYAH durchstreift, sucht vergebens nach Spuren der damaligen Eleganz. Die Gegend wirkt leicht baufällig, die von Europa entliehene Exklusivität ist mit einer Vielzahl der einstigen Prachtbauten - die alte Oper, das Shepheard's Hotel - verschwunden. Die Menschen, die hier heute vorwiegend verkehren, sind nicht mehr reiche Bonvivants und Müßiggänger, sondern die Arbeiter und kleinen Angestellten der Stadt. Der Park hat sich ebenfalls verändert: Er ist kaum noch als solcher zu erkennen. Der See ist verschwunden, er fiel nach der Revolution von 1952 dem Straßenausbau zum Opfer - damals herrschten eben andere Prioritäten. Eine Hochstraße sorgt heute für den Anschluß der City an die nördlichen Bezirke HELIOPOLIS und NASR CITY und an den Flughafen. Auch ein Großteil der weiten Grünflächen mußte in der nachrevolutionären Zeit neuen öffentlichen Gebäuden weichen. Der klägliche Rest des Parks besteht aus vertrocknetem Rasen, staubigen Palmen und ist zu allem Überfluß noch von Stacheldraht umgeben.

Turbulent und traditionsbewußt – Das islamische Kairo

Folgt man der SCHARIA MUSKI weiter in östlicher Richtung, verändert sich das Straßenbild, man gelangt in die traditionellen islamischen Viertel. Schon im Bezirk MUSKI, der sich östlich von AZBAKIYAH befindet, stößt man auf andere Szenerien. MUSKI ist das ***Einkaufszentrum der kleinen Leute,*** das mit seinem vielfältigen Angebot und den günstigen Preisen weit über die Stadtgrenzen hinaus bekannt ist. Die verschiedenen Geschäfte liegen dicht beieinander und präsentieren ihre Angebote wie auf einem Basar. Und in der Tat: Hier findet man den *suq* (Markt) in seiner eigentlichen, ursprünglichen Bedeutung. Das Warenangebot ist nicht - wie im Touristenbasar KHAN EL-KHALILI - vorwiegend auf zahlungskräftige Touristen abgestellt, sondern besteht aus einem breiten Sortiment an Gütern für den täglichen Bedarf der Kairoer. Vom Schuhband bis zum Kronleuchter ist alles erhältlich und vor allem auch bezahlbar. Die Kundschaft drängt sich um Kleidung, Stoffe, Schuhe, Küchengeräte und Werkzeug, die neu, aber auch gebraucht verkauft werden. Bei den Massen von Käufern kann es nicht verwundern, daß auf dem *suq* täglich Millionenbeträge umgesetzt werden. An manchen Tagen - insbesondere an den beiden Feiertagen Freitag und Sonntag - ist der Andrang von Kauflustigen so groß, daß ein Vorwärtskommen zeitweise nicht mehr möglich ist. In den umliegenden Straßen liegen die kleinen Handwerksbetriebe und Werkstätten, die die angebotenen Waren produzieren. Dazwischen finden die Handwerker und ihre Angestellten samt Familien noch Platz zum Wohnen.

Spuren der islamischen Eroberung

Noch weiter ostwärts auf der SCHARIA MUSKI (da heißt sie dann SHARI GOHAR QUAID), und man befindet sich im Zentrum des "alten" islamischen KAIRO, in EL-QAHIRA. Hier bestimmt die islamische Geschichte noch immer sichtbar den Alltag. Die Bezirke GAMALIYYA und der südlich davon gelegene Stadtteil GHURIYYA, die den historischen Stadtkern bilden, tragen noch heute lebendige Spuren aus der islamisch-arabischen Blütezeit. Als eindrucksvolle Monumente der *Fatimiden-Epoche* begrenzen im Norden zwei Festungstore der einstigen Stadtmauer - BAB EL-FUTUH und BAB EN-NASR den Stadtteil EL-QAHIRA, im Süden markiert Bab es-Zuweila den Übergang ins Zitadellenviertel (DARB EL-AHMAR).

Von engen Gassen und Straßen umgeben, erinnern vor allem noch die Moscheen EL-AZHAR (die Leuchtende) und EL-HAKIM an die Fatimidenzeit. Von Anfang an war die EL-AZHAR-MOSCHEE nicht nur Gotteshaus, sondern auch die berühmteste ***Universität*** der arabisch-islamischen Welt. Ihre Unterrichtsräume und Säulengänge waren über Jahrhunderte hinweg von Leben erfüllt: Hier saßen die zahlreichen Schüler auf Matten am Boden und lauschten den religiösen Ausführungen und Erläuterungen ihrer Lehrer. Oft dauerte ein Studienaufenthalt in den Mauern der EL-AZHAR bis zu zehn Jahre, die angefüllt waren mit Rezitieren des Koran, Interpretation der Suren, Studium des muslimischen Rechts - der *scharia* - und vom Pauken des Hocharabisch. Heute wird in modernen Hörsälen gelehrt, und das Angebot an Fächern wurde erweitert. Neben dem traditionellen, umfassenden Studium des Islam können inzwischen auch Medizin, Betriebswirtschaft oder Sprachen belegt werden. Doch trotz solcher Hinwendung zum Weltlichen ist EL-AZHAR immer noch der unbestrittene intellektuelle Mittelpunkt der islamischen Welt, eine Institution, die sich ihre Autorität in allen Belangen der muslimischen Religion bis heute erhalten hat.

Die Scheichs von EL-AZHAR lehren nicht nur den Koran oder halten die rituellen öffentlichen Gebete ab, sondern stehen mitten im Leben: Sie leisten aktive Lebenshilfe. Mehrmals wöchentlich haben sie eine Art "Sprechstunde", in der jeder sein Problem oder seine Frage vortragen kann. Diese Beratungen werden in überwältigendem Ausmaß genutzt. Im Fünf-Minuten-Takt darf einer aus der Masse der geduldig Wartenden vortreten und mit gesenkter Stimme zum Scheich seines Vertrauens sprechen; meist geht es dabei um Fragen zu Heirat und Scheidung, Wiederverheiratung, Kinderlosigkeit oder um familiären Streit. Die Tatsache, daß mit der Lösung solcher Probleme islamische Würdenträger betraut werden, zeigt, wie porös die Grenze zwischen sakralen und profanen Inhalten in islamisch geprägten Gesellschaften ist. Falls eine solche Grenze überhaupt besteht.

Die EL-HAKIM-MOSCHEE ist das größte noch erhaltene Bauwerke der *Fatimiden*. Geschichtlichen Quellen zufolge war der fatimidische Kalif *El-Hakim,* der von 996 bis 1021 n. Chr. herrschte, ein verschrobener Geselle mit finsteren Neigungen. Er bestimmte für die Christen und Juden unter seinen Untertanen besondere Kleiderverordnungen, stellte die Frauen der Stadt etwa sieben Jahre unter strengen Hausarrest und ließ willkürlich Menschen - darunter auch Angehörige seines Hofstaates - umbringen. Er soll sich Sklavenkinder gekauft haben, um an ihnen die neuesten Foltermethoden auszuprobieren. Schließlich verkündete der übergeschnappte Herrscher, er sei die Inkarnation Allahs und verlangte, daß man ihm entsprechend huldigte. *El-Hakim* verschwand eines Tages unter geheimnisvollen Umständen bei einem Ausritt in den Moqattam- Bergen. Im 12. Jahrhundert wurden in dem Gebäude gefangene Kreuzritter interniert. Den Truppen *Napoleons* diente es später als Militärlager. In neuerer Zeit wurde das Gebäude als Grundschule genutzt, sein Gelände diente den Kindern als Spiel- und Fußballplatz.

In GHURIYYA zeugt das Gebäude der *Wakala el-Ghuri* von der kaufmännischen Tradition der Mameluken-Herrscher. Die *wakala* bzw. *funduk* waren großangelegte ***Lager und Verkaufshäuser*** für die unterschiedlichsten Waren mit komfortablen Unterkünften für die Händler.

Khan el-Khalili

Das ursprünglich recht begrenzte Areal von EL-QAHIRA wurde im Mittelalter ausschließlich vom amtierenden Herrscher, seinen Angehörigen, der Leibwache und dem Hofstaat bewohnt. Inzwischen hat sich die Bevölkerung das Quartier vollständig zurückerobert. Über eine Million Menschen leben und arbeiten in dem Labyrinth aus Straßen, Gassen und Sackgassen, von denen einige nicht breiter als zwei Meter sind. Das Viertel ist von Lärm und Leben erfüllt: An jeder Ecke stößt man auf gutbesuchte Cafés, die Treffpunkte der Männerwelt. Das bekannteste in GAMALIYYA ist das FI-SHAWI, ein großes und traditionsreiches Café, das auch zum Treffpunkt und Rastplatz vieler Touristen nach ihrem Einkaufsbummel in KHAN EL-KHALILI wurde. Dieser berühmte Markt entstand aus den Überresten eines mittelalterlichen Warenlagerhauses (persisch = *khan),* das von einem Mamelucken namens *el-Khalili* erbaut wurde. Der *suq* der Gegenwart knüpft nahtlos an die alte Handelstradition dieses Stadtviertels an. Im teilweise überdachten Labyrinth aus Gängen und Passagen wird ein üppig drapiertes vielfältiges Angebot zur Schau gestellt.

Ein eigener Bereich dient dem Verkauf des zumeist massiven Gold- und Silberschmucks, den die Ägypterinnen eher als Kapitalanlage betrachten, denn als rein ästhetische Angelegenheit. In anderen Zonen dominieren fein ziselierte Gegenstände aus Kupfer und Messing das Angebot. Die Schalen, Becken und Vasen, das großbauchige Kochgeschirr werden von den ansässigen Kupferschmieden in Handarbeit gefertigt. Vor Lederwaren, den Geldbörsen, Handtaschen, Reisetaschen und den obligatorischen Sitzkissen drängen sich vor allem Touristen. Beliebte Souvenirs sind auch die Intarsienarbeiten aus Holz, bunte Kästchen in allen Größen oder die farbenfrohen Glaswaren. Viele der Teller, Vasen und zum Teil bizarr geformten Trinkgefäße wurden unter Verwendung von Altglas mundgeblasen. Amulette gegen den bösen Blick in Gestalt blauer Glasperlen oder die schützende Hand der Fatima (aus Metall oder Gold) sind ursprünglich Symbole der ägyptischen Volkskultur; hier werden sie an jeden verhökert. Es gibt den *fez,* jene traditionelle Kopfbedeckung aus Filz, passend für jedes Touristenhaupt und lange Baumwollgewänder in allen Farben, die zur Ansicht hoch über den Eingängen der Geschäfte im Winde wehen. Ein paar Schritte weiter präsentieren sich Lagen ornamentreicher Stoffe, die nach alten Mustern in akribischer Handarbeit bestickt wurden. Sie dienten ursprünglich der Fertigung großer Zelte, die bei Familienfesten für die Bewirtung der vielen Gäste aufgestellt wurden. Mittlerweile greift man bei Festivitäten lieber auf billigere bedruckte Stoffe zurückt; die bestickten Originale werden zu hohen Preisen in alle Teile der Welt verkauft. Folgt man seiner Nase, so landet man früher oder später in einem der vielen Parfümläden, kann zwischen Lotosessenz, Orchideenöl und Rosenwasser wählen oder sich individuelle Duftnoten mischen lassen. Beeindruckend ist auch der Gewürz- und Kräutermarkt: Im scheinbaren Chaos unzähliger, geöffneter Säcke leuchten die herb duftenden Mischungen in allen Farben in der Sonne. Kaufofferten wird man sich im KHAN EL-KHALILI kaum entziehen können; bei einem Glas Tee findet man sich unversehens mitten im Prozeß des Handelns und Feilschens wieder.

Bei der Jagd nach günstigen Preisen und Schnäppchen sollte man eines nicht vergessen: Das faszinierende Spektakel des KHAN EL-KHALILI ist in erster Linie Fassade für die wichtigste Versorgungseinheit des gesamten Bezirkes. Eine Vielzahl kleiner Handwerksbetriebe samt ihrer Angestellten – Näherinnen, Weberinnen, Kupferschmiede oder Metallhandwerker – sind unmittelbar abhängig vom *suq.* Für die konsumfreudigen Touristen, aber auch für reiche Ägypter, die es mittlerweile schick finden, sich mit traditionellem Handwerk zu umgeben, wird die Szenerie "orientalischer" Prachtentfaltung, der Zauber des Basars hochgehalten und gepflegt. Aber auch mit diesem Hintergedanken im Kopf kann man sich der Faszination des KHAN EL-KHALILI nicht ganz entziehen und wird sich begeistert ins Getümmel stürzen.

Das eigentlich Leben der Bevölkerung spielt sich dagegen außerhalb des *suq* ab: Straßenhändler und Verkäufer an kleinen Ständen bieten ihre Waren an, in dichtem Gedränge bahnen sich Männer und Frauen ihren Weg, wobei sie ihre Lasten oftmals auf dem Kopf transportieren. Kinder in Baumwollpyjamas schießen beim Fangenspielen kreuz und quer durch die Menschenmenge. Dazwischen versuchen wackelige, hoch beladene Handkarren von der Stelle zu kommen, kleine Esel und hupende Kleintransporter scheinen unter ihrer Ladung zusammenzubrechen. Die Kleidung der Menschen hier ist vorwiegend traditionell: Frauen hüllen sich in der Regel in die knöchellange, weite *galabiyya* (Baumwollgewand), darüber wird ein schwarzer "Mantel", die *mil-*

liyya getragen. Nie fehlt eine Kopfbedeckung, der *higab,* der zumindest Haare und Nacken verhüllen sollte. Mit dem *khimar* wird das Gesicht gänzlich umschlossen und Hals und Brust bedeckt. Frauen, die mit dem NIQAB auch ihr Gesicht verbergen, sind hier aber eher die Ausnahme. Auch viele der Männer kleiden sich in bequeme *Galabiyyas* und umwicklen ihren Kopf mit einem Stück Tuch, der *kufiyya.* An den Füßen tragen sie zumeist Badelatschen oder Sandalen. Andere wählen für sich auch Hemd und Hose oder Anzüge westlichen Zuschnitts.

Die Awlad el-balad - Gewitzte Söhne und Töchter der Stadt

Die ***Bewohner der traditionellen Viertel*** verstehen sich als eine starke, nach außen geschlossene Gemeinschaft, und sie haben eine enge Bindung an "ihr" Viertel. Hier wurden sie schon geboren, hier spielt sich das Leben und oft auch das Arbeiten ab. Die wichtigsten sozialen Netzwerke - Familie, Verwandte, Freunde und Nachbarn sind mit dem Viertel verknüpft; in der vertrauten Atmosphäre kennt jeder jeden. Mit Tratsch und Klatsch, mit Beobachtung und Kommentaren des Verhaltens ist noch jeder in die Schranken sozialer Kontrolle verwiesen worden. Wer in den traditionellen Bezirken etwas gilt, bezeichnet sich gern als *ibn el-balad* oder *bint el-balad*: als Sohn oder Tochter der Stadt. Die *awlad el-balad* (Mehrzahl von *ibn el-balad*) sind gewitzt und smart. Sie weisen sämtliche, für das Miteinander im Viertel so wichtigen Attribute auf: Großzügigkeit, Hilfsbereitschaft, Bescheidenheit bestimmen das Auftreten, ergänzt durch einen humorvollen und souveränen Umgang mit den täglichen Problemen. Egal, ob sie als Hilfsarbeiter, Handwerker oder Händler tätig sind, sie betonen ihre gewaltige Überlegenheit gegenüber anderen Gruppen; den "tumben" Bauern (*fellahin*, resp. den *saidis* aus Oberägypten) oder den "affektierten" Aufsteigern fühlen sie sich meilenweit voraus.

Öffentliche und private Bereiche

In den traditionellen Stadtvierteln gibt es eine unsichtbare ***Grenze zwischen Männern und Frauen,*** die Trennung zwischen Öffentlichkeit und Privatleben. Die Männer dominieren die öffentliche Sphäre, die Straße *(scharia),* die Cafés und die Geschäftswelt. Hier in GAMALIYYA ist das der KHAN EL-KHALILI und die Cafés, wo man in der Regel ausschließlich Männern begegnet - sei es als Produzenten der Waren, als Verkäufer oder als Konsumenten. Ihre Frauen und Töchter sollten diesen Bereich eigentlich nur betreten, wenn sie "Gründe" haben, etwa Einkäufe oder einen Arztbesuch. Nach Einbruch der Dunkelheit haben sie ohne männliche Begleitung in den Straßen überhaupt nichts mehr zu suchen. Den privaten Sektor, der aus den eigenen vier Wänden und der anliegenden Gasse *(hara)* besteht, beherrschen uneingeschränkt die Frauen. Die Wohnungstüren sind selten verschlossen: Fast den ganzen Tag sind sie weit geöffnet, wie eine unausgesprochene Einladung an die Nachbarin, jederzeit auf einen Schwatz oder ein Glas Tee hereinzuschauen. Aus dem in der Regel überfüllten Wohnraum weicht man auf die Gasse aus, hier sitzen die Frauen nach getaner Hausarbeit zusammen mit ihren Freundinnen und Nachbarinnen. In der intimen und geschlossenen Welt der hara wird die züchtige traditionelle Kleidung überflüssig, viele Frauen beschränken sich hier auf eine Art Nachthemd und ein buntes, im Nacken geknotetes Kopftuch. Müßig oder mit kleineren Arbeiten beschäftigt, thronen sie auf ihren Stühlen und tauschen den neuesten Tratsch aus. Manch eine bringt zur Unterhaltung aller ihr Radio mit in die Gasse. Die Atmosphäre ist entspannt, Scherze und Zweideutigkeiten machen die Runde. Daneben werden mit einem halben Auge die spielenden Töchter beaufsichtigt, kleine Jungen rasen in ungebremsten Freiheitsdrang auf ihren Fahrrädern durch die engen Gassen. Reisende, vor allem wenn es sich um Männer handelt, sollten diese Bereiche nicht ohne eine nachdrückliche Einladung betreten.

Eine Ausnahme dieser Norm bilden die zahlreichen Händlerinnen, die in den kleinen Seitenstraßen des Viertels Gemüse, Kleidung, billigen Modeschmuck oder Haarspangen feilbieten. Die Grenze zwischen privat (= Frauendomäne) und öffentlich (= Männerdomäne) ist also in mancher Hinsicht durchlässig, vor allem, wenn es die Notwendigkeit gebietet.

Geburtstage der Heiligen – Die Mawlid-Feste

Zum Massenandrang in den traditionellen Stadtteilen kommt es regelmäßig während der *mawalid* (Mehrzahl von *mawlid* = Geburtstag eines Heiligen). Mit einem *mawlid* werden die zahlreichen wundertätigen Heiligen, die Scheichs geehrt, gefeiert und um Beistand gebeten. Offiziell sind diese Feste nicht gestattet, denn die islamische Religion ist strikt gegen jedweden Personenkult. Die Autoritäten von EL-AZHAR mögen das so oft predigen, wie sie wollen, in diesem Fall unterliegt die reine Lehre der Volksreligiosität. Es handelt sich um ein altes, schwer auszurottendes Brauchtum, dessen Grundgedanke bereits in pharaonischen Zeiten existierte. Wie zum Spott konzentrieren sich die Feierlichkeiten zweier wichtiger *mawalid* auf das Gebiet rund um EL-AZHAR: der *mawlid el-nabi* (Geburtstag des Propheten Mohammed) und *mawlid el-Hasanein* (Ehrentag des islamischen Märtyrers Hussein), an den die gleichnamige Moschee in GAMALIYYA erinnert. Insbesondere zu diesen beiden Anlässen reisen aus dem ganzen Land Ägypter zu ausgiebigen Feiern in ihre Hauptstadt. Zu Tausenden finden sich die Fellachen, deren karger Alltag wenig Gelegenheit zu Ausgelassenheit bereithält, im Großstadtgetriebe wieder. Während der Festtage sind alle Hotels, alle Pensionen und Unterkünfte ausgebucht. Obwohl noch die entferntesten Verwandten und Freunde um Schlafplätze bemüht werden, nächtigen unzählige Reisende in den Grünanlagen der Stadt oder am Nilufer. Bereits am Tage werden Straßen und Gassen mit Papiergirlanden und Fähnchen geschmückt, ein Brauch, der auch in den koptischen Wohnvierteln SCHUBRA und ALT-KAIRO *(misr el-qadima)* praktiziert wird. Mehrere Nächte hintereinander finden die Feierlichkeiten statt, die nichts von stiller Einkehr widerspiegeln, sondern eher an einen riesigen Rummelplatz erinnern. In den vielen, reich ornamentierten Zelten werden Gesang, Geschichten und Koranrezitationen lautstark dargeboten, während sich auf den Sträßchen davor die Kinder vor Schießständen und Karussells tummeln. Auf dem Platz vor der Hussein-Moschee drehen sich tanzende Derwische, umhüllt von weiten bestickten Capes, im Kreis; hilfsbereite Freunde halten grüne Banner und Spruchbänder mit Koranzitaten über ihren Köpfen empor. Das FISHAWI ist bis auf den letzten Stuhl besetzt. Der Lärm ist so gewaltig, daß man sich selbst in den Wohnungen nur mit Mühe unterhalten kann. Für das leibliche Wohl ist überreichlich gesorgt: Geröstete Maiskolben und ein Meer an Süßigkeiten werden an kleinen Verkaufständen angeboten. Hammel, Kamele und Kühe werden geschächtet und landen alsbald am Spieß.

Während eines unserer Aufenthalte in EL-QAHIRA gerieten wir anläßlich des *mawlid el-nabi* unversehens in die Szenerie einer Kamelschächtung. Das Tier lag, quer in einer schmalen Gasse ausgestreckt, in den letzten Zügen; der ganze Boden war bereits mit seinem Blut bedeckt. Bevor wir uns abwenden konnten, waren wir auch schon ein Teil des Geschehens: Plötzlich trat einer der Umstehenden lächelnd vor und berührte zart unsere Stirnen mit einem Tropfen Blut. Nach dieser segensreichen Geste stand uns der Sinn nach einer kleinen Stärkung. Zu diesem Zweck suchten wir die Dachterasse des Hussein-Hotels auf. Bevor wir jedoch ein Glas *schai* oder *scherbett* ordern konnten, waren wir bereits über den abgetrennten Kopf einer Kuh gestolpert, der - wie vom Himmel gefallen - mitten auf der Terrasse lag. Normale Vorkommnisse während eines *mawlid!*

Modern und aufstrebend – Die westlichen Bezirke Zamalek und Mohandessin

Vom modernen Zentrum gelangt man über die TAHRIR-BRÜCKE auf die Nilinsel GEZIRA. Der im Norden der Insel gelegene Stadtteil ***Zamalek*** ist ein bevorzugtes Wohnviertel und exklusive Shoppingmeile der Reichen. Auch der vornehme Bezirk ZAMALEK konnte einem gewissen Wandel nicht entgehen. Geblieben ist vor allem der Ruf einer traditionell "reichen" Gegend. Vor der Revolution von 1952 lebten hier - neben britischen Offizieren und Beamten - überwiegend vornehme, aristokratische Familien aus dem königlichen Umfeld. Wichtigster Treffpunkt dieser auserlesenen Gesellschaft war der GEZIRA SPORTING CLUB. In seinem Clubhaus, seinen Tennis-, Kricket-, und Golfanlagen blieb man unter sich; die hohen Aufnahmegebühren und Mitgliedsbeiträge konnten sich ohnehin nur einige wenige leisten. Den Normalsterblichen, vor allem, wenn sie ägyptischer Herkunft waren, blieb der Zutritt verwehrt. Inzwischen verfügt die Anlage des Clubs nicht mehr über ihre einstigen Ausmaße, die Zahl seiner (nunmehr ägyptischen) Mitglieder hat sich vervielfacht, und seit Ende der 70er Jahre sind alkoholische Drinks aus dem Angebot verschwunden. Dennoch steht der GEZIRA SPORTING CLUB nach wie vor stellvertretend für Exklusivität und ein besonderes Lebensgefühl der hiesigen High Society.

Der Reichtum und die Modernität der Bewohner von ZAMALEK präsentiert sich auf vielerlei Arten: Fast alle sind völlig untypisch für eine islamische Gesellschaft. Es dominieren westliche Maßstäbe, so gilt beispielsweise die Haustierhaltung, insbesondere das Zurschaustellen edler Hunde hier als besonders schick. Der überwiegenden Mehrheit der Kairoer würde es nicht im Traum einfallen, sich näher mit Hunden zu befassen, werden diese doch im Koran als "unrein" bezeichnet. Außerdem ist ein Hund kein Nutztier und würde für die meisten Haushalte lediglich einen "Fresser" mehr bedeuten. In den Restaurants der Innenstadt wird die Vielzahl der streunenden Hunde und Katzen als Plage empfunden; Angestellte verjagen die um Futter bettelnden Tiere, indem sie mit langen Holzstäben nachdrücklich auf den Boden pochen.

In ZAMALEK wird ein Großteil des öffentlichen Lebens von den vielen hier ansässigen ausländischen Geschäftsleuten und Botschaftsangestellten mitbestimmt. Davon zeugt das spezialisierte und vielfältige Angebot an Konsumgütern und Lebensmitteln. Teure Restaurants, Luxusboutiquen und Kosmetiksalons haben ihre Stammkundschaft, sogar Blumengeschäfte findet man hier! Nach solch überflüssigen Offerten wird man in den traditionellen Stadtteilen KAIROS vergeblich Ausschau halten.

Entsprechend wohlsituiert tritt die Einwohnerschaft von ZAMALEK in Erscheinung. In der Regel teuer und modisch gekleidet, von einer Anzahl verschiedener Dienstboten umsorgt, geht man einer einträglichen Beschäftigung in der Privatwirtschaft nach. Für die erforderliche Bildung und Erziehung werden Privatschulen und die American University of Cairo favorisiert; die meisten sprechen fließend Englisch, viele beherrschen zusätzlich die französische und deutsche Sprache. Die Freizeit wird vorzugsweise in Clubs oder in privaten Zirkeln verbracht, während der heißen Sommermonate macht man regelmäßig Urlaub am Mittelmeer oder im europäischen Ausland. Die Mehrzahl der hier ansässigen Menschen – vor allem die Frauen – weiß zwar von der Existenz der traditionellen Stadtviertel KAIROS wie beispielsweise GAMALIYYA oder SAYYIDA ZEINAB, hat sie aber noch nie betreten und würde das ohne zwingenden Grund auch nicht tun. Wozu auch: Hier werden unwägbare Gefahren vermutet (Diebstahl!), es gibt keine attraktiven Einkaufszentren, und Verwandte oder Bekannte wohnen hier garantiert auch nicht.

Inmitten weiter Grünanlagen des GEZIRA-SPORTING-CLUBS ragt der KAIRO-Turm (KAIRO TOWER) empor. Durch seine Höhe von 187 Metern ist dieses Bauwerk für Ortsfremde – besonders anfangs – ein guter Orientierungspunkt im

Modernes Kairo: im Zentrum von Mohandessin

Getriebe des modernen Kairo. Die luftige Perspektive kann dem gestreßten Kairo-Besucher zu etwas mehr Distanz und neuer Übersicht verhelfen. Davon abgesehen kann man über Sinn und Ästhetik des Turmes lange streiten. Zweifellos amüsant ist hingegen die Geschichte seiner Entstehung: Zu einem kritischen Zeitpunkt, als nämlich die US-Regierung eine Finanzierung des Assuan-Hochstaudammes verweigerte (s. Kap. "Geschichte"), übergaben die USA dem damals amtierenden Staatspräsidenten *Nasser* drei Millionen Dollar in bar. Diese Gabe war wohl als beschwichtigende Geste gedacht. *Nasser,* empfindlich in seiner Ehre getroffen und zudem von der Sinnlosigkeit dieses Geschenks enerviert, ließ für alle Welt sichtbar ein vollkommen nutzloses Gebilde errichten - den Kairo-Turm. Die Außenseite des Turms ist mit Millionen von bunten, in der Sonne funkelnden Mosaiksteinchen verziert, seine gitterförmige Stahl-Beton-Konstruktion wurde im Jahre 1957 erbaut und erinnert vage an einen Lotosblütenstengel mit Blüte, einst ein pharaonisches Wappensymbol. Oben angelangt (Untrainierte sollten den Lift wählen), bietet sich von einer Panoramaplattform eine beeindruckende Aussicht auf Kairo und die umliegenden Gebiete. Bei klarer Sicht kann man einen Umkreis von ca. 25 km ausmachen, deshalb empfiehlt sich für den Besuch des Kairo-Turms schönes Wetter.

Am Westufer, auf der anderen Seite des Nils, befindet sich ***Madinat el-Mohandessin*** (Stadt der Ingenieure). Die Idee, ganze Stadtbezirke nach Berufen zu benennen, geht auf die *Nasser*-Regierung zurück. Am westlichen Nilufer wurde damals Land an die Gewerkschaften der Ärzte, Techniker, Journalisten, Dozenten oder Armeeangehörigen abgegeben. Diese - für eine stete

Weiterentwicklung der jungen ägyptischen Nation so wichtigen - Werktätigen sollten in eigens für sie reservierten Bezirken leben und die für sie erbauten Häuser bewohnen. Hier sollte ihnen eine ungestörte Wiederherstellung ihrer Produktionskraft ermöglicht werden. Doch die strikte Abkapselung wurde im Laufe der Geschichte aufgelockert, der Geist der *infitah* machte auch vor MOHANDESSIN nicht halt. Privaten Spekulanten, durch niedrige Mieten angelockt, sind die vielen Neubauten zu verdanken, vor allem die großen Wohn- und Bürohäuser. Immer mehr Schnellimbisse à la *"Kentucky Fried Chicken"* oder *"Whimpy"* verdrängen das Angebot an lokalen Speisen. Die breiten Straßen werden von schnittigen Autos ausländischer Fabrikate beherrscht. Auf den Dächer der Appartementhäuser garantiert eine stattliche Anzahl von Satellitenschüsseln einen ungestörten Empfang amerikanischer Soap Operas und Actionfilme. Turmhohe Geschäftsgebäude - oft mit Granit- oder Marmorfassaden versehen - repräsentieren zusammen mit überdimensionalen Werbeplakatwänden den Reichtum und die Angleichung an westliche Standards seitens der Bewohner. Der kosmopolite Schein gerät allerdings ins Wanken, wenn traditionelle soziale Normen ignoriert werden. Eine Freundin aus MOHANDESSIN, reich, gebildet und in der ganzen Welt herumgekommen, erzählte mir einmal mit allen Anzeichen des Entsetzens von ihrer deutschen Bekannten, die sie für ein paar Wochen in KAIRO zu Besuch hatte. Die Deutsche hatte die Stirn, sich in Top und Shorts auf dem Balkon auszustrecken und ein Sonnenbad zu nehmen. Das erfreuliche Schauspiel, das sie damit sämtlichen (männlichen) Passanten lieferte, bemerkte sie gar nicht. Erst nach wiederholten Hinweisen meiner Freundin, die immer dringlicher formuliert werden mußten, begriff die Besucherin ihr unpassendes Verhalten und zog sich um.

Schon lange sind nicht mehr ausschließlich Ingenieure in MOHANDESSIN ansässig. In den gepflegten, voll klimatisierten und oft von Gärten umsäumten Häusern, in den Appartements mit Dachterassen, leben Geschäftsleute aller Art, die über das nötige Kapital verfügen, um der drangvollen Enge der Innenstadt den Rücken kehren zu können.

Fast jedes Familienmitglied aus den modernen, "reichen" Bezirken KAIROS - sei es MOHANDESSIN, ZAMALEK, HELIOPOLIS, DOKKI oder MAADI - verfügt über ein eigenes Auto - bei der chronischen Überfülltheit der öffentlichen Verkehrsmittel paradox. Ist doch mal jemand zu Fuß unterwegs, trifft man auf gepflegte Damen in kostspieligen Boutiquen-Kleidern und hochhackigen Schuhe. Ganz zeitgemäß runden bunter Modeschmuck und Plastikuhren das modische Erscheinungsbild ab. Die Herren der Businesswelt tragen Anzug, Krawatte und Handy, die Jugendlichen kleiden sich durchweg modisch, aber nicht frivol - durchsichtige Stoffe oder ultrakurze Röcke wird man hier trotz regen Konsums der MTV-Clips nicht sehen. Absolut verpönt ist alles, was an *"baladi"* erinnert: die traditionelle Kleidung oder die schweren Goldketten kennzeichnen in diesen Gegenden die Klasse der Hausangestellten.

Armut und die Versuche, sie zu bewältigen – Die städtischen Randgebiete

Leben auf dem Friedhof

KAIROS Friedhöfe waren schon immer äußerst lebendig: Hier existieren Spuren jenes pharaonischen Totenkultes, der bis heute seine Gültigkeit bewahrt hat. An exakt angelegten Straßen und Gassen stehen die staubigen Grabmale in Reih und Glied; sie bestehen in der Regel aus quadratischen Steinhäusern mit einem Innenhof. In die darunter befindlichen Gruften werden die Toten gebettet – das Haupt muß in Richtung MEKKA weisen. Die gewissenhafte Pflege der Grabanlagen ist Familienpflicht, oft sind sie gut in Schuß, sauber und aufgeräumt. Am jährlich wiederkehrenden Todestag des Verstorbenen erscheint die gesamte Verwandtschaft im Sonntagsstaat und leistet ihm Gesellschaft. Die mitgebrachten Essensvorräte und Getränke werden ausgepackt; das Grab wird zum Schauplatz eines Picknicks. Aus mitgebrachten Kassettenrecordern erschallen Koranrezitationen zu Ehren des Verstorbenen, hier und da ertönt Musik. Die Gedenkfeiern sind eher turbulente Familientreffen, bei denen die Toten einen vollwertigen Platz unter ihrer lebendigen Nachkommenschaft einnehmen. Kinder spielen und toben herum, während die Erwachsenen kauend um das Grab herumsitzen, plaudern und den neusten Tratsch aus der Nachbarschaft kolportieren.

Auch die Gräber der vielen lokalen Heiligen, der Scheichs, werden in lebendige Riten miteinbezogen. An Feiertagen (mawalid) ziehen die Kairoer in Massen zu den letzten Ruhestätten der Scheichs, um sie zu ehren und um des Segens, der baraka, teilhaftig zu werden. Ob die Gesamtheit der Heiligen tatsächlich gelebt hat oder sich zu Lebzeiten durch Außerordentliches hervorgetan hat, ist historisch nicht zweifelsfrei belegt; es spielt aber für die Gläubigen keine Rolle. Man erhofft sich günstige Fügungen oder Wunder: Kranke sollen geheilt werden, Liebe erwidert, Ehen geschlossen und Kinder geboren werden. Manchmal bittet man um das Gelingen einer Prüfung oder um einen erfolgreichen Geschäftsabschluß.

Die ***beiden größten und bekanntesten Friedhöfe*** KAIROS liegen im Norden und Süden am östlichen Stadtrand, unterhalb des MOQATTAM-GEBIRGES. Der ältere von beiden ist der Südfriedhof, der bereits im 7. Jahrhundert gegründet wurde. Das Gelände des Nordfriedhofs (die Benennung ist schwierig und widersprüchlich. Die beiden Areale bestehen aus einer Vielzahl kleiner Nachbarschaften, die eigene Namen haben) diente ursprünglich (im 13. Jahrhundert) mehr profanen Zwecken – hier war der Ort für Pferderennen und Zuschauerplätze – und wurde erst später zur Grabstätte für Angehörige der Herrscherfamilien umfunktioniert. Auf dem Südfriedhof steht das bekannte Mausoleum von *Imam es-Shafii,* eines islamischen Rechtsgelehrten aus den Anfängen des Islam. Der Südfriedhof ist letzte Ruhestätte für verschiedene Verblichene: asketische Sufis aus der Wüste ruhen neben Nachfahren *Mohammed 'Alis,* auch *Faruk* liegt hier begraben. Der Nordfriedhof ist durch die Vielzahl und ausgesuchte Schönheit seiner Mamelukengräber bekannt. Weithin sichtbar sind die mit Kuppeln und Minaretten verzierten Bauwerke, manche davon haben angegliederte Moscheen. Zwischen all dieser kalten Pracht zu Ehren längst Verstorbener wimmelt das Leben. Denn beide Friedhöfe beherbergen nicht nur Verstorbene, sie bieten auch Unterkunft für die Lebenden.

Gewohnt wurde auf den Friedhöfen KAIROS schon immer. Etwa ab dem 9. Jahrhundert n. Chr. bauten islamische Mystiker auf dem Südfriedhof Klöster und richteten sich zwischen den Toten häuslich ein. Sie betrieben Gasthäuser für die Pilger aus der gesamten islamischen Welt, die sich zu Wallfahrten scharenweise auf KAIROS Friedhöfen versammelten. Neben dem Grabmal von *Imam es-Shafii* wurde im 12. Jahrhundert n. Chr. eine Koranschule, *madrasa,* im Internatsstil erbaut, und viele Studierende bevölkerten zeitweilig den Friedhof. Später gab es auch durchaus weltliche Friedhofsbewohner: Für die Pflege und Überwachung der Gräber von wohlhabenden Familien wurden Aufseher benötigt, die bawabs. Sie arbeiteten als "Hausmeister" für eine oder mehrere Grabstätten und zogen der Einfachheit halber gleich dort ein, mitsamt ihren Familien.

Leben auf dem Friedhof

Mittlerweile hat die ***Besiedlung der Nekropolen*** - wie überall in KAIRO - andere Dimensionen angenommen. Hunderttausende, die sonst obdachlos wären, haben die Friedhöfe okkupiert; Tendenz steigend. Die Gründe für diese umfangreiche und dauerhafte Besiedlung sind bekannt: Die magnetische Anziehung KAIROS für Hunderttausende von Fellachen während dieses Jahrhunderts, die Vernachlässigung und der bauliche Verfall der an die Friedhöfe angrenzenden Stadtviertel und die Armut der überwiegenden Mehrheit von KAIROS Bevölkerung verschärfen das ohnehin drängende Wohnraumproblem der Stadt. All das führte zur Inbesitznahme von verlassenen oder vergessenen Gräbern. Im Gegensatz zu westlichen Hausbesetzungen gab es - zumindest in den Anfängen der Besiedlung - kein Gesetz, das so etwas ausdrücklich verbot. Also richtete man sich erst mal ein. Mittlerweile wohnen in den für die Ewigkeit errichteten Häuschen Lebende und Tote dicht nebeneinander. Nach und nach wurden die vorhandenen Gräber erweitert, neue Räume wurden angebaut, hier und da ein Stockwerk obenauf gesetzt. Auf vielen Dächern türmt sich seitdem Bauschutt und Müll. Zwischen eilig hochgezogenen Bretterwänden und Mauern aus losen Steinen läuft die Schar der Haustiere, Hühner, Schafe oder Ziegen wild durcheinander. Im Innenhof der Gräber waschen junge Mädchen und Frauen, über verschiedene bunte Plastikschüs-

Blick auf den Südfriedhof

seln verteilt, die Kleidung ihrer Familien. Auf den Grabplatten schneiden sie *mulucheyya* (spinatähnliches Gemüse) klein und kochen darauf ihre Mahlzeiten. Die vielen arbeitslosen Männer leisten ihnen mürrisch Gesellschaft oder schlendern, wenn das Geld reicht, in eins der kleinen Cafés.

Die Bewohner sind in der Regel mit die Ärmsten der Stadt. Sie alle versuchen, sich ein knappes Auskommen zu sichern: Kleine Cafés werden betrieben, dazwischen ertönt das Geratter von Nähmaschinen, hinter denen emsige Frauen sitzen. Ist keine Nähmaschine vorhanden, werden *Galabiyyas* oder Kopftücher von Hand mit glitzernden Pailletten bestickt. Mobile Reparaturdienste ziehen durch den Staub der Straßen, es gibt vereinzelte, winzige Autowerkstätten, in denen überwiegend klapprige Motorräder zusammengeflickt werden.

Die Nekropolen sind mittlerweile an das Bus- und Straßenbahnnetz der Stadt angeschlossen. Es gibt lokale Lebensmittelläden, Märkte und sogar Schulen. Der Not gehorchend, genehmigte die Stadt den Bewohnern Wasser-, Gas- und Stromanschlüsse, ein zivilisatorischer Komfort, den aber längst nicht alle haben. Vor allem Neuankömmlinge müssen lange auf solche Privilegien warten. Ob sie überhaupt in den Genuß kommen, entscheidet der mu'allim (Meister, Lehrer). Er ist der wichtigste Mann auf dem Friedhof, ohne seine Zustimmung findet kein Neuankömmling eine Unterkunft, ohne seine ausdrückliche Genehmigung darf kein freistehendes Gebäude bezogen werden. Der *Mu'allim* kennt jeden Bewohner, seinen Beruf oder die Anzahl seiner Kinder. Außerdem verfügt er über umfangreiche Kenntnisse bezüglich aller Gräber und ihrer Geschichte. Er allein weiß, welches Grab leersteht, über Größe und baulichen Zustand ist er genauestens informiert. Wenn es noch Grabeigentümer gibt, sind sie dem *Mu'allim* bekannt, und er unterhält ausgezeichnete Beziehungen zu ihnen. Viele Familien sind wegen finanzieller Probleme gezwungen, die Gräber zu vermieten. Bei den verlassenen und vergessenen Gräbern kassiert der *Mu'allim* selbst einmal im Monat einen ihm angemessen erscheinenden Betrag. Jeder Friedhofbewohner sollte sich mit ihm gutstellen. Ein kleines Geschenk hier oder eine Gratis-Dienstleistung da können das Leben auf dem Friedhof um einiges erleichtern. Der *Mu'allim* lebt immer auch selbst in einem der Grabmale, denn nur seine unmittelbare Anwesenheit garantiert ihm den Fortbestand seiner Autorität und privilegierten Position.

Die Müllsammler Kairos – Die Zabalin

Wer in den frühen Morgenstunden oder spät nachts in KAIROS Straßen unterwegs ist, kann die *zabalin (zibala* = Müll), die Müllsammler KAIROS, bei ihrer Arbeit beobachten. Auf einem schwankenden, hoch mit Abfällen beladenen Eselskarren sitzt ein Mann und lenkt das Gespann, hinter ihm lagern große Bastkörbe voll Müll. Bereits während der Fahrt stochern die Kinder und Frauen in den gesammelten Abfällen und untersuchen sie nach Nützlichem. Die

Zabalin machen sich zwei städtische Schwachpunkte zunutze: zum einen die schlecht funktionierende Müllabfuhr, die kaum alle Bezirke der Stadt aufsucht, zum anderen den Mangel an Wiederverwertungsanlagen für Rohstoffe, die viel zu teuer in Anschaffung und Unterhalt sind. Folglich bleibt für KAIRO die privat organisierte Müllabfuhr der *Zabalin* die einzig sichere Methode, um die Flut an Abfällen einigermaßen zu bewältigen.

Das System der privaten Müllabfuhr in KAIRO entstand gegen Ende des 19. Jahrhunderts, als sich zwei größere Gruppen von arbeitssuchenden Immigranten in der rasch wachenden Metropole niederließen: die *wahiyah,* Angehörige muslimischen Glaubens aus den Oasen der Westlichen Wüste und die *zabalin,* Kopten aus verschiedenen oberägyptischen Dörfern. Die *Wahiyah* setzten sich schnell an die Spitze der Müll-Hierarchie, indem sie die Rechte, in bestimmten Bezirken den Müll einzusammeln, untereinander aufteilten und diese Rechte nach außen hin erfolgreich verteidigen konnten. Nach und nach beschränkten sie ihren Kontakt mit Abfällen auf eine rein geschäftliche Ebene: den schwunghaften Handel mit den Abholrechten.

Heute haben es die *Wahiyah* zu Wohlstand gebracht und genießen Ansehen als erfolgreiche Geschäftsleute. Die Hauseigentümer verkaufen ihnen für eine gewisse Summe das Exklusivrecht an den Abfällen aller Bewohner. Die ZABALIN übernehmen dann den eigentlichen Abtransport; gegen ein Entgelt mieten sie von den *Wahiyah* eine oder mehrere der Müllrouten in den unterschiedlichen Bezirken der Stadt. Dabei entspricht die Höhe der Miete dem Lebensstandard der Anwohner. Je reicher die Bewohner einer Gegend, desto ergiebiger ist auch ihr Abfall, desto teurer die Gebühren für die Route. Daher meiden natürlich die *Zabalin* nach Möglichkeit die ganz armen Stadtteile, die in der Regel auf ihrem Müll sitzengelassen werden. Die Anwohner wiederum müssen für den Service gewisse Abgaben leisten, diese werden von den *Zabalin* regelmäßig kassiert und umgehend bei den Chefs, den *Wahiyah,* abgeliefert. Die eigentlichen Arbeiter bekommen also kein Geld für ihre Schmutzarbeit, ihnen bleibt lediglich eine Bezahlung in "Naturalien", die wiederverwertbaren und -verkäuflichen Bestandteile des Mülls.

Die *Zabalin* bewohnen zu Tausenden die Elendsquartiere am Stadtrand, unterhalb der Moqattam-Berge. Sie leben in selbsterrichteten Wellblechhütten, umgeben von qualmenden Müllbergen, dem Gestank der Lumpen und gärenden Lebensmittelresten, zerborstenen Blech- und Eisenteilen. Kleinkinder in zerissenen Lumpen spielen selbstvergessen mit ihren Funden, die größeren helfen in sengender Hitze beim Aussortieren der Rohstoffe mit. Hier und da parkt ein vereinzelter Kleintransporter, der bei wenigen Glücklichen die wackeligen Eselskarren ersetzt hat. Überall laufen die Hühner, Ziegen, Esel und Schweine der Familien herum und scharren im Abfall nach Futter. Die Aufzucht von Schweinen ist der wichtigste Nebenerwerb für die *Zabalin,* die immer noch mehrheitlich Kopten und nicht Muslime sind. Daher hat für sie die Koranauflage, die den Verzehr von Schweinefleisch verbietet, keinerlei Bedeutung. Zudem sind Schweine Allesfresser, also vorzügliche Abfallverwerter. Das Fleisch wird an die zahlreichen Kopten der Stadt verkauft, doch die gesellschaftliche Außenseiterposition der *Zabalin* wird dadurch noch verstärkt.

Verwertet wird nahezu alles. Etwa 90 % des gesamten Mülls - Plastik- oder Glasrückstände, Stoffe und Metalle, Gummi oder Altpapier - gelangt durch die Arbeit der *Zabalin* wieder in die Produktion. Unter ökologischen Gesichtspunkten ist das System sicher eine gute Lösung, vor allem angesichts der ständig wachsenden Einwohnerzahl der Stadt, die das Abfallproblem nicht gerade verringert. Neue Konzepte zur Abfallbeseitigung wurden zwar immer mal wieder erwogen, erwiesen sich aber in der Praxis als zu unwirtschaftlich. KAIRO bleibt also bis auf weiteres auf seine *Zabalin* angewiesen, deren Lebensqualität jedoch mehr und mehr auf der Strecke bleibt. Der Verdienst aus dem Verkauf der Rohstoffe und der Schweinezucht reicht nur für das Allernötigste, und es besteht keine Perspektive auf verbesserte Wohnbedingungen. Das Leben von und mit dem Müll bringt völlig unzureichende hygienische Umstände mit sich. Die Rate der Infektionskrankheiten und die Kindersterblichkeit bleibt in den Unterkünften der *Zabalin* besonders hoch.

Ländliches Leben
- Die Fellachen

"Es zittern, die den Nil sehen,
wenn er strömt.
Die Felder lachen,
und die Ufer sind überflutet.
Die Opfer des Gottes steigen herab,
das Gesicht der Menschen wird hell,
und das Herz der Götter jauchzt."

(Pyramidentext, ca. 2600 v. Chr.)

Die Landwirtschaft

Die ägyptischen Bauern, die Fellachen, sind seit jeher die Ernährer des Landes. Obwohl von den Städtern bisweilen gern verspottet, bildete ihre unermüdliche Arbeit die Grundlage für das Entstehen und das Jahrtausende Überdauern einer Hochkultur. Dank günstiger klimatischer Bedingungen und regelmäßiger Nilüberflutungen war die Versorgung der Bevölkerung samt ihren wechselnden Herrschern in der Regel gesichert; zu Mißernten kam es nur selten. Die landwirtschaftliche Arbeit war bis in die 70er Jahre dieses Jahrhunderts hinein das eigentliche Rückgrat für jede Form wirtschaftlichen Wachstums in Ägypten: als einzige Devisenquelle schaffte sie die Voraussetzungen für den industriellen Aufbau des Landes.

Das ist um so erstaunlicher angesichts der verhältnismäßig geringen Fläche nutzbaren Bodens. Abgesehen von vereinzelten Oasen steht lediglich ein etwa 3–15 km breiter, grüner Landstreifen, der sich zu beiden Seiten des Nils durch die Wüste schlängelt und sich nördlich von KAIRO fächerförmig zum fruchtbaren Deltagebiet ausbreitet, für die Bebauung zur Verfügung. Somit sind insgesamt nur 3% der Gesamtfläche des Landes für die Landwirtschaft nutzbar.

Historisch kommt dem Nil die eigentliche Bedeutung für alles Wachstum und Leben im Lande zu. Der Fluß bildete jahrtausendelang die natürliche Quelle für die Bewässerung, welche durch seine regelmäßigen Flutzyklen sichergestellt wurde. In den späten Sommermonaten erreichten die Wassermassen, die sich während der tropischen Regenfälle in Ostafrika angesammelt hatten, Ägypten und wurden in eigens dafür vorgesehenen Wasserbecken, den *hodd*, aufgefangen. Die *hodd* lagen in Form von Parzellen unmittelbar an den Ufern. Von dort aus konnte das Wasser während der nachfolgenden Monate auf die Felder geleitet werden. Bei abseits gelegenen Feldern kamen Schöpfbrunnen, die *schaduf,* zum Einsatz: sie bestanden aus einem langen Pumpenschwengel, an dessen einem Ende ein Eimer angebracht war und das Wasser schöpfte, während am anderen Ende Lehm oder Steinbrocken das Gegengewicht bildeten. Im Deltagebiet kam in der Vergangenheit häufig der *tanbur,* die "archimedische Schraube" zum Einsatz; hier hob ein Holzzylinder mit schraubenförmig angebrachten Fächern das Wasser empor. Nach dem gleichen Prinzip funktionierte das tanbut, nur war diese Apparatur größer und wird von einem Wasserbüffel oder einem Kamel angetrieben.

In der Oase FAYYUM ist auch heute noch ein traditionelles Bewässerungssystem im Einsatz. Es besteht aus den "singenden" Wasserrädern, *nuriyya* genannt. Nur in FAYYUM ist die Strömung stark genug, um das große Schaufelrad in Gang zu halten. Die Schaufeln heben das Wasser in die Bewässerungsrinnen empor, wobei das feuchte Lager einen steten, dissonanten "Gesang" ertönen läßt.

Mit diesen einfachen, heute noch sporadisch zu findenden Techniken wurde der Boden über Jahrtausende relativ unverändert bewässert, und der fruchtbare Nilschlamm lieferte den optimalen Dünger dazu. Lange Zeit reichte das aus, um genügend Lebensmittel für die eigene Bevölkerung zu produzieren.

Erst im zwanzigsten Jahrhundert wurde mit zahlreichen Neuerungen versucht, die Ernteerträge zu steigern. Dabei waren die stetige Erweiterung der Nutzflächen und die Optimierung der Anbaumethoden von vorrangigem Interesse. Mit dem Bau von Dämmen, Stauwerken, elektrischen Pumpen und Kanälen hat sich der Traum einer durchgehenden Bewässerung erfüllt, die unabhängig von den Nilfluten funktioniert. Zusammen mit dem Einsatz großer Mengen von Kunstdünger ermöglicht die ganzjährige Bewässerung in einigen Regionen mittlerweile bis zu drei oder vier Ernten pro Jahr. Damit einhergehend ist auch die Intensivierung der Viehzucht erfolgt. In Ermangelung der erforderlichen größeren Weideflächen muß zusätzlich Futterklee auf dem begrenzten Areal angebaut werden.

Der Agrarsektor Ägyptens ist nach wie vor ein wichtiger Wirtschaftsfaktor des Landes. Knapp ein Drittel aller Erwerbstätigen des Landes finden hier ihre Beschäftigung. Die wichtigsten gepflanzten Kulturen sind auch für den Export bestimmt ("cash crops") und nehmen den Großteil der Anbauflächen ein. Es werden vor allem (langfasrige) Baumwolle, Mais, Reis, Bohnen, Weizen, Hirse, Gerste und Zuckerrohr angepflanzt. Zum Teil dienen diese Ernten auch als Rohstoffe für die weiterverarbeitenden Industrien des Landes; zahlreiche Nahrung- und Genußmittelbetriebe sowie das heimische Textilgewerbe sind von ihnen abhängig.

Trotz technischer Verbesserungen und Ertragssteigerungen kann Ägypten seine massiv anwachsende Bevölkerung bei weitem nicht aus eigener Kraft mit Nahrungsmitteln versorgen. Das Land ist in zunehmendem Maße auf den Import von Getreide - und hier besonders von Weizen - aus dem westlichen Ausland angewiesen. Damit hat ein Kreislauf eingesetzt, der einem wirtschaftlichen Dilemma gleichkommt. Der Verkauf von landwirtschaftlichen Produkten ins Ausland bringt dringend nötige Devisen, diese jedoch werden zu großen Teilen wieder für Kunstdünger und den Import von amerikanischem oder australischem Getreide ausgegeben, um die rasch anwachsende Bevölkerung zu versorgen. Neben dem Bevölkerungswachstum spielen noch einige andere Faktoren eine Rolle dafür, daß die ägyptische Landwirtschaft nicht in der Lage ist, das Land ausreichend mit Lebensmitteln zu versorgen. Dazu gehört die geradezu traditionelle Vernachlässigung des ländlichen Sektors während der Vergangenheit durch fehlende oder unzureichende staatliche Investitionen.

Eine Ausnahme bildeten die Bodenreformen unter Präsident *Nasser* in den

50er und 60er Jahren. Im Jahre 1952 wurde der Grundbesitz auf 200 *Feddan* pro Eigentümer beschränkt und später, 1961, noch weiter auf 100 *Feddan*. Aller Landbesitz, der darüber hinausging, wurde verstaatlicht und neu verteilt. Mit der Umverteilung von Land wurden die zahlreichen Kleinbauern und landlosen Tagelöhner im Lande begünstigt. Bis dahin hatte eine kleine Minderheit von reichen Großgrundbesitzern ein feudalistisches System der Ausbeutung betrieben: Sie hatte auf ihren umfangreichen Ländereien die große Mehrheit der armen Landbevölkerung für ihren kargen Lebensunterhalt schuften lassen. Die Entlohnung bestand normalerweise ausschließlich aus Naturalien; der Besitz von Geld war für die Fellachen eine Ausnahme.

Obwohl die Reformen der *Nasser*-Regierung einen Erfolg darstellten, den die Älteren auf dem Lande heute noch hoch schätzen, wurde die Umverteilung nicht wirklich konsequent durchgeführt. Als das nasseristische Regime schließlich von der Bildfläche verschwand, griffen auch die Kontrollsysteme, welche die Einhaltung der Reformen auf dem Land überwachten, nicht mehr. Einflußreiche Kräfte hatten bereits zu Lebzeiten *Nassers* durch Korruption und Vetternwirtschaft vermocht, den vollen Erfolg der Reformen zu verhindern (z. B., indem sie einfach ihren Besitz der Ehefrau oder engen Verwandten übertrugen und so weiterhin auf indirektem Wege über große Ländereien verfügten).

Auch eine weitere nasseristische Neuerung bewährte sich nicht wie erwartet. Die mit den Enteignungswellen einhergehende Zusammenfassung der vielen Kleinbauern zu größeren Genossenschaften sollten die Wirtschaftlichkeit und Effizienz des Agrarsektors weiterhin gewährleisten. Doch viele der dörflichen Kooperativen erfüllen die Verwaltungs- und Regulierungsfunktionen für die Mehrheit der kleinen Landeigner nicht befriedigend. Stattdessen begünstigen die bei den Genossenschaften angestellten Funktionäre häufig die Großgrundbesitzer, die sich den staatlichen Anbauvorschriften für Getreide und Baumwolle durch Zahlung von Bestechungsgeldern, bakschisch, entziehen und stattdessen hochprofitable Kulturen wie Zitrusfrüchte, Trauben, Datteln oder Gemüse anbauen. Darüber hinaus haben die Großgrundbesitzer einen privilegierten Zugang zum landwirtschaftlichen Maschinenpark, zu Dünger, Pestiziden und - was am wichtigsten ist - zu Krediten.

Die überwiegende Mehrheit der Landwirte sind jedoch Kleinbauern: Über 90% der Fellachen bewirtschaften das Areal eines *Feddan* (ca. 0,42 ha) oder weniger. Da sie nicht annähernd über die finanziellen Mittel verfügen, die nötig wären, um den Anbauvorschriften zu entgehen, müssen sie wohl oder übel Baumwolle und Getreide kultivieren und sind stark von den schwankenden Weltmarktpreisen abhängig. Die geringe Fläche Ackerland, die ihnen zur Selbstversorgung bleibt, reicht nicht aus, um die oft großen Familien zu ernähren. Also besteht die Alternative in den meisten Fällen darin, zusätzliches Land hinzuzupachten. Eine nennenswerte Verbesserung bedeutet das aber auch oft nicht, vor allem, wenn es sich um eine saisonale Pacht handelt. Dabei verpachtet ein privater Landbesitzer für die Dauer einer Anbauperiode

- je nach Art der Kultur bis zu sechs Monaten - ein Stück seines Ackerlandes. Er bleibt bei der Genossenschaft aber weiterhin als alleiniger Eigentümer eingetragen, was für den Pächter, den kleinen Fellachen, negativ zu Buche schlägt. Er kommt nicht an das subventionierte Saatgut, die Pestizide oder den Dünger der Kooperative heran, sondern ist statt dessen gezwungen, diese nötigen Hilfsmittel zu oft horrenden Schwarzmarktpreisen einzukaufen. Gewinner bleibt auch in diesem Fall der Großbauer bzw. der Besitzer des Landes.

Angesichts der zunehmenden Schwierigkeiten, das Leben auf dem Land zu bestreiten, geschweige denn, sich einige bescheidene Wünsche hinsichtlich Komfort und Lebensqualität zu erfüllen, verwundert es nicht, daß die Bauern ihr Heil zunehmend in der Landflucht suchen. Es gibt gegenwärtig noch zahlreiche Dörfer, die weder über Anschluß ans Telefonnetz, Postamt, lokale Arztpraxis oder öffentliche Gesundheitsstation noch über eine Bank verfügen. Es gibt keine sozialen Institutionen, die den völlig Mittellosen helfen, die in der Regel auf die Barmherzigkeit oder das Solidaritätsgefühl der übrigen Dorfbewohner angewiesen sind.

Hinzu kommt noch eine deutliche Verknappung der Arbeitsplätze durch fortschreitende Mechanisierung vor allem in der Delta-Region. Infolge dieser Entwicklung migrieren viele der Männer auf eigene Faust nach KAIRO, um sich irgendeinen Job zu suchen, oder sie reisen zu diesem Zweck für eine gewisse Zeit in die benachbarten reichen Golfstaaten. Eine dritte Möglichkeit besteht darin, sich als billige Arbeitskraft im *Tarahil*-System zu verdingen.

Erntezeit

Das Tarahil-System

Das Rekrutieren der Dörfler zu infrastrukturellen Arbeitszwecken hat eine lange Tradition in Ägypten. So ist es bekannt, daß während der Regentschaft Mohammed 'Alis (1805 bis 1842) die Modernisierung des ländlichen Sektors durchgeführt und Fellachen zu Arbeiten an seinen umfangreichen Bewässerungsprojekten herangezogen wurden (siehe Kapitel "Geschichte"). Auch der Bau des Suezkanal unter *Khedive Ismail* in den Sechziger Jahren des 19. Jahrhunderts hätte ohne die Ausbeutung der Heerscharen von Tarahil-Arbeitern nicht realisiert werden können.

Noch heute ist die Wanderarbeit für viele Landlose oder Kleinbauern eine der wenigen Möglichkeiten, etwas Geld hinzu zu verdienen. Um der drohenden Armut zu entgehen und um ihre oft großen Familien zu versorgen, verpflichten sich die Männer zu einem saisonalen Arbeitsaufenthalt - zumeist für die Dauer von 40 Tagen *(tarahila)* - in den Metropolen des Landes. Es gibt keine größere Baufirma, die zur Realisierung ihrer Projekte nicht auf *Tarahil*-Arbeiter zurückgreifen würde, denn billigere Arbeitskräfte gibt es nicht. Benötigt eine Firma Arbeiter, so beauftragt sie einen Kontrakteur (khauli), der in den Dörfer Interessenten anwirbt. Dabei nutzt er seine vorhandenen guten Kontakte zu dörflichen Größen, etwa den Bürgermeistern oder Café-Besitzern, die in direktem Kontakt zur Bevölkerung stehen und wissen, wer gerade keine Arbeit hat und besonders dringend Geld benötigt. Hat der Kontrakteur die erforderliche Anzahl an Arbeitern zusammen und den Vertrag mit ihnen abgeschlossen, erhält er von der Firma bereits vorab deren gesamten Lohn sowie seine Vermittlungsgebühr. Davon zahlt er geringe Anteile an die lokalen Mittelsmänner aus, den Rest von oftmals weniger als 100 ägyptischen Pfund erhält der Arbeiter. Hat sich ein Mann zur 40tägigen Arbeit verpflichtet und seinen Lohn abkassiert, so gibt es kein Zurück mehr. Falls er verschuldet oder unverschuldet (beispielsweise durch Krankheit) seine Arbeit nicht antritt, nicht ausführt oder sich Anweisungen widersetzt, muß er das Geld zurückerstatten und wird nie wieder einen solchen Vertrag ab-schließen können.

Zu einem vereinbarten Termin werden die *'umal tarahil* auf wackeligen Lastwagen zum Arbeitsort in die Stadt transportiert, jeder beladen mit ausreichend Essensvorräten, da Selbstversorgung obligatorisch ist. Ein wenig Kleidung zum Wechseln, ein Kerosinkocher zum Zubereiten der Mahlzeiten und zum Teekochen komplettieren die Ausrüstung. Vor Ort angekommen, wohnen die Arbeiter in firmeneigenen Zelten - sollten diese vorhanden sein -, ansonsten legen sie sich in den schon fertiggestellten Abschnitten der Neubauten schlafen. Die offizielle Arbeitszeit umfaßt etwa acht Stunden, in der Realität wird diese Frist aber nur selten eingehalten; oft schuften die 'umal tarahil bis zu 14 Stunden täglich. In der kargen Freizeit bleiben die Arbeiter größtenteils unter sich, man kennt sich von zu Hause und hat kein Geld, um sich in der City zu amüsieren. Die eigentlichen Gewinner des *Tarahil*-Systems sind die Kontrakteure, die Arbeiter bleiben auf Grund des geringen Verdienstes auf ihr lokales "Standbein" in den Dörfern angewiesen.

Arbeitsaufenthalte in den arabischen Golfstaaten

Arbeitsmigration ins Ausland ist auch in Ägypten kein völlig neues Phänomen. Das Riesenheer von ungelernten Arbeitern und landlosen Fellachen jedoch, die auf der Suche nach lohnender Beschäftigung ihre reichen Nachbarländer heimsuchen, ist eine relativ neue Entwicklung und fällt in die Zeit der infitah, der wirtschaftlichen Öffnung unter Präsident Sadat. Während in der nasseristischen Regierungsperiode konkrete Reformen durchgeführt wurden, die der armen Landbevölkerung das Dasein erträglicher machten, verschlechterten sich die Lebensbedingungen vieler Fellachen im Zuge der anschließenden kapitalistischen Reorientierung wieder. Die staatliche Leistungen im ländlichen Sektor stagnierten, und gleichzeitig überschwemmten hochwertige Konsumartikel in einem nie gekanntem Ausmaß die Märkte des Landes. Schließlich erreichte die schöne neue Warenwelt auch bis dahin abgeschiedene ländliche Gegenden. Mit etwas Verspätung bildeten sich nun auch auf dem Lande neue Wünsche und Ziele heraus, die es zu erreichen galt. Der einzige Weg, um das nötige Geld zu verdienen, bot sich in Form von Arbeitsmigration in die Golfstaaten an; zusätzlich wurden noch die Ausreisebeschränkungen für Arbeitsmigranten gelockert. Während unter *Nasser* Facharbeiter und Akademiker ins benachbarte Ausland entsandt wurden, um die Bande des "Arabischen Sozialismus" zu stärken, konnten nun theoretisch alle gehen. Auf den Dörfern breitete sich zunächst durch Flüsterpropaganda die Neuigkeit aus, daß in den Nachbarstaaten jeder einen gutbezahlten Job bekommen könnte. Diejenigen, die schon dagewesen waren, erzählten von ihren Erfahrungen und drückten den Verwandten und Freunden gleich die mitgebrachten neuen Arbeitsverträge in die Hand. Die Dörfler hatten plötzlich den neuen Wohlstand der Heimkehrer direkt vor Augen, während ihre eigene Perspektive in der Heimat nicht gerade rosig aussah.

Im reichen Ausland bot sich nun auch für die Ungelernten die Möglichkeit, relativ gut bezahlt auf den dortigen Baustellen zu arbeiten oder irgendeine andere Hilfsarbeit zu übernehmen. Facharbeiter und Akademiker verdienten im Ausland gar ein Vielfaches von dem, was in Ägypten für die gleiche Arbeit bezahlt wurde. Diese krassen Unterschiede führten während der letzten Jahrzehnte zu einer regelrechten Massenmigration. Fast jede kleinbäuerliche Familie - vornehmlich solche ohne oder mit nur sehr wenig Land - hatte während der letzten 20 Jahre einen ihrer Angehörigen im Ausland, so daß zeitweilig ganze Dörfer ohne Männer dastanden. Direkt in den Dörfern fuhren große Reisebusse vor, sammelten die Fellachen ein und brachten sie in die Metropolen der Golfstaaten.

Zunächst initiierte der Öl-Dollar-Boom der arabischen Erdölländer in den frühen 70er Jahren die massenhafte Abwanderung der Ägypter. Später, zu Beginn der 80er Jahre, war es dann der Iran-Irak-Krieg, der eine weitere Migrationswelle nach sich zog. Da nahezu alle arbeitsfähigen Iraker an der Front waren, standen ihre Jobs für eine gewisse Zeit den zigtausenden ägyptischen Arbeitswilligen zur Verfügung, die, z.T. mit Unterbrechungen, bis zu fünf Jahren im Irak blieben. Einen großen Teil ihres Einkommens überwiesen sie in der Regel nach Hause, so daß dieses Geld zu einer wichtigen Devisenquelle für die ägyptische Wirtschaft wurde. Im Jahr 1989 war dann endgültig Schluß mit der lohnenden Beschäftigung im Irak, denn die heimkehrenden Krieger kehrten in ihre angestammten Jobs zurück. Und das mit allen Mitteln: Die ägyptischen Zeitungen jener Tage waren randvoll mit Berichten über die schlechte Behandlung und Verfolgung von ägyptischen Arbeitsmigranten. Heimkehrer berichteten über Schikanen und tätliche Auseinandersetzungen am Arbeitsplatz. Zeitgleich machte die alarmierende Neuigkeit die Runde, daß jeder Ägypter nur noch 30 US-Dollar mit nach Hause nehmen durfte. Schmuggelte er mehr heraus, drohten harte Strafen.

Bedingt durch den Golfkrieg und die Kuweit-Krise, bei der sich Ägyptens Regierung um eine geschlossene Anti-Irak-Position der arabischen Nationen bemühte, verschlechterte sich die Situation der wenigen verbliebenen ägyptischen Gastarbeiter weiter. Nicht nur im Irak, auch in Jordanien galten Ägypter - mal wieder - als Verräter an der arabischen Sache. Ein weiterer wichtiger Grund für die wachsende Unbeliebtheit der ägyptischen Migranten mag auch in der Tatsache gelegen haben, daß sie die Lohntarife verdarben. In der Regel war ihre Arbeitskraft nämlich um einiges billiger als die der Einheimischen. Auf jeden Fall ging die Hochphase der ägyptischen Arbeitsmigration allmählich ihrem Ende zu; die meisten der Arbeiter kehrten in ihre Heimat zurück, was einen sichtbaren Wandel in den Dörfern mit sich brachte.

Dörfliches Leben unter den Vorzeichen der Veränderung

Über Jahrtausende hinweg bestimmte der Nil das Leben der Bauern: er lieferte das Wasser für die Felder, Trinkwasser, Baustoff für die Häuser, ebenso war er das Haupttransportmittel für die Ernten in die Städte. Die Folge von Arbeits- und Ruhephasen der Fellachen orientierte sich an den regelmäßigen Zyklen der Überflutung, ein Rhythmus, der auf das gesamte Leben abfärbte: immer wiederkehrende Rituale bestimmten über lange Zeit das Denken und Handeln. Es war bestimmt von Traditionalität, Konservatismus und einer gehörigen Portion Mißtrauen gegenüber allem Neuen. Die gleichbleibenden Denkmuster und Verhaltensweisen wurden durch die Abgeschiedenheit der ägyptischen Dörfer noch begünstigt. Während in den Städten der

Handel florierte, Wissenschaft und kulturelles Leben aufblühten und eine Schar von unterschiedlichsten Herrschern immer neue Gesetze verabschiedeten und damit für stetige Veränderung sorgten, blieb auf dem Land nahezu alles beim alten. Die Fellachen befanden sich eigentlich immer ein Stück außerhalb der urban geprägten Gesellschaft, und diese Außenseiterrolle ermöglichte ihnen über lange Zeit, einen eigenen Lebensstil aufrecht zu erhalten.

Trotz frühzeitiger Islamisierung auch der ländlichen Regionen lebten die alten Kulturpraktiken weiter. So etwa der Fruchtbarkeitsglaube der Bauern, der die Frauen veranlaßte, Nilschlamm zu essen, um so die Fruchtbarkeit auf sich zu übertragen. Neugeborene wurden in den Nil getaucht, um sie gegen alle Tücken des Lebens zu wappnen, eine Variante der christlichen Taufe. Den Launen der mächtigen Ahnen mußte viel Aufmerksamkeit gezollt werden, um Unheil abzuwenden; außerdem gab es noch das Heer der Geister, *dschinns,* die günstig gestimmt werden mußten. Diese vorislamischen Glaubensformen, ihre Rituale und Feste koexistierten lange Zeit friedlich mit den Regeln des Islam. Doppelt hält bekanntlich besser.

Seit jeher war der dörfliche Alltag in Ägypten vor allem von harter Arbeit bestimmt. Die Dörfer der Vergangenheit bestanden in der Regel aus staubigen, unbefestigten Wegen sowie einer Ansammlung kleiner Lehmhütten, unter deren Dächern Mensch und Tier gemeinsam lebten. Wer sich eine Pilgerreise *(hadsch)* nach Mekka leisten konnte, verzierte anschließend die Außenwände

Buntbemalte Hauswand eines Mekkapilgers

seines Hauses mit naiven Malereien, welche die Geschichte des individuellen hadsch erzählen sollten. Diese bunten Bilder werden heute noch angefertigt und verzieren viele ländliche Fassaden. Neben dem gewählten Transportmittel - Bus, Schiff oder Flugzeug - prangt zumeist die *Kaaba,* der heilige Stein in MEKKA, davor steht der weißgewandete Pilger, oftmals von Engeln flankiert. Darüber werden Koransuren gepinselt, und ein Schriftzug verkündet den Namen des *hadschi.* Mit einer solchen Reise wird nicht nur eine der "fünf Säulen des Islam" befolgt, sie bedeutet auch einen gehörigen Aufschwung für Ansehen und Status innerhalb der dörflichen Gemeinschaft. Respektvoll wird der/die Betreffende fortan mit dem Titel *"hadschi"* bzw. *"hadscha"* vor dem Namen angesprochen, sein Rat ist gesucht, seine Meinung respektiert.

Das Innere eines Hauses war in der Vergangenheit unterteilt in Schlafzimmer, Flur, der als eine Art "Abstellraum" für Nahrungsmittel, Arbeits- und Haushaltsgeräte" diente, und Küche. Weiter hinten befand sich der Stall, zumeist nur aus einer halbhohen Mauer und einem geflochtenen Sonnenschutz bestehend. Das spärliche Mobiliar beschränkte sich aufs Notwendigste: eine Holzbank, ein Holztisch, Matratzen und Schilfmatten. Wichtiger war das Kochgeschirr, das die Braut mit in den Haushalt einbrachte, ein Satz Töpfe und Kannen aus Kupfer oder Aluminium. Oftmals drängten sich mehrere Generationen auf engstem Raum, da der Sohn einer Familie seine Braut in den väterlichen Haushalt integrierte und auch später, nach Gründung einer eigenen Familie, nicht auszog.

Wer es sich leisten konnte, schaffte sich eine Wasserbüffelkuh *(gamusa)* an, die das wichtigste Nutztier für einen bäuerlichen Haushalt darstellte. Die Produkte Milch, Käse, Butter und Fett erweiterten den Speisezettel der Familie und, was noch wichtiger war, sie konnten auf dem Markt getauscht bzw. verkauft werden. Ein Kalb war ein absoluter Glücksfall, da es beim Verkauf noch einmal Geld einbrachte. Die gamusa erfüllt auch heute noch wichtige Funktionen im bäuerlichen Leben. Trotz fortschreitender Mechanisierung wird sie auch in der Gegenwart noch vielfach vor den Holzpflug, den mihrat, gespannt. Auch gibt es im bäuerlichen Haushalt nach wie vor Ziegen, Schafe und Geflügel. In seltenen Fällen ist auch ein Esel vorhanden, der für den Personen- oder Lastentransport genutzt wird.

Die Feldarbeit wurde und wird auch heute noch von beiden Geschlechtern verrichtet, die Frauen sind vor allem in Zeiten besonderer saisonaler Arbeiten (Ernte oder Schädlingsbekämpfung) gefordert. Kinderarbeit galt und gilt als selbstverständlich: Auf eigenem Grund und Boden sind Kinder als unbezahlte Arbeitskräfte unverzichtbar, auf fremden Felder trägt ihre Arbeit zum Familieneinkommen bei. Obwohl eine allgemeine Schulpflicht gilt, sind für die Landbevölkerung Arbeit und Lohn schon von Kindesbeinen an vorrangig.

Der Frau obliegen neben der saisonalen Feldarbeit zusätzlich noch die gesamten Haushaltspflichten. Das bedeutet, bereits vor dem Morgengrauen aufzustehen und das Frühstück für die ganze Familie zuzubereiten. Dann wird der Stall gereinigt, das Vieh gefüttert und das Haus ausgefegt. Jeden Morgen holen die Frauen Wasser vom Dorfbrunnen (wenn kein eigener Anschluß vorhanden ist) und produzieren frischen Käse und Joghurt. An den Backtagen wird der Lehmofen geheizt und Brot hergestellt. Bei diesen Arbeiten werden die Frauen von ihren Töchtern unterstützt, während die Söhne vor allem für die Feldarbeit zuständig sind. Wenn es erforderlich ist, schließen sich die Frauen ihnen an, ansonsten bereiten sie Essen für die Männer und bringen es ihnen aufs Feld.

Zu den hauswirtschaftlichen Pflichten der Frauen gesellen sich die sozialen: So besteht die vorrangige weibliche Aufgabe im Gebären und Umsorgen ihrer möglichst zahlreichen Kinder. Dabei werden immer noch die Söhne favorisiert, denn sie bedeuten Ehre und soziale Anerkennung für die Eltern. Abgesehen von der Ehre ist männliche Nachkommenschaft hochwillkommen, da sie Arbeitskraft und Geld (durch Lohn) garantiert. Auch heute noch sehen Mütter ihre kostbaren Söhne oftmals vom "bösen Blick" bedroht, der für Krankheiten und Tod verantwortlich gemacht wird. Um sich gegen die bösen Wünsche und Flüche von Neidern oder dschinns zu schützen, versehen viele Dorfbewohner die Außenwände ihrer Häuser immer noch mit blauen Handabdrücken, die den Schutz der Hand Fatimas, der Tochter des Propheten Mohammed, symbolisieren sollen. Oder sie bitten, um ganz sicher zu gehen, zusätzlich den Scheich *(scheikh)* des Dorfes um Hilfe. Solche respektierten, weisen Männer gibt es in jedem Dorf: sie wirken als Heiler für Mensch und Tier, als Exorzisten gegen die dschinns oder als Magier für alle Fälle. Gegen ein geringes Entgelt - die Summe muß auch von den ärmsten Fellachen aufzubringen sein - fertigt der Scheich Zettelchen mit Koranversen und Arzneien an, oder er gibt Rat und Handlungsanleitungen, um die Wünsche seiner Kunden zu erfüllen. Im Dorf gilt all das nicht als Widerspruch zur islamischen Religion.

Zeugt ein Mann "nur" Töchter, brandmarkt der Dorftratsch ihn hinter seinem Rücken als "abu banat", Vater von Töchtern, was durchaus diskriminierend gemeint ist. Noch nachteiliger ist es für seine Frau, wenn sie gar keine Kinder bekommt. Wenn ihr Mann sie nicht verstößt, wird er - sofern er es sich leisten kann - eine weitere Frau heiraten und in den Haushalt aufnehmen. Neben dem Verdruß, die Nebenbuhlerin direkt vor der Nase zu haben, wird die soziale Stellung der kinderlosen Frau weiter geschwächt; in der Regel hat sie kein höheres Prestige als eine Dienstmagd.

Junge, noch kinderlose Ehefrauen haben sich in allen Belangen ihren Schwiegereltern unterzuordnen, insbesondere der Schwiegermutter, welche die häuslichen Arbeiten verteilt. Da Schwiegermütter diese Macht nach eigener, entbehrungsreicher Jugend genießen, nutzen sie sie in der Regel auch kräftig aus. Das Zusammenleben größerer Familienverbände in den Dörfern führt oftmals zur Schikane der jungen Frauen, die erst mit der Geburt ihres ersten Kindes aufhört (siehe Kapitel "Familie").

Auch junge Mädchen müssen in der Landwirtschaft mitarbeiten.

Inzwischen haben sich viele Dörfer vergrößert, aus den ehemals staubigen Pfaden sind asphaltierte Straßen geworden, einige neue Läden und eine stattliche Anzahl neuer Häuser sind hinzugekommen. Die einfachen Lehmhütten sind an vielen Stellen z.T. mehrstöckigen Backsteinhäusern gewichen, die nun kahl und unverputzt - im ländlichen Ägypten hat Putz keine Tradition - in die Landschaft ragen. Auch das Interieur ist neu: Je nach Finanzlage wurden neue Möbel angeschafft oder leuchtender Teppichboden verlegt, eine bei dem allgegenwärtigen Staub umso erstaunlichere Neuerung. Vor den Fenstern schirmen Gardinen den Blick ins Private ab. Plötzlich ist fast jedermann im Dorf stolzer Besitzer eines Fernsehers, von dem auch reichlich Gebrauch gemacht wird. Täglich versammeln sich die Frauen eines Haushaltes vor dem Bildschirm und leiden mit den Darstellern der täglich gesendeten Soap-Operas aus ägyptischer Produktion, den musalsalat.

Eine weitere, durch die Arbeitsmigration möglich gewordene, Veränderung auf dörflicher Ebene betrifft die Orientierung vieler jungverheirateter Paare, schnellstmöglich ein eigenes Heim zu errichten, um der Bevormundung durch die Elterngeneration zu entgehen. Der Sohn war in fast allen Belangen von seinem Vater abhängig, der ihm Arbeit, Kleidung, manchmal Geld und schließlich noch die Ehefrau zuteilt. Die Mutter gängelt, wie oben beschrieben, ihre junge Schwiegertochter, was oft zu Konflikten führt. Nicht selten kapitulierten die jungen Frauen vor der Überbelastung im neuen Heim und fliehen zurück zu ihren Familien (die sie allerdings in der Regel umgehend zurückschickten). Die heimkehrenden Migranten sind nach einem mehrjährigem Auslandsaufenthalt in Eigenverantwortung oftmals nicht mehr bereit, weiter bei ihren Eltern zu leben und sich den dort gültigen sozialen Regeln zu unterwerfen. Durch das verdiente Geld lassen sich plötzlich die Wünsche junger Leute nach mehr Selbstbestimmung realisieren: ein eigenes Haus zu beziehen, einen eigenen Haushalt zu führen, eigenes Geld in den Händen zu halten, mehr Freiheit zu erleben. Neue Anschaffungen können nach eigenem Ermessen selbst getätigt werden.

Die von den Remigrantenfamilien getätigten Neuanschaffungen sind in der Regel langlebige Konsumgüter, etwa ein Kühlschrank, ein Fernseher, Videorecorder, Haushaltsgeräte oder Möbel. Die Ersparnisse werden zum Teil aber auch für die Ausbildung der Kinder, vornehmlich der Söhne verwandt. Es kommt - wenn auch selten - vor, daß in den Kauf von Land oder landwirtschaftlichen Maschinen investiert wird. Das ist aber die Ausnahme, da das gesparte Geld hierzu normalerweise nicht ausreicht. Eher eröffnet man eine Butik, einen kleinen "Tante-Emma-Laden", der über Lebensmittel und Kleidung alles anbietet, was die Dorfbewohner für den Alltag brauchen. Vor vielen Häusern parkt ein Peugeot aus zweiter oder dritter Hand, der als Über-Land-Taxi Geld einfahren soll oder ein kleiner Toyota-Transporter, der bei Bedarf vermietet wird. Alles in allem wird der neu angeschaffte Wagen jedoch kaum für private Zwecke verwandt.

Hauptsächlicher Verwendungszweck des sauer verdienten Geldes sind aber Hochzeiten, eine Aussteuer oder das Brautgeld, das je nach Einkommen zwischen wenigen hundert Pfund und vielen 1000 Pfund beträgt. Schon um als Bräutigam in die engere Wahl zu kommen, besteht für die jungen Männer die Notwendigkeit, zu migrieren. Ohne genügend Geld, ohne einen gewinnbringenden Job sind sie eine "schlechte Partie" und werden von der Familie ihrer Auserwählten niemals akzeptiert. Ist diese erste Hürde genommen, benötigen sie eine beträchtliche Summe, um die Hochzeit auszurichten, den Brautpreis (mahr) bezahlen und Goldschmuck für die Braut (schabka) kaufen zu können. Auch hinsichtlich des Schmucks bestehen zwischen den verschiedenen Einkommensklassen beträchtliche Unterschiede. Das untere Ende der sozialen Skala markieren Goldgeschenke, die ein paar Ohrringe und einen Armreifen umfassen und um die 200 Pfund kosten. Je mehr Einkommen vorhanden ist, desto höher werden auch die Goldgeschenke bemessen.

Durch den neuen Wohlstand vieler dörflicher Migranten sind diese Ausgaben beträchtlich angestiegen, so daß inzwischen fast schon die Notwendigkeit besteht, im Ausland zu arbeiten, um eine Frau "abzubekommen". Früher war die Verheiratung der jungen Männer Sache der Väter, heute aber verfügen die Söhne selbst über das Geld. Das bedeutet, sie können sich ihre Braut selbst aussuchen und müssen nicht mehr bedingungslos die Wahl ihrer Eltern akzeptieren. Migration hat also den Traditionalismus und Konservatismus des dörflichen Lebens nachhaltig verändert.

Auch für die Frauen, die selber nicht im Ausland arbeiten, hat der Auszug der Männer etwas verändert. Die für kurze oder längere Zeit alleinlebenden Ehefrauen müssen zwangsläufig ihre Aufgabenbereiche erweitern. Während der Abwesenheit eines Familienoberhauptes hat seine Frau nicht nur mehr Arbeit zu leisten, sie ist plötzlich auch gehalten, Entscheidungen zu treffen, die unter normalen Bedingungen als Männersache gelten. Dieses "Mehr" an Verantwortung wird von den meisten Frauen nicht nur als eine positive und befreiende Entwicklung empfunden, wie man vielleicht annehmen könnte. Viele Betroffene sehen die neuen Aufgaben eher eine zusätzliche harte Belastung ihres ohnehin arbeitsreichen Lebens, die jedoch temporär akzeptiert wird. Wie man sich vorstellen kann, verläuft die Wiedereingliederung der Männer ins Sozialgefüge der Dörfer nicht immer problemlos. Nach Phasen der Trennung müssen sich Familie und Heimkehrer erst wieder aneinander gewöhnen. Der Mann muß seine Autoritätsposition zurückgewinnen, was nicht reibungslos verläuft. Doch führt die Arbeitsmigration vieler Fellachen letztendlich nicht zur Auflösung der dörflichen Geschlechterordnung.

Leben in der Wüste – Die Beduinen

"Die meisten Beduinen
würden eher jeden erdenklichen Schaden
in Kauf nehmen,
als zu erlauben,
daß ihren Gästen etwas passiert,
während sie unter ihrem Schutz stehen."

E. W: Lane, Ägyptenreisender des 19. Jahrhunderts

Beduinen bevölkern seit Jahrhunderten die Wüstengebiete Ägyptens, sie leben sowohl auf der Sinai Halbinsel, im östlichen Wüstengebiet zwischen Nil und dem Roten Meer, in der Gufar, der Libyschen Wüste und an der angrenzenden Mittelmeerküste. "Beduine" zu sein bedeutet nicht, einem bestimmten Volksstamm anzugehören, sondern umschreibt eher einen Besitzstand: der semitische Begriff *"Badu"* heißt übersetzt "Besitzer einer Herde". Also sind nicht in erster Linie ethnische Gesichtspunkte für ein Leben als Beduine bestimmend, sondern die von allen geteilte Lebensweise unter den harten Bedingungen der Wüste. Dennoch bezeichnen sich die meisten Beduinen als Araber, da sie ursprünglich von der Arabischen Halbinsel stammen. Von dort zogen sie schon früh in den Sinai und die östliche Wüste Ägyptens, in der später folgenden Phase der Islamisierung drängten immer mehr Stämme nach und etablierten sich auf ägyptischem Boden.

Lebensweise in der Vergangenheit

Die nomadisierenden Stämme früherer Epochen fühlten sich seßhaften Lebensformen (vor allem den Fellachen) haushoch überlegen. Der Stolz auf ihr ungebundenes Leben, ihre Stammeszugehörigkeit und ihre Tradition waren auf die Notwendigkeiten, die ein Leben in der Wüste mit sich bringt, zurückzuführen. Ein Einzelner konnte in der Wüste nicht überleben; nur indem er einer größeren Gemeinschaft, nämlich einem Stamm angehörte und sich über diesen definierte, hatte er Anspruch auf Sicherheit und die Chance zu überleben. Der Stamm setzte sich aus mehreren größeren Familienclans zusammen. Eheschließungen wurden bevorzugt innerhalb eines Clans arrangiert, um ihn zu stärken. Außerhalb des eigenen Stammes wurde nur selten geheiratet, zwischen einigen war es möglich, zwischen anderen war eine Eheschließung völlig verpönt.

Oberhaupt eines jeden Stammes war der Scheich. Er hatte die für seinen Stamm relevanten Entscheidungen zu treffen - etwa ob man bleiben oder weiterziehen sollte - ihm oblag es, Recht zu sprechen oder Streitigkeiten unter den Familien zu schlichten. Die Stammesgemeinschaft war aber trotz ihrer ausgeprägten Struktur kein statisches Gebilde: wenn etwa ein Stamm im Laufe der Zeit zu klein zum Überleben geworden war, konnte ein Zusammenschluß mit einem anderen, möglichst verwandten Stamm beschlossen werden, um das Leben in einer starken Gemeinschaft sicherzustellen. War dagegen ein Stamm über Gebühr angewachsen und konnte seine Mitglieder nicht mehr versorgen, teilte er sich in Unterstämme auf. Deswegen sind viele der Beduinen, die heute noch in den Wüsten Ägyptens leben, weitläufig miteinander verwandt.

Die Beduinen lebten traditionell von und mit ihren Viehherden, den Ziegen, Schafen und Kamelen. Deren Milch, Käse und Joghurt lieferten die Hauptnahrungsmittel, aus Fell und Häuten wurden Kleidung, Wasserbeutel und Zelte gefertigt. Die traditionellen schwarzen oder roten Beduinenzelte aus Ziegenhaar, die einst die Geröllwüsten des Sinai belebten, wird der Reisende heute jedoch kaum noch zu sehen bekommen. Sie boten ausreichend Platz für eine Familie und waren in Männer- und Frauenbereiche aufgeteilt. Da sich das Leben ohnehin vorwiegend unter freiem Himmel abspielte, waren die Zelte innen nur mit dem Notwendigsten ausgestattet: ein paar gewebte Teppiche und gepolsterte Matten, Waffen und einige wenige Haushaltsgegenstände. Das üppige Dekor der "Wüstenscheichs" mancher Hollywood-Filme gehört eindeutig ins Reich der Phantasie. Die Realität war äußerst mühsam und karg, lediglich durch den Verkauf von Tieren, Milchprodukten oder Häuten konnte etwas Geld für andere Lebensmittel - Tee, Zucker, Mehl, Kartoffeln oder Reis - verdient werden. Einige Beduinenstämme zogen regelmäßig zum Fischfang ans Rote Meer und verkauften den Überschuß an getrocknetem, gesalzenem Fisch. Andere begleiteten gegen Bares größere Handelskarawanen oder Reisende zu deren Schutz, und mitunter dienten die Beduinen der östlichen und der Arabischen Wüste für eine gewisse Zeit auch den fernen Herrschern in KAIRO.

Beduinen, die Meister im Überleben waren, fühlten sich durch ihren harten Alltag oftmals zu Raubzügen - *ghazu* - animiert, die bis in dieses Jahrhundert hinein anhielten. Vorbeiziehende Karawanen, Reisende und auch die Klöster des Sinai wurden häufig überfallen und um nahezu alles "erleichtert". Solche Beutezüge waren nach beduinischer Auffassung legitim, genau wie kriegerische Auseinandersetzungen aller Art entsprachen sie der herrschenden Stammesmoral: Schon von klein auf lernten alle Jungen reiten und kämpfen.

Der Brite *Giovanni Belzoni*, einer der großen Reisenden des 19. Jahrhunderts, beschrieb - sichtlich fasziniert - eine Begegnung mit den Beduinen:

"Auf dem Pfad zwischen Assiut und Tahta stieß ich auf eine Gruppe von Beduinen-Reitern. Es war die beste Gelegenheit, diese Leute in für sie vorteilhaftem Licht zu betrachten, und ich muß sagen, daß ich niemals einer edleren Männergruppe in meinem Leben ansichtig wurde. (...) Die Reiter trugen aus selbstverfertigtem weißen Wolltuch eine Art Mantel, der den Kopf und Teile des Körpers einhüllte. (...) Die Männer waren mit Gewehren, Pistolen und Schwertern bewaffnet. Sie befanden sich auf dem Weg nach Kairo, um in die Dienste des Pashas zu treten, der kein anderes Mittel zur Unterdrückung dieser Freibeuter fand, als ihnen gute Bezahlung, Pferde, Waffen und eine Pilgerreise nach Mekka anzubieten. Diese Vorschlag hatte seine Wirkung wohl getan: Alle jungen Männer gingen darauf ein und ließen Greise und Frauen in ihren Wüstengebieten zurück. Auf diese Weise hoffte der Pasha, einen Großteil von ihnen, wenn nicht alle, unter Kontrolle halten zu können, denn Beduinen sind in diesem Land verhaßt, und bei einem Aufstand sind sie immer die ersten,

die mit dem Plündern beginnen. (...) Ihre Zelte bestehen aus vier in den Boden gerammten Stöcken, etwa vier Yards hoch (1 Yard = 0,91 m, Anm. d. Verf.), an denen zwei Tücher befestigt sind, die eine Art Schutzschirm gegen Sonne, Wind oder Tau darstellen. (...) Die Frauen waren unverschleiert und die Kinder vollkommen nackt. Ihre Ernährung ist sehr karg, und starken Alkohol trinken sie nie. Sie gelten zwar als Araber, aber ähneln den Arabern Ägyptens genausowenig wie ein freier Mann einem Sklaven. Die ägyptischen Araber sind gewohnt, Befehlen zu gehorchen (...) Sie sind kleinmütig, weil sie ständig unter der Knute gehalten werden; gleichgültig und träge, weil sie keinerlei eigene Interessen verfolgen. Die wilden Araber jedoch sind immer in Bewegung und damit beschäftigt, für sich selbst und ihr Vieh Nahrung zu beschaffen. Da sie sich fortwährend untereinander im Kriegszustand befinden, sind ihre Gedanken ohne Unterlaß darauf ausgerichtet, Verteidigungsmöglichkeiten zu verbessern oder aber zu plündern."
(aus: G. Belzoni, Entdeckungsreisen in Ägypten 1815-1819)

Eine halbwegs gesicherte Existenz in den unwirtlichen Wüstengebieten konnte nur durch ständiges Umherziehen auf der Suche nach immer neuen Wasserstellen und Weideplätzen erreicht werden. Zu Fuß waren solche Anstrengungen unmöglich zu bewältigen, erst mit der Zähmung der Kamele (etwa 1000 v. Chr.) wurden die Beduinen ein großes Stück unabhängiger. Nun konnten auch bisher unbekannte Wüstengebiete erkundet werden und weit entfernte Weiden und Wasserplätze angesteuert werden. Die Nutzung dieser lebenswichtigen Ressourcen war schon frühzeitig durch ein ausgeklügeltes Verteilungs- und Nutzungssystem geregelt, dem sich die unterschiedlichen Stämme strikt zu unterwerfen hatten. Verstöße zogen unweigerlich ausgedehnte Streitigkeiten nach sich; viele Stammesfehden hatten hierin ihre Ursache. Verfolgung und Strafen zielten in der Regel auf Leib und Leben des Übeltäters, da andere Formen der Vergeltung sinnlos erschienen: Über nennenswerten Besitz oder größere Reichtümer verfügten die meisten Stämmen ohnehin nicht. Mit Blutrache, der biblischen Forderung nach "Auge um Auge, Zahn um Zahn" wurde die Ordnung wieder hergestellt, wobei solche Fehden nicht selten mit bleibendem Elan über mehrere Generationen hinweg ausgefochten wurden.

Frauen galten für Männer außerhalb des Ehevertrages per se als unberührbar, absolut tabu. Verstöße gegen ihre Ehre, und seien sie für Außenstehende noch so unbedeutend, wurden ebenso streng geahndet wie Mord. Durch diese abschreckende Perspektive versuchten die Beduinen, den Alltag ihrer Frauen wenigstens ein Stück weit abzusichern. Oft mußten Frauen und Mädchen beim Wasserholen weite Strecken durch einsame Gebiete zurücklegen, oder sie waren allein und ohne Schutz mit ihrem Vieh auf abgelegenen Weideplätzen. Wenn die Männer zum Fischfang an die Küsten zogen oder mit Karawanen unterwegs waren, mußten die Frauen manchmal wochenlang allein in den Lagern aushalten. Vor dem Zugriff verfeindeter Stämme oder Einzelner meinte man sie nur durch Androhung martialischer Strafen schützen zu können.

Neben der erbitterten Verfolgung von Straftätern war die Gastfreundschaft ein weiterer Grundpfeiler der beduinischen Kultur: Sie galt als unverletzbar, ja heilig. Jeder, der in der Wüste unterwegs war - selbst der argste Feind - hatte drei Tage lang Anspruch auf Beköstigung und Herberge in den Beduininen-Lagern. Zog er danach weiter, sprach nichts mehr gegen Verfolgung und blutige Rache. In der Weite der Wüste herrschten wieder andere Gesetze.

Beduinen heute: Seßhaftigkeit, Tourismus, Einfluß des Staates

Gegenwärtig leben insgesamt noch zwischen 50.000 und 200.000 Beduinen in ihren angestammten Gebieten im Sinai und in der östlichen Wüste. Ihre genaue Anzahl zu ermitteln ist schwierig, da die Zahlen in den offiziellen Schätzungen stark schwanken. Die Lebensweise der Beduinen hat sich durch den Wandel äußerlicher Umstände stark verändert und unterliegt heute neuen Zwängen.

Auf der Sinai-Halbinsel ist ein ungebundenes Umherziehen der Beduinen nur noch mit starken Einschränkungen möglich. Seit der Gründung Israels bestimmen anstelle von Oasen nun die Staatsgrenzen das Woher und Wohin der stolzen Wüstenbewohner. Die meisten sind mittlerweile dauerhaft seßhaft geworden, einige wandern noch innerhalb stark begrenzter Gebiete, und auch das nur, etwa um einen kühleren Aufenthaltsort während der heißen Sommermonate zu finden. Aber nicht nur neue Grenzen, auch die neuen Möglichkeiten des Geldverdienens haben das gewohnte Leben verändert: Viele der Sinai-Beduinen arbeiten heute im Bergbau (Mangangruben) oder in der Erdölindustrie am Suezgolf.

Die lohnendsten Jobs in der Region aber finden sich in der Tourismusindustrie. Der israelischen Eroberung des Sinai während des Sechstagekrieges von 1967 folgte bald ein beispielloser Boom in dem bis dato als wirtschaftlich uninteressant geltenden Gebiet: Die Neuerschließung des Sinai für den Tourismus. Gegen Ende der 70er Jahre existierten bereits entlang der Küsten eine Vielzahl an Hotels, umfangreichen Feriensiedlungen und Zeltcamps. El-Arish an der Mittelmeerküste wurde ein beliebtes Ferienziel, die Orte Nuweiba und Dahab, bis dahin unbekannte Fischerdörfer, legten gewaltig an Umfang zu. Das Rote Meer mit seiner zauberhaften Unterwassserwelt wurde zum magischen Anziehungspunkt für Taucher aus aller Welt. Das wiederum veranlaßte viele Tauchschulen und Tauchgeschäfte, dem Touristenstrom ihre Pforten zu öffnen. Die Beduinen wußten sich beizeiten ihren Anteil am Geschäft zu sichern und verdienen seitdem nicht schlecht am neuen Reiseziel Sinai. Waren in der Vergangenheit ihre Kamel- und Ziegenbestände gleichbedeutend mit rizq, dem täglichen Brot, so wird heute mit diesem Begriff der konsumfreudige Sinai-Reisende beschrieben.

Durch den Kontakt mit Ausländern, mehr noch durch die neuen Verdienstmöglichkeiten, hat sich das Leben in der Wüste verändert. Die Zelte, die so schnell auf- und abzubauen waren, sind verschwunden, statt dessen stehen jetzt Wellblechhütten in Sichtweite der Touristenorte. Tourismus ist die Schnittstelle, an welcher der Reisende unausweichlich mit den Beduinen in Verbindung tritt: Man begegnet ihnen als Wächter des Katharinenklosters, als Betreiber einer Vielzahl von Cafés, Restaurants oder kleiner Pensionen, als Taxifahrer oder Andenkenverkäufer (die Souvenirs sind in zum Teil keine authentischen Produkte der Beduinen, sondern stammen von den Touristenbasars in KAIRO). Aber auch Beduinenmädchen kommen in die Feriencamps von Sharm el-Sheikh oder Dahab und verkaufen hier ihre bunten, selbstgenähten Hosen und Taschen, die Männer arbeiten als Führer bei Jeep-Rundfahrten, Ausflügen zu Pferd oder Kamel oder organisieren Trekkingtouren. Will man den Sinai erkunden, sind beduinische Führer immer empfehlenswert, sie gelten als sehr zuverlässig und kennen jeden Baum, Strauch, jede Felsformation weit und breit. Außerdem wissen sie um die landestypischen Verbote und Vorschriften (z. B. dem Verbot, wild zu campen oder von den asphaltierten Straßen abzuweichen!).

Die Phase israelischer Besetzung (1967 bis 1982) war eine glückliche Zeit für die Sinai-Beduinen. Während dieser Zustand ein Trauma für die gesamte ägyptische Nation bedeutete, konnten sich die Wüstenbewohner gut mit den neuen Herrschern arrangieren. Soweit keine nationalen Interessen beeinträchtigt wurden, ließ Israel ihnen im großen und ganzen freie Hand, was die gewohnte Lebensweise, die Traditionen und Werte betraf. Auch die Stammesoberhäupter wurden mit gebührendem Respekt behandelt.

Darüber hinaus sorgte sich der israelische Staat um das Wohlergehen der Beduinen. Sie erhielten zusätzliche Nahrungsmittel und ärztliche Versorgung. Israelische Techniker kümmerten sich um neue Brunnen oder verbesserten die bereits existierenden. Die Motive für diese Fürsorge mögen nicht unbedingt rein menschenfreundlicher Gesinnung entsprungen sein – in erster Linie wollte Israel die eigene Position auf der besetzten Halbinsel festigen, indem es die Bevölkerung auf seine Seite zog – aber erstmalig machten Beduinen die Erfahrung, daß ein Staat sich aktiv für ihre Lebensqualität einsetzte. Daher kann es kaum verwundern, daß die Beduinen von Israel begeistert waren und daß sich die meisten heute noch mit Wohlwollen an die Fremdherrschaft erinnern. Ihrer stolzen Selbstdefinition als Araber scheint das erstaunlicherweise nicht zu widersprechen, aber es hat ihnen auch nicht gerade die Sympathie der Mehrheit der ägyptischen Bevölkerung eingetragen, welche die erbitterten Kriege gegen Israel nicht vergessen hat.

Ein weiteres Moment der Veränderung, ein drastischer Eingriff in die Freiheit des Beduinenlebens war die "Ägyptisierung" des Sinai im Anschluß an die israelische Besetzung. Nach dem Abkommen von Camp David 1982, bei dem die Rückgabe des Sinai an Ägypten beschlossen wurde, wurde mit Vehemenz versucht, die ägyptische Präsenz vor Ort ausbauen. Der Maßnahmenkatalog umfaßte vor allem Projekte zur Neuansiedlung von Ägyptern und Anstrengungen zum Ausbau einer funktionierenden Infrastruktur. Die Beduinen sollten sich an bestimmten Orten niederlassen und das Nomadentum endgültig aufgeben (wohl auch, um besser kontrollierbar zu sein) und galten fortan als ägyptische Staatsbürger mit gleichen Rechten und Pflichten. Die Bürokratie hielt Einzug in der Wüste. Plötzlich hatten sich die Beduinen ständig auszuweisen, denn angesichts der unsicheren, gespannten Lage im gerade zurückeroberten Sinai reagierten die Militärs mit strikten Kontrollen der Einwohnerschaft. Ein Stück Papier sollte auf einmal mehr über die Identität aussagen, als Familien- und Stammeszugehörigkeit! KAIRO versuchte, ihnen mit festen Jobs die Veränderung ihres gewohnten Lebens schmackhafter zu machen, ein Angebot, das nur bei den wenigsten zog. Den strikten Arbeitszeiten, den Anordnungen oder Befehlen aus dem Munde fremder Städter stehen die Wüstenbewohner schon aus Tradition skeptisch gegenüber. Die gegenseitige Abneigung ging noch weiter, als immer mehr Fremde aus dem Niltal auftauchten und den Tourismussektor weiter ausbauten. Sie beriefen sich auf das ferne Tourismus-Ministerium in KAIRO, steckten große Baulandareale ab und setzen den Beduinen ein Hotel nach dem anderen vor die Nase. Der Gipfel war allerdings, daß KAIRO die stolzen Wüstensöhne aufforderte, das Land, das sie seit Generationen bewohnten, nachträglich zu kaufen. Die Beduinen verstanden die Welt nicht mehr: Sie kannten keine beurkundeten Besitzrechte, der Sinai gehörte allen und die Nutzungsrechte an Weideland und Wasser wurden von den Stammesoberhäuptern unter den Familien aufgeteilt. Plötzlich aber gab es so etwas wie Privateigentum an Grund und Boden, fremde Menschen in großen Städten bestimmten, wem was gehörte, und die Beduinen wurden vor vollendete Tatsachen gestellt.

In der östlichen Wüste Ägyptens ist die Situation eine andere. Die hier lebenden Beduinen haben nie in dem Maße abgeschnitten und isoliert vom Rest der Welt gelebt wie die Stämme auf dem Sinai. Die Küstenorte HURGHARDA und SAFAGA waren bereits geraume Zeit vor ihrer Entdeckung für den Tourismus bedeutende Häfen der Region, hier trafen die nomadisierenden Beduinenstämme regelmäßig auf seßhafte Fellachen. Solche Begegnungen mit anderen Kulturen und Lebensweisen führten zur allmählichen Aufgabe des wilden, ungebundenen Lebens und hin zur Vermischung verschiedener Stämme untereinander sowie zur teilweisen Seßhaftigkeit. Einstmals dehnten die frei umherziehenden Nomaden, die den Süden der östlichen Wüste beherrschten, ihre Wanderungen bis in die afrikanischen Nachbarländer hinein aus, mittlerweile existieren auch hier feste Grenzen, die auch Beduinen zu respektieren haben. Seßhaftigkeit, geregelte Arbeit und Mischehen sorgen dafür, daß dem außenstehenden Betrachter die Beduinen kaum mehr als eigenständige Wüstenstämme erscheinen. Arbeit finden die ehemaligen Nomaden vor allem im Bergbau, wo Bodenschätze wie Phosphat, Eisenerz, Blei und Zink gefördert werden, und auch die Touristenorte an der Rotmeerküste bieten ihnen viele Beschäftigungsmöglichkeiten.

Auch die Stämme, die einst die Libysche Wüste durchzogen, machten eine allmähliche Wandlung zum Halbnomadismus durch, bis auch sie schließlich das Umherziehen aufgaben. Mit dem Ausbau bereits vorhandener landwirtschaftlicher Nutzflächen in den Oasen (vor allem in FAYYUM), im Niltal und entlang der Mittelmeerküste, hat die ägyptische Regierung deutliche Anreize zum dauerhaften Siedeln und Arbeiten geschaffen. Hier bauen die ehemaligen Beduinen nun Baumwolle, Datteln, Oliven und Feigen an. Sie leben wie die von ihnen so gering geschätzten Fellachen in einfachen Lehmbehausungen, und ihr Tagesablauf unterscheidet sich kaum mehr vom bäuerlichen Alltag. Jedoch sind Ehen zwischen beiden Gruppen nach wie vor nur unter der Bedingung möglich, daß der Bräutigam ein Beduine ist, der eine Fellachin heiratet, welche nach der Eheschließung in seinen Haushalt aufgenommen wird. Der umgekehrte Fall einer Beduinen, welche in das Haus eines Fellachen-Ehemannes übersiedelt, ist nach wie vor relativ selten. Noch immer existiert in den Köpfen eine deutliche Kluft zwischen den ihrem Selbstverständnis nach einstmals "freien" Wüstenstämmen und den sklavisch an einen Fleck gebundenen Bauern Ägyptens.

außen hin als Beschützer ihrer Schwestern auftreten und im Falle von ehrenrührigen Handlungen deren Interessen vertreten. Die einzige Möglichkeit, sozial aufzusteigen, besteht für sie darin, zu heiraten und nach Jahren der Unterlegenheit im Verhältnis zur Schwiegermutter eine eigene Hausmacht aufzubauen.

Polygame Ehen

Ebenfalls auf dem Land am stärksten vertreten sind polygame Ehen, deren Anteil in Ägypten nach Umfragen des Staatlichen Statistischen Amtes *CAPMAS* zu 95% von Analphabeten praktiziert werden. Die Rate der polygamen Ehen (legal nach islamischem Recht sind bis zu vier Ehefrauen) liegt in Ägypten zwischen 7 und 8% aller Ehen. Seit einer Reform des Personalrechts 1979 muß der Ehemann allerdings seine erste Ehefrau von seiner neuen Eheschließung unterrichten. Sie hat dann das Recht, sich aufgrund dieses Umstands von ihm scheiden zu lassen. Da viele Ehemänner dies jedoch nicht wünschen, verhindern sie durch Bestechung der mit den Amtsangelegenheiten betrauten Scheichs das Versenden dieser Briefe. Bei späterem Protest der Ehefrau wird die Schuld dann auf die ägyptische Post geschoben, welche die briefliche Benachrichtigung angeblich nicht zugestellt hat. Wie man sich denken kann, führt die legale Möglichkeit der Polygamie in Ägypten zu latenten Spannungen zwischen Männer und Frauen, da letztere sich den Entscheidungen der Männer oft wehrlos ausgeliefert fühlen. Die vielen Gerüchte und Medienberichte über polygame Praktiken schüren diese Angst vor allem bei älteren Frauen, die sich von jüngeren und attraktiveren Geschlechtsgenossinnen bedroht fühlen. Dies gilt ebenso für kinderlose Frauen und und Mütter von "nur" Töchtern (*um banat).*

Der islamische Ehevertrag

Anders als bei den Christen ist der muslimische Ehevertrag ein begrenzter Vertrag zwischen Mann und Frau. Das schlägt sich u.a. in der Tatsache nieder, daß muslimische Frauen nach der Eheschließung ihren Namen und ihr Eigentum behalten. Neu ist lediglich die Einbindung beider Partner in eine Struktur wechselseitiger Pflichten und Privilegien. Die muslimische Ehe ist erst nach der Geburt des ersten Kindes gültig.

Dementsprechend leicht ist auch die Scheidung der Ehen zumindest für die Männer, die hier einseitige Privilegien genießen, was zu latenten Spannungen in der Ehe führt. Es existieren in Ägypten zwei sehr unterschiedliche Formen der Scheidung, je nachdem ob sie vom männlichen oder vom weiblichen Partner ausgeht. Erstere ist sehr leicht. Der Ehemann kann einen Ehevertrag

Ergebnisse einer Umfrage:

Die ideale Ehefrau, der ideale Ehemann

Einer Umfrage des ägyptischen Statistischen Instituts *CAPMAS* zufolge sind es vor allem folgende Charakteristika, die Männer und Frauen beim jeweils anderen Geschlecht suchen: Frauen wollen, daß ihr späterer Ehemann mindestens fünf bis 10 Jahre älter, also "erfahrener" ist als sie selbst. Weiterhin sollte er ein höheres Bildungsinstitut besucht, eine respektable berufliche Stellung und ein gutes Einkomen haben. Das Äußere des Mannes spielt dieser Umfrage nach keine große Rolle.

Männer wollen Frauen, die etwa fünf Jahre jünger, also "unerfahrener" sind als sie selbst, niemals zuvor verheiratet, also jungfräulich, gutaussehend, d.h. groß, üppig-vollschlank und hellhäutig, mit einer Frohnatur, mit Geld oder der Fähigkeit mitzuverdienen ausgestattet sind. Als weniger wichtig wird hier erachtet, daß die Frauen eine gute Erziehung und Berufsausbildung haben.

lösen, indem er seine Frau in Gegenwart von Zeugen dreimal verstößt *(talaq)*. Die Scheidung ist ab dem Zeitpunkt gültig, an dem sie vom Mann ausgesprochen wird. Das Recht auf diese Art von Scheidung kann auch die Frau erhalten, wenn dies in einem Ehevertrag ausdrücklich festgehalten wird. Da dies in den meisten Ehen nicht der Fall ist, muß die Ehefau sich in der Regel an ein Gericht wenden und die Auflösung der Ehe beantragen *(taltiq)*. Während ihr Ehemann die Ehe aus den verschiedensten Gründen lösen kann, ist dies bei der Frau nicht der Fall. Sie kann dies nur aufgrund folgender anerkannter Gründe tun: Wenn ihr Mann sie nicht finanziell unterstützt, ernstlich krank oder impotent ist, in seinem Verhalten massiv gegen die gültigen Moralvorstellungen bzw. gültiges Recht verstößt, für lange Zeit abwesend oder im Gefängnis ist. Darüber hinaus bestehen zwei weitere Möglichkeiten, den Ehevertrag zu lösen: Trennung im gegenseitigen Einvernehmen (in diesem Fall muß die Ehefrau einen Teil des Brautpreises zurückzahlen) und Trennung aufgrund rechtswidriger Umstände der Eheschließung. Im Falle einer Scheidung bleiben die Kinder bei der Mutter, während die finanzielle Unterhaltung dem Vater zugewiesen wird, bis die Kinder für sich selbst sorgen können. Die Ehefrau hat ein Jahr lang Anspruch auf finanzielle Unterstützung. In diesem Jahr dart sie keine neue Ehe eingehen. Ein dreimonatiger Teil dieser Frist *(idda)* dient dazu festzustellen, ob sie evtl. von ihrem geschiedenen Ehemann schwanger ist. Falls dies der Fall ist, darf sie erst nach der Geburt erneut heiraten.

Unter diesen Bedingungen ist es umso wichtiger für die Frauen, ihre Rechte vor der Eheschließung gegenüber ihrem späteren Ehemann zum Ausdruck zu bringen und vertraglich abzusichern. Konkret versucht die Familie der Braut gegenüber der Partei des Bräutigams, eine möglichst hohe Brautgabe auszuhandeln, die auch im Falle einer Scheidung das Eigentum der Frau bleibt. Das gleiche gilt auch für die Möbel der Familie, die bei der Eheschließung allesamt auf einer Liste aufgeführt werden.

Traditionelles Familienleben in der Stadt

Sehr eng sind auch die Bande der Mitglieder traditioneller städtischer Familien, d.h. typischerweise der Familien, die in der Kairoer Altstadt leben, aber auch in Kairoer Untere-Mittelklasse-Vierteln wie EIN SHAMS oder DAR ES-SALAM. Hier gelten viele Dinge, die bereits oben zur ländlichen Familie gesagt wurden. Auch hier ist der älteste Mann der Familie deren Oberhaupt; die ***Kreuzcousinenheirat*** wird auch hier, allerdings weniger häufig, praktiziert. Im städtischen Kleinhändler- und Handwerkermilieu gelten in bezug auf die Rollenverteilung innerhalb der Familie andere Regeln als bei den bäuerlichen Familien. Hier gilt der Mann traditionellerweise als derjenige, der das Familieneinkommen erwirbt. Den primär wichtigen Arbeitsbereich der Frau hingegen bildet das Haus, wo sie als Hausfrau und Mutter die häusliche Reproduktion der Familie ermöglicht. Dazu gehört auch das Verwalten des Familieneinkommens, das durch ihre Hände geht, bevor es ausgegeben wird. In Sachen Hauswirtschaft und Konsum ist die Erfahrung der Frau gefragt.

Die einander wechselseitig ergänzende Arbeitsteilung von Mann und Frau als Geldverdiener und Hauswirtschafterin vermochte zu keiner Zeit, die tatsächlichen Notwendigkeiten und Gegebenheiten vieler Familien wiederzuspiegeln. Witwen, unverheiratete Frauen und der große Anteil weniger begüterter verheirateter Frauen waren seit jeher ebenfalls an der Erwirtschaftung des Haushaltseinkommens beteiligt. Das heißt, das Bild der städtischen "Nur-Hausfrau" trügt. Daß dies heute umso mehr der Fall ist, zeigen die vielen erwerbstätigen Frauen in den Städten Ägyptens. Dies heißt allerdings nicht, daß auch die klassisch weiblichen Pflichten nun von den Männern mitgetragen würden. Nach wie vor liegt es eher in der Verantwortung der Frau, sich um den Haushalt und das Aufziehen der Kinder zu kümmern. Und während die Männer nach getaner Arbeit und dem, im Kreis der Familie eingenommenen, Abendbrot ins benachbarte Café gehen, um dort mit Freunden zu entspannen, verbringen viele Frauen ihre Zeit mit dem Flicken der Kinderwäsche, dem Saubermachen der Wohnung und der Beaufsichtigung der Hausaufgaben ihrer Kinder.

Die ***Doppelbelastung der Frauen*** führt dazu, daß ihre Töchter von klein auf mit in die Hausarbeit einbezogen werden. Während sie als Kleinkinder nur kleinere Handreichungen verrichten, sind viele bereits mit zehn Jahren die Köchinnen der Familie. Während die Mütter außer Haus arbeiten, sorgen die ältesten Töchter für das Wohl der Familie und lernen hierdurch die Hausarbeit praktisch von der Pieke auf.

Der durch die Arbeit gegebene starke Bezug der Mädchen zu Haus und Nachbarschaft spiegelt sich auch in der Norm wieder, der zufolge besonders junge Frauen im gebärfähigen Alter sich nicht ohne Aufsicht von zuhause entfernen sollten. Ganz das Gegenteil trifft auf ihre Brüder zu, die gemeinsam mit Freunden das städtische Umfeld erkunden.

Die heute noch sehr unterschiedlichen Erfahrungen von jungen Männern und Frauen führen dazu, daß die alten Geschlechternormen weitergetragen werden. In den vergangenen Jahren wurden sie gar unter dem Etikett der Hochreligion von den islamischen Fundamentalisten idealisiert und sakralisiert.

Wie eng die Familienbande in diesen traditionellen Stadtvierteln tatsächlich sind und als wie wichtig sie subjektiv empfunden werden, läßt sich an folgender Schilderung von *'Abir*, einer 21jährigen Studentin aus dem Kairoer Viertel DAR-ES-SALAM verdeutlichen:

"Anders als für die reichen Ägypter ist für uns die Familie die wichtigste soziale Institution. Wir sorgen füreinander und verbringen die meiste Zeit zusammen. Wenn ich nach den Vorlesungen um vier Uhr nach Hause komme, treffe ich mich nicht mit meinen Freundinnen im Stadtzentrum wie andere Studentinnen dies tun, sondern ich fahre sofort nach Hause, um meiner Mutter, die in einer Näherei arbeitet, zu helfen. Ich ziehe mich um und beginne, das Abendessen vorzubereiten. Währenddessen kommen meine Freundinnen aus der Nachbarschaft vorbei, um mit mir Neuigkeiten auszutauschen. Wir sitzen zusammen, trinken Tee und putzen das Gemüse. Dann kommt mein jüngerer Bruder Mohammed aus der Schule. Sobald er da ist, helfe ich ihm bei den Hausaufgaben. Er ist ein guter Schüler und will eines Tages genau wie ich die Universität besuchen. Dabei muß ich ihm helfen. Um sieben Uhr ist alles erledigt. Dann kommen meine älteren Brüder Hassan und Ahmed sowie meine Eltern von der Arbeit nach Hause. Um halb acht essen wir zusammen Abendbrot. Anschließend bereite ich mich auf den nächsten Tag an der Universität vor. Besonders während der Prüfungen ist es sehr anstregend zu studieren, wenn die anderen fernsehgucken. Ungefähr um elf Uhr gehe ich schlafen, weil ich morgens schon um acht Uhr an der Universität sein muß."

Stolz der Familie: Kinder

Diese Passage aus einem Interview verdeutlicht sehr gut, daß Familie vor allem eine bestimmte Form der Arbeitsteilung zwischen den Geschlechtern und Altersgruppen bedeutet. Daß diese in der momentan von Knappheit gekennzeichneten wirtschaftlichen Situation sehr effizient ist, verdeutlicht der folgende Bericht des 20jährigen Studenten *Hischam* aus KAIRO:

"Ohne den Zusammenhalt der Familie hätten meine beiden älteren Brüder nicht heiraten können. Mein Vater hat neben seiner Position in der Verwaltung noch als Scheich gearbeitet (d.h. er ist religiösen Verwaltungstätigkeiten nachgegangen), meine Mutter besitzt ein kleines Stück Land im Nildelta, für das sie jährlich Pacht bekommt. Außerdem hat meine älteste Schwester Muna als Lehrerin viele Privatstunden gegeben und das Geld meinem Bruder zukommen lassen, der es ihr im Laufe der Zeit zurückzahlen wird. Es dauerte trotzdem mehr als fünf Jahre, bis mein Bruder, der seit letztem Jahr eine kleine Stellung in der Verwaltung innehat, heiraten konnte. Sein Brautgeschenk war nicht sehr groß, jedoch hatten die Brauteltern dafür Verständnis, denn sie wußten, daß wir alles taten, um 'Amr zu unterstützen. Ähnlich war es mit Mohammed, der vor wenigen Monaten heiraten konnte. Ich weiß, daß ich mich, wenn ich an der Reihe bin, auf meine Familie verlassen kann. Ohne Familie ist es heutzutage schwer, zu heiraten. Es müssen so viele Dinge angeschafft werden, für die einer alleine bestimmt zwanzig Jahre sparen muß."

Wie *Hischams* Beispiel zeigt, gewinnt das Solidaritätsnetz Familie unter den aktuellen Bedingungen von hoher Arbeitslosigkeit, niedrigen Durchschnittseinkommen und rasant ansteigenden Preisen mehr und mehr an Bedeutung für die meisten Ägypter. Bedauerlicherweise hat dies auch zur Folge, daß die während der Nasserzeit zumindest teilweise außer Kraft gesetzten traditionell orientierten Geschlechternormen wieder stärker in den Vordergrund treten. Es kann also auch für die städtischen Milieus festgestellt werden, daß die Familie hier eine der wichtigsten, wenn nicht gar die wichtigste soziale Institution darstellt.

Modernes Familienleben in der Stadt

Anders hingegen stellt sich das Alltagsleben vieler in den modernen Stadtvierteln KAIROS oder in anderen ägyptischen Städten wohnhaften Familien dar. Diese sehr häufig mit Bildung ausgestatteten Familien beziehen wesentliche Aspekte ihres Selbstverständnisses weniger aus dem Zusammenhalt der Familie oder Verwandtschaftsgruppe als vielmehr aus dem Zusammenhalt der ägyptische Gesellschaft oder gar der Weltgemeinschaft, in der sie sich auf der Seite der Gebildeten bzw. Kultivierten, d.h. auf der Seite der Privilegierten, sehen.

So ist es in diesen Milieus eher die Ausnahme als die Regel, daß drei Generationen unter einem Dach wohnen, wie dies bei der Landbevölkerung oftmals der Fall ist. Eine weitere Besonderheit dieser Familien ist die Einbettung der einzelnen Familienmitglieder in individuelle Freundeskreise. So ist es für

Mitglieder von beispielsweise im modernen Kairoer Stadtviertel MISR EL-GADIDA ansässigen Familien normal, ihren eigenen Freundeskreis zu unterhalten. Anstatt die Freizeit mit Brüdern und Schwestern zu verbringen, ist es für die Jugendlichen in diesem Kontext eher die Regel, mit Klassenkameraden, Sportkameraden oder Freunden zusammen zu sein. Auch voreheliche Liebesbeziehungen, die im traditionell orientierten Leben aufs schärfste abgelehnt werden, sind erlaubt, wenn die Jungfräulichkeit der jungen Frau unangetastet bleibt. Die Institution Freund/Freundin spielt hier zunehmend eine wichtige Rolle.

Freundschaften zu haben und diese auch nach der Eheschließung weiter aufrechtzuerhalten, ist hier eine Selbstverständlichkeit. Zur Verdeutlichung der Bericht von *Heba,* einer 38jährigen Bewohnerin des modernen Kairoer Stadtteils MISR EL-GADIDA.

"Nachdem die Kinder an der Universität bzw. in der Schule sind, ziehe ich mich erst einmal in Ruhe an. Ich lege dann mein Make-up auf und fahre zu meiner Freundin 'Amira, die etwa zehn Minuten von mir entfernt wohnt. Dort trinken wir erst eimal Tee oder Kaffee und tauschen Neuigkeiten aus. 'Amira, die Witwe ist, hat von ihrem Mann viel Geld geerbt. Unsere Lieblingsbeschäftigung sind Einkaufsbummel, die wir in den Shopping-Malls von "Merryland" unternehmen. Nachdem wir dies und das gekauft haben, gehen wir wieder nach Hause, wo wir uns entweder mit anderen Freundinnen treffen oder ein wenig fernsehgucken. Am späten Nachmittag fahre ich nach Hause, um das Abendessen für meine Familie vorzubereiten. Wenn die beiden Kinder und mein Mann gegen acht Uhr eintreffen, ist alles vorbereitet."

Während in traditionell orientierten Gemeinschaften Frauenerwerbstätigkeit nur gerechtfertigt ist, wenn das Einkommen des Mannes nicht ausreicht, um die Familie zu ernähren, gilt es in den modernen Lebensformen eher als positiv, wenn Frauen erwerbstätig sind. Ihr ***Selbstverständnis*** ist nicht das von Hausfrauen und Müttern, sondern das von karriereorientierten Mitgliedern der Gesellschaft; dementsprechend groß ist auch die Anzahl der sich aus diesen Kreisen rekrutierenden Frauen in einflußreichen gesellschaftlichen Positionen.

Dennoch bleibt es auch hier dabei, daß Hausarbeit und Aufziehen von Kindern schwerpunktmäßig Sache der Frauen ist, die den Preis für ihre Karriere mit einer Doppelbelastung in Beruf und Haushalt bezahlen - ein Phänomen, das auch Frauen in westlichen Gesellschaften nicht ganz fremd ist.

Die moderne Familie, die übrigens im Durchschnitt deutlich weniger Mitglieder hat als die traditionell orientierte Familie in Stadt und Land, ist in Ägypten das Ergebnis des nasseristischen Patronstaates, der den Einzelnen durch Integration in staatliche Institutionen wie Schule, Universität und Verwaltung aus dem engen Familienverband herauszulösen vermochte. Mit dem schleichenden Bedeutungsverlust des Staates im Laufe der vergangenen beiden Jahrzehnte tritt die Familie neuerdings wieder stärker in den Vordergrund, - das nasseristische Modell von Individuum und Staat hingegen verblaßt zunehmend.

Durch die konservativ orientierte Politik der ägyptischen Regierung wird der hohe Wert der Familie momentan stark hervorgehoben. In Schulen, in den Massenmedien, in kulturellen Institutionen allgemein gibt es einen klaren Trend zur Idealisierung der Familie als ideelle und materielle Institution in traditionellem Stil. Für die ägyptischen Frauen bedeutet dies, daß ihr Hausfrauen- und Mutterdasein für die weitere Zukunft festgeschrieben zu sein scheint. Die wachsende Verarmung weiter Teile des ägyptischen Mittelstandes führt andererseits dazu, daß mehr und mehr Frauen erwerbstätig werden müssen.

Zur Situation der ägyptischen Frauen

"Ich habe bei ägyptischen Frauen
Gesichter gesehen,
deren schöner und süßer Ausdruck
in keinem anderen Land
seinesgleichen findet."

Edward Lane, Ägyptenreisender des 19. Jahrhunderts

Zu Beginn dieses Kapitels muß mit einem ***Mythos*** aufgeräumt werden, der sich in bezug auf die Geschichte der Ägypterinnen bzw. der Musliminnen allgemein bis zum heutigen Tage in Europa hartnäckig hält. Diesen Vorstellungen zufolge lebten Musliminnen traditionell in *Harems* bzw. in rigider symbolischer und räumlicher Trennung von Männern.

Viele Europäer stellen sich die klassische Orientalin als geheimnisvolles verschleiertes Wesen vor, das abseits des gesellschaftlichen Lebens ihr Dasein fristete und nur mit ihrem Gemahl als ihrem Herren und Gebieter kommunizierte. Allen, die solch ein Bild im Kopf haben, das wesentlich von christlichen Reisenden des 19. Jahrhunderts und später von der Hollywood-Filmindustrie geprägt wurde, sei gesagt, daß die vormoderne Realität der meisten Ägypterinnen mit diesen Vorstellungen nichts zu tun hatte.

Die Korrektur muß als erstes mit der Vorstellung aufräumen, daß historisch die Mehrzahl der ägyptischen Frauen verschleiert war. Es ist ein westlicher Gemeinplatz, daß die ***Verschleierung*** der Frau im Islam vorgeschrieben sei und daß in den vormodernen islamischen Gesellschaften des Nahen und Mittleren Ostens die Mehrzahl der Frauen sich an diese Vorschriften gehalten hätten. Über die Frage, ob die Verschleierung der Frau in den islamischen Schriften vorgeschrieben sei, wird bereits seit langer Zeit eine erbitterte Kontroverse zwischen eher moderaten, reform-islamischen und eher rigiden, fundamentalistischen Gelehrten geführt. Das Problem ist, daß die zu diesem Thema existierenden Koran-Passagen für heutige Leser keine eindeutigen Aussagen enthalten, so daß viele gläubige Musliminnen in Ägypten nach wie vor jegliche Form der Verschleierung ablehnen. Allerdings steigt die Zahl der Ägypterinnen, die den Schleier *(higab)* wählen, seit einigen Jahren beträchtlich (s. Kap. "Islam").

Nun zurück zur Frage, ob denn früher die Mehrzahl der ägyptischen Frauen verschleiert waren. Wie das Quellenstudium von Islamwissenschaftlern und Arabisten gezeigt hat, war es auch in früheren Zeiten lediglich für einen kleinen Anteil der Frauen normal, sich in der Öffentlichkeit zu verschleiern (im Sinne des Anlegens von blickdichter Körperbedeckung und Gesichtsschleier). Man kann davon ausgehen, daß ausschließlich weibliche Mitglieder der Oberklasse bei Verlassen ihrer Gemächer ihren gesamten Körper einschließlich Gesicht mit einem Schleier *(burqa)* bedeckten. Diese Verschleierung der Oberschichtsfrauen erfolgte jedoch nicht nur, um sich vor Männerblicken zu schützen, sondern diente ebenfalls der Betonung ihrer gehobenen sozialen Stellung und ihrer Distanz zu der breiten Mehrzahl der einfachen, d.h. nicht verschleierten Frauen. Man kann also sehen, daß der verschwindend kleine schleiertragende Bevölkerungsanteil (nur wenige Prozent) sich doppelt abgrenzte: einmal von den Männern und einmal von den anderen Frauen.

Des weiteren muß man mit dem Vorurteil aufräumen, daß die Verschleierten nur Musliminnen gewesen seien. Auch wohlhabende Mitglieder der christlichen und jüdischen Gemeinschaften verschleierten sich, sobald sie ihre Residenzen verließen. Es ist in diesem Zusammenhang übrigens interessant zu betonen, daß ähnliche Bekleidungsnormen auch im christlichen Abendland galten. Beim Betrachten von mittelalterlichen oder Renaissancegemälden europäischer Meister kann man sich davon überzeugen, daß auch Christinnen höherer Stände vor einigen Jahrhunderten ihr Haar und ihre Oberarme zu bedecken pflegten und dies also keine spezifisch muslimische Eigenart war.

Dies bedeutet nun andererseits nicht, daß andere Frauen generell in ihren Hauskleidern auf die Straße gingen. Dies geschah sicherlich in früheren Zeiten ebensowenig wie heute. Quellen weisen darauf hin, daß Unterschichts- und Mittelschichtsfrauen aller Religionen sich in der Regel mit einen Umhang bekleideten, bevor sie das Haus verließen. Doch darf man davon ausgehen, daß erwerbstätige Frauen aus praktischen Gründen solche Umhänge nicht tragen konnten und dennoch ihre Tätigkeiten in öffentlichen Räumen verrichten durften.

Bei der Beschreibung des Phänomens Schleier und den damit verbundenen Vorurteilen ging es um Frauen, die sich in öffentlichen gesellschaftlichen Räumen bewegten. Um Mißverständnissen vorzubeugen, folgt ein kurzer Abschnitt zum Verständnis dieser Öffentlichkeiten: Während sich in Dörfern schon aus den dortigen Arbeitsbedingungen heraus eine räumliche ***Trennung der Geschlechter*** nur an wenigen Punkten aufrechterhalten ließ, da sowohl Frauen als auch Männer auf dem Feld zusammenarbeiten mußten, war die Stadt bereits sehr früh ein Umfeld, das sehr stark sozial differenziert war. Das bedeutet, daß hier in stärkerem Maße als im Dorf Reiche und Arme, die verschiedenen Religionsgemeinschaften, die verschiedenen Nationen und auch die Geschlechter räumlich getrennt wurden. Es entstand hier, und dies ist ein zentrales Element von städtischer Kultur, ein geregeltes Neben- und Miteinander von verschiedenen sozialen Akteuren. Eine Dimension dieser Regeln des sozio-kulturellen Miteinanders bestand in der Trennung von geschlechtlich besetzten Räumen. Es muß jedoch betont werden, daß diese Männer- und Frauenräume stets "löchrige" und formbare Konstrukte waren, daß die Grenzen und Zugänge immer wieder ausgehandelt wurden, so daß neben ganz eindeutig männlich und ganz eindeutig weiblich geprägten Räumen oder Handlungsfeldern auch ein ganz breiter Zwischenbereich existiert. Dies wird z.B. durch den Umstand belegt, daß der *Basar* eigentlich männlich besetzt ist, daß aber trotzdem stets auch Händlerinnen in diesem Bereich tätig waren. Die Geschichte Ägyptens zeigt deutlich: Kluge Frauen vermochten hier zu allen Zeiten Allianzen mit Männern zu schließen, die ihnen den Rücken freihielten und die ihnen ermöglichten, Opponenten abzuwehren. Wenn man in bezug auf vormoderne islamische Gesellschaften von Öffentlichkeit spricht, dann sind die eben kurz skizzierten Räume bzw. Umgebungen gemeint, die jeweils unterschiedlich strukturiert und Gegenstand von unterschiedlichen Normen waren. Ein Teil dieser Normen bezog sich auf die Geschlechter, doch sollte man nicht annehmen, daß dem Individuum hier keine Aushandlungschancen gegeben waren.

Die im folgenden stattfindende Darstellung der Situation ägyptischer Frauen soll historisch verankert werden, um die heute existierenden Problemlagen und Lebensstile besser verstehen zu können.

Die Folgen der einsetzenden Modernisierung

Während der turbulenten politischen Geschichte Ägyptens hatte sich im Laufe der Jahrhunderte in bezug auf die gesellschaftliche Lage der Frauen nicht viel Wesentliches verändert. Dies geschah erst im Zuge der ***Kolonisierung*** des Landes durch Großbritannien 1881 und der in den folgenden Jahrzehnten einsetzenden ägyptischen Nationalbewegung. Nachdem die französische Invasion Ägyptens 1798 die gebildeten Stände des Landes aufgerührt und ein starkes Interesse an den europäischen Gesellschaften hervorgerufen hatte, was von dem mächtigen Herrscher des Landes, *Mohammed 'Ali Pascha,* im 19. Jahrhundert verwaltungsmäßig kanalisiert wurde, schnitten die Folgen der britischen Kolonisierung des Landes weit tiefer in das gesellschaftliche Leben des Landes ein. Die Briten, die sich anders als die Franzosen etliche Jahrzehnte im Lande etablierten, konfrontierten die Ägypter auf vielen gesellschaftlichen Ebenen mit ihrer Überlegenheit als Kolonisatoren. Infolge der vielschichtigen Kommunikation von Kolonisatoren und Kolonisierten faßten europäische Ideen und Institutionen im Lande mehr und mehr Fuß. Neben einer breiten wirtschaftlichen Verflechtung erfolgte auch eine kulturelle Auseinandersetzung vor allem der Ober- und Obere-Mittelschichtsägypter mit Europa. Eine der zentralen Ideen, welche aus dieser Kommunikation hervorging, ist die ägyptische Nation.

Einer der bedeutendsten Vordenker des bürgerlichen ***ägyptischen Feminismus*** war *Qasim Amin,* dessen um die Jahrhundertwende verfaßten emanzipatorischen Bücher zu diesem Zeitpunkt eine kleine Zahl gebildeter Männer und Frauen in den Städten des Landes erreichten. Der gläubige Muslim *Amin,* dem daran gelegen war, daß die islamische Zivilisation ihren einstigen hervorragenden Stellenwert zurückerlange, sah als einzige Möglichkeit für diese Entwicklung ihre konsequente Modernisierung. Konkret bezog *Amin* sich auf Ägypten, dessen Status als kolonisiertes Land er als beklagenswert empfand. Der Weg aus dem Dilemma bestand nach Meinung *Amins* in der Stärkung der ägyptischen Nation. Diese, und hier kamen die Frauen ins Spiel, bedurfte der Anstrengungen sowohl von Männern als auch auch von Frauen. In diesem Zusammenhang plädierte der Erneuerer *Amin* dafür, daß Frauen sich stärker als bisher am gesellschaftlichen Leben beteiligen müßten, um das nationale Ziel zu erreichen.

Mit seinen provokanten Schriften erregte der Nonkonformist den Unwillen der mächtigen nationalen Führer *Mustafa Kamel, Talaat Harb* und *Farid Wagdi,* welche im Grunde eine ägyptische Nation der Männer verwirklichen wollten, die weibliche Teilnehmer nicht einschloß.

Unerwarteten Beistand fand *Amin* 1907 bei *Malak Hifni Nasif* (1886-1918), die eine der wenigen formal gebildeten Frauen im Lande war. Die rührige Autorin, die Kontakte zu anderen gebildeten Frauen aufrecht erhielt, verfaßte 1910 einen Band *"Frauenthemen",* der nicht unkritisch, aber grundsätzlich positiv auf *Amins* Ansatz einging. Als ein wenig später *Ahmad Lutfi el-Sayyid,* der Vorsitzende der *Umma-Partei* das Emanzipationsvorhaben zumindest in moderaten Ansätzen unterstützte, war zumindest ein Diskussionsforum für frauenemanzipatorische Ideen geschaffen.

Mit den Ereignissen von 1919, als die ägyptische Nationalbewegung ihre ersten Erfolge errang, erfolgte auch die Dynamisierung der Frauenbewegung im Lande. Die meisten der neuen nationalen Führer im Lande hatten in Europa studiert und konnten sich deshalb schon eher mit Gesellschaftsentwürfen identifizieren, in denen Frauen gleichberechtigte Teilnahme zumindest formal eingeräumt wurde. Die neue Nationalbewegung, *wafd* genannt, war in den Jahren zwischen den beiden Weltkriegen das Forum, auf dem ägyptischen Frauen Gelegenheit gegeben wurde, sich politisch zu engagieren. Da die *Wafd* ein Zusammenschluß aus verschiedenen Segmenten der ägyptischen Oberschicht war, stammten auch die in ihr aktiven Frauen aus diesen Kreisen.

Während dieser Phase trat eine schillernde Persönlichkeit in die ägyptische Öffentlichkeit, welche fortan eine bedeutende Rolle in der ägyptischen Frauenemanzipation spielte. Es ist die Rede von *Huda Sharawi.* Die enge Freundschaft der jungverheirateten *Huda* mit der Französin *Eugenie Le Brun* während einer Ehekrise von *Sharawi* prägte das Denken und Handeln der ambitionierten jungen Ägypterin nachhaltig. Als *Eugenie* in KAIRO den ersten ***Frauensalon*** gründet, ist *Huda* dabei und beginnt, sich mit der Situation der Frauen im Land kritisch auseinanderzusetzen. Das Jahr 1908 war für *Huda Sharawi* ein wichtiger Wendepunkt in ihrem Leben. Als die politischen Gegenspieler *Qasim Amin* und *Mustafa Kamil* sowie ihre Freundin *Eugenie* starben, beschloß *Sharawi,* ihr weiteres Leben dem Kampf um weibliche Gleichberechtigung zu widmen. Sie organisierte fortan öffentliche Vorlesungen und Seminare zur Frauenfrage; auch war sie eines der Gründungsmitglieder der *Association Intellectuelles des Dames Egyptiennes.* Der Titel ihrer Antrittsvorlesung lautete: Worin kann und soll die Rolle der ägyptischen Frau in den sozialen und nationalen Aktivitäten bestehen? In den folgenden Jahren trat *Sharawi* vehement dafür ein, Frauen aktiv an der Lösung sozialer Probleme zu beteiligen, anstatt sie weiterhin ins gesellschaftliche Abseits zu stellen. Als ein zentrales Feld für weibliche Aktivitäten sah *Sharawi* den Wohlfahrtsbereich.

Auch mischte *Sharawi* aktiv im politischen Leben mit: In der "heißen Phase" der Nationalbewegung nach dem Ende des Ersten Weltkrieges organisierte sie etliche ***Frauendemonstrationen.*** An diesen waren zwischen 150 und 500 ganz in schwarz gekleidete Oberschichtsdamen beteiligt, die Spruchbänder und Fahnen mit sich führend zu den Botschaften Frankreichs, Italiens und der USA marschierten, um dort gegen die britische Kolonialherrschaft zu protestieren. Diese Demonstrationen erregten den Unmut der britischen Besatzer, welche kaum in der Lage waren, gegen den Damenprotest etwas zu unternehmen. So war es für die englischen Gentlemen völlig undenkbar, die führenden Damen der ägyptischen Gesellschaft ins Gefängnis zu sperren. Nach dem großen Erfolg der Oberschichtsdamen schlossen sich nach und nach auch andere Frauen der Bewegung an. Vor allem die KAIROER Schauspielerinnen mischten sich in das Geschehen ein, indem sie, nationalistische Parolen skandierend, in offenen Kutschen durch die Stadt fuhren. Eine der bekanntesten Frauenpersönlichkeiten aus dieser Gruppe war *Rose el-Yusif,* die einige Zeit später eines der bekanntesten ägyptischen Journale gründete.

Am 12. Januar 1920 wurde das ***Wafdistische Frauen Zentralkommittee*** gegründet, dem *Huda Sharawi* vorstand. Es entwickelte sich in den folgenden turbulenten Jahren zu einem wichtigen Organ ägyptischen Widerstands gegen die Kolonialherrschaft. Nach einer Verschärfung der Situation zwischen der ägyptischen und der britischen Seite etwa organisierte das Kommittee einen Boykott britischer Waren und Banken. In den Boykott eingeschlossen waren auch persönliche Kontakte zu britischen Funktionsträgern in Ägypten. Zeitgleich wurden die ersten weiblichen Wohlfahrtsgesellschaften gegründet, welche die Verbreitung nationalistischer Ideologie mit sozialer Problemlösung kombinierten.

Da der Protest allmählich mehr und mehr Felder der ägyptischen Gesellschaft ergriff, lenkten die Briten schließlich ein. Am 28. Februar 1922 erklärten sie Ägyptens Unabhängigkeit. Etwa zwei Jahre später wurden Wahlen durchgeführt, in denen die *Wafd-Partei* eine überwältigende Mehrheit errang. Die neue Verfassung allerdings hielt für die Frauen eine unangenehme Überraschung bereit. Während sie Seite an Seite mit den Männern den Nationalstaat hatten durchsetzen können, enthielt ihnen die neue Verfassung das ***Wahlrecht*** vor. Die Enttäuschung wurde noch größer, als Frauen der Besucherstatus im Parlament verwehrt und hierdurch das Parlament zur exklusiven Männersache gemacht wurde.

Doch ließen *Huda Sharawi* und ihre Mitstreiterinnen sich nicht mehr völlig aus der politischen Szenerie herausdrängen. Im März 1923 gründete die unermüdliche *Sharawi* die ***Ägyptische Feministische Union (EFU),*** welche ausschließlich die Belange von Frauen verfolgte und welche auch die ehemaligen männlichen Mitstreiter einer heftigen Kritik unterzog. Eine Serie von Frauenaktionen vor dem Parlament (sie durften ja nicht hinein) gipfelte mit einem Artikel in der Tageszeitung *el-Akhbar,* in dem *Sharawi* den *Wafdi*-Führer *Saad Zaghlul* aufs heftigste kritisierte und der das Ende von *Sharawis* Engagement innerhalb der *Wafd*-Partei bedeutete.

In den folgenden Jahrzehnten verlagerten die ägyptischen Feministinnen ihre Aktivitäten in den Bereich der Reform bzw. die Erneuerung der Gesellschaft. Daß diese Zielsetzung erfolgreich war, belegt der Umstand, daß die *Egyptian Feminist Union* 1929 250 aktive Mitglieder hatte. Da die Mitglieder meist sehr vermögend waren, verfügte die EFU über beträchtliche finanzielle Mittel, um ihre ***Wohlfahrtsaktivitäten*** zu finanzieren. Im realpolitischen Zentrum standen vor allem die Verbesserung der Bildungsmöglichkeiten für Frauen, Veränderungen des Rechtsstatus von Frauen und die Erlangung des Wahlrechts für Frauen. Während die EFU in den 20er Jahren erfolgreich die (limitierte) Öffnung der höheren Bildungsinstitute für Frauen durchsetzte, gelang es ihr nicht, den Rechtsstatus der Frauen auf eine neue Grundlage zu stellen. Frauen blieben nach einer Rechtsreform 1929 weiterhin rechtlich von ihren Männern abhängig. Auch die Polygamie, das Männer begünstigende Scheidungs- und Erbschaftsrecht und die Institution der *biat el-ta'a* (Gehorsamshäuser) für ungehorsame Frauen blieben trotz Frauenprotests erhalten.

Die Programmatik der neuen Frau in einer erneuerten Gesellschaft wurde auch durch einen neuen Trend in der ***Bekleidung der Frauen*** zum Ausdruck gebracht. Als *Huda Sharawi* 1923 von der *Neunten Frauenwahlrechtskonferenz* in Rom unverschleiert zurückkehrte, setzte sie ein Signal, das nach und nach Schule machte. Die Bedeutung dieses Schritts hatte *Sharawi* in folgendem Kommentar ausgedrückt: "Der Schleier stellt trotz seiner Leichtigkeit

Die Zahl der Ägypterinnen, die den Schleier *(higab)* tragen, steigt seit einigen Jahren beträchtlich.

das ernsthafteste Hindernis bei der Partizipation von Frauen im öffentlichen Leben dar."

Der bedeutendste Beitrag der EFU jedoch lag in ihren Wohlfahrtsaktivitäten, die im Laufe der Jahre immense Dimensionen annahmen. So zählte man zu Beginn der 50er Jahre 156 ***Frauenwohlfahrtsorganisationen,*** die Millionen von Klienten bzw. Patienten versorgten. Die Organisationen operierten in Bereichen, in die der Staat bis dato nicht vorgedrungen war. Die Aktivitäten umfaßten ein breites Spektrum an Gesundheits-, Bildungs- und Ernährungsmaßnahmen. Man kann sie mit Recht als die Keimzelle des ägyptischen Wohlfahrtsstaats bezeichnen.

Die Rolle der Frauen im nasseristischen Ägypten

Nach der im Jahr 1952 stattfindenden Revolution der "Freien Offiziere" wurde die Frauenfrage Teil einer nationalen Strategie für sozioökonomische Entwicklung und zum zentralen Gegenstand staatlicher Ideologie. 1962 wurde die Frauenfrage Gegenstand einer Nationalen Erklärung, deren zentrale Passage lautet: "Frauen müssen von Männern als gleichwertig betrachtet werden. Aus diesem Grund müssen bestehende Hindernisse, welche ihre Bewegungsfreiheit einengen, überwunden werden, so daß Frauen eine konstruktive Rolle bei der Gestaltung des Lebens in unserem Lande spielen können."

In Übereinstimmung mit diesem Grundsatz erließ die Regierung in den folgenden Jahren eine Reihe von Gesetzen, welche die praktische Umsetzung der Frauenemanzipation sicherstellen sollten. So wurde gesetzlich eine sechsjährige ***Schulpflicht*** für Jungen und Mädchen verankert. Die Schulerziehung war kostenlos und sollte damit offen für alle sozialen Schichten sein. Auch wurden im Personen- und Arbeitsrecht die Grundlagen für die Teilnahme von Frauen sichergestellt. Die ägyptischen Frauen erhielten während dieser Zeit Rechte, die sie niemals zuvor besessen hatten.

Die ***neuen Verhältnisse*** hatten nachhaltigen Einfluß auf das Leben in der ägyptischen Gesellschaft. Während vor dieser Zeit nur Oberschichtsfrauen in den Genuß von Erziehung hatten kommen können, öffneten sich nun die Pforten zu Oberschulen und Universitäten auch für Frauen der Mittel- und Unterschicht. Damit bot sich eine Chance, die nach einer ersten Phase von Skepsis und Umdenken von vielen hunderttausend Frauen in Anspruch genommen wurde. Durch den neuen Stellenwert von Erziehung und ***Bildung*** auch im weiblichen Lebensplan veränderte sich die weibliche Normalbiographie während der 60er und 70er Jahre ganz einschneidend. Während Mädchen und junge Frauen vor dieser Zeit als Haushaltshilfe ihrer Mütter fungiert hatten und möglichst jung verheiratet wurden (wobei sie meistens nur geringen Einfluß auf die Auswahl des Ehemannes hatten), veränderte sich

Ägyptische Frauen

dieses Muster nun grundlegend. Nachdem eine rapide wachsende Zahl junger Frauen beginnt, höhere Bildungsinstitutionen zu besuchen, beginnt das Heiratsalter anzusteigen. Es wird vor allem in der Mittelschicht normal, erst nach der Beendigung der Ausbildung zu heiraten. Da die höheren Bildungsinstitute von beiden Geschlechtern besucht werden, können hier Bekanntschaften zwischen Männern und Frauen geknüpft werden, die in vielen Fällen in eine Heirat einmünden.

Auch verändert sich die gesellschaftliche Einstellung zur ***Frauenerwerbstätigkeit,*** die nunmehr mit Sozialprestige belegt wird. Die "neue ägyptische Frau" darf und soll ihren Beitrag zu einer modernen ägyptischen Industriegesellschaft geben. Sie kann dies als Ingenieurin, als Ärztin, als Lehrerin oder als Verwaltungsangestellte tun. In einer Reihe von staatlichen Initiativen wird Fauenerwerbstätigkeit nachhaltig gefördert.

Auch im Bereich der ***politischen Rechte*** verändert sich die Situation für ägyptische Frauen während der *Nasser*-Ära. Seit 1956 dürfen Frauen wählen und als Abgeordnete gewählt werden. Allerdings brauchte es einige Zeit, bis sich die Frauenbeteiligung im politischen Feld etablierte. Sowohl die Zahl der wählenden Frauen wie auch die der weiblichen Abgeordneten steigt erst langsam an.

Die Reformen des Nasseristischen Regimes führten dazu, daß eine wachsende Zahl von Frauen in den modernen staatlichen Sektor integriert wurde, andererseits gelang es bei weitem nicht, alle sozialen Schichten in den Modernisierungsprozeß zu integrieren. Während sich besonders in der Stadt soziale Normen und auch der Lebensstil von Frauen deutlich veränderte, wandelte sich das Leben ***auf dem Land*** nicht in gleicher Weise. Trotz der allgemeinen Schulpflicht sind hier bis zum heutigen Tage viele Frauen (man schätzt zwischen einem Drittel und der Hälfte) Analphabeten. Das Heiratsalter ist hier nach wie vor niedrig, die durchschnittliche Kinderzahl etwa doppelt so hoch wie bei gebildeten Frauen in der Stadt (Verhältnis von etwa 6:3). Auch die Polygamie ist auf dem Land nach wie vor weit verbreitet. Durch die nasseristischen Reformen wurden nicht alle sozialen Schichten in gleichem Maße erreicht, es wurden auch neue soziale Gräben aufgeworfen.

Die Auswirkungen der wirtschaftlichen Öffnung - Die gegenwärtige Situation der ägyptischen Frauen

Nach dem politischen und wirtschaftlichen Kurswechsel vom Arabischen Sozialismus zur Politik der wirtschaftlichn Öffnung *Infitah* veränderte sich auch die Situation der Frauen. Mit dem Rückzug des Staates als Motor gesellschaftlicher Modernisierung übernahmen private Institutionen viele der einst vom Staat besetzten Funktionen. Auch wurde die monolithische Modernisierungsideologie à la *Nasser* nicht weiter propagiert. *Nassers* Nachfolger *Sadat* war ein Traditionalist, der sich bald nach Amtsantritt mit der religiösen Orthodoxie des Landes verbündete, um die linken Kräfte des Landes zu entmachten. Da *Sadat* es sich weder mit den neuen westlichen Partnern noch mit den an Einfluß gewinnenden Saudis verderben wollte, betrieb er einen "Zickzackkurs", der sowohl westlich orientierte Positionen wie auch islamistische unterstützte.

Die neue sozio-politische Mixtur hat gravierende Auswirkungen auf die Situation der ägyptischen Frauen, die, nachdem sie ihren mächtigen Mentor, den nasseristischen Staat, verloren haben, mit einem ***Neokonservatismus*** in Politik und Kultur konfrontiert sind, der weibliches Engagement in öffentlichen gesellschaftlichen Bereichen erschwert. Nach einer jahrelangen konservativen Pressekampagne, in der die weibliche Erwerbstätigkeit moralisch an den Pranger gestellt worden ist, wird es für Frauen zunehmend schwieriger, ihren Anspruch auf eine Arbeitsstelle praktisch geltend zu machen. Angesichts der hohen Akademikerarbeitslosigkeit sinken die Chancen von Frauen, einen Arbeitsplatz zu bekommen. In zunehmendem Maße rücken Hausfrauen- und Mutterpflichten ins Zentrum der gesellschaftlichen Bestimmung weiblichen Lebens. Unübersehbar deutlich ist der wachsende Einfluß von islamisch-fundamentalistischen Ansätzen, die Männer und Frauen als komplementäre Naturen begreifen und die daraus komplementäre Lebensentwürfe für die beiden Geschlechter ableiten. Während der Mann für das Einkommen sorgen soll, ist es die Aufgabe der Frauen, Haushalt und Familie zu versorgen und für eine harmonische Atmosphäre zu sorgen.

Während die ägyptische Mittelschicht stark unter dem Einfluß der islamistischen Entwürfe steht, orientieren sich die Mitglieder der ***Oberschicht*** meist an westlichen Lebensentwürfen. In neu entstandenen Fastfood-Restaurants, Kinos, Diskotheken und Clubs tummeln sich die Sprosse der wohlhabenden Familien, die sich eher mit westlichen Jugendidolen wie Michael Jackson, Arnold Schwarzenegger, Madonna u.a. identifizieren als mit religiösen Heroen. Die meisten von ihnen sind per Satellitenschüssel an die postmoderne MTV-Welt angeschlossen. Die jungen Frauen aus diesem Umfeld sind nicht mit den Schwierigkeiten der jungen Mittelschichtsfrauen konfrontiert, denn sie haben Aussichten, eine Stelle zu bekommen, da ihre Familien über Beziehungen verfügen. Doch ist dies keineswegs ein Grund zum Jubeln, denn bei vielen solcher Stellen handelt es sich um repräsentative Aufgaben, die eher Fotomodellqualitäten als intellektuelle Fähigkeiten voraussetzen. Frauenstereotypen, die sich in Berufsbildern niederschlagen wie die attraktive Vorzimmerdame, Sekretärin und Verkäuferin in einer Boutique belegen, daß im marktwirtschaftlichen Bereich die Frauenemanzipation der 60er nicht fortgesetzt, sondern leise abgebaut wird. Klar sind hier Frauen vertreten, aber selten in Chefpositionen!

Verschleierte Mädchen vor den Hochhäusern Kairos

Auch rechtlich sieht die Situation der Frauen gegenwärtig nicht gerade rosig aus. Nach einer ***Revision des Personalstatus-Rechts von Frauen*** 1985, in dem vor allem das Scheidungsrecht zugunsten der Männer verändert wurde, stehen die öffentlichen Zeichen auf Islamismus und Neokonservatismus. Es sieht nicht so aus, als wenn der religiöse Trend in den nächsten Jahren von konkurrierenden kulturellen Strömungen als maßgeblicher gesellschaftlicher Trend abgelöst werden würde. Das Erbe *Huda Sharawis* ist zwar immer noch Pflichtlektüre im Unterricht der Schulen des Landes, die kritischen Anmerkungen jedoch werden immer lauter.

Der Islam
– Vielheit in der Einheit

Das Minarett der Ibn-Tulun-Moschee in Kairo

"Wer das Gute
in seiner eigenen Religion nicht findet,
wird es auch
in anderen Religionen nicht finden."

Arabisches Sprichwort

Die Geschichte des Islam

Der Islam entstand auf der Arabischen Halbinsel in den ersten Jahrzehnten des 7. Jahrhunderts n. Chr. MEKKA war zu dieser Zeit ein bedeutender Umschlagplatz an der Handelsstraße, die von Südarabien zum "Fruchtbaren Halbmond" führte und in GAZA das Mittelmeer erreichte. Die Stadt wurde von dem Stamm der Quraisch beherrscht. Während dieser Zeit war das Christentum auf der Arabischen Halbinsel kaum verbreitet, das Judentum hingegen an etlichen Orten, so zum Beispiel dem 300 km nördlich von MEKKA gelegenen MEDINA.

Mohammed wurde um 570 in MEKKA als Mitglied der Familie *Haschim,* einem verarmten Zweig der in der Stadt mächtigen *Quraisch,* geboren. Da sein Vater kurz vor seiner Geburt gestorben war, wurde das Kind einem Onkel übergeben, der sich um seine Erziehung kümmerte. Als Jüngling trat *Mohammed* dann in die Dienste der reichen Witwe *Khadiga,* Inhaberin eines Handelshauses. Später heirateten die beiden. Aus der Ehe ging *Fatima,* das einzige Kind hervor, das den Propheten überlebte und aus deren Ehe die Söhne *Hassan* und *Hussein* stammten. Diese gelten als die Stammväter der heute zahlreichen *Saiyids* oder *Scherifen,* die ihre Genealogie auf den Gründer des Islams zurückführen.

Zunächst als Angestellter, dann als Gemahl *Khadigas* lernte *Mohammed* auf Reisen die angrenzenden Kulturen kennen. Es existieren Überlieferungen, denen zufolge *Mohammed* während einer dieser Reisen den christlichen Mönch *Bahira* kennenlernte und sich von ihm religiös unterrichten ließ. Sicher ist, daß *Mohammed* von früher Jugend an ein Gottsucher war, der sich einmal jährlich auf den Berg HIRA' in der Nähe von MEKKA zurückgezogen haben soll, um dort asketische Übungen zu vollziehen. Damit wurde *Mohammed* zum *Hanifen,* d.h. derjenigen Gruppe, die sich vom Polytheismus (Vielgötterei) abgewandt hatte, ohne sich andererseits dem Juden- oder Christentum zuzuwenden. Auf dem Berg HIRA' soll *Mohammed* auch seine Erleuchtung erfahren haben.

Die Botschaft *Mohammeds* war die religiöse Offenbarung Gottes an die Araber. Inhaltlich schließt der Koran in seinen wesentlichen Punkten an das Alte Testament an, da auch er der Vielgötterei den Glauben an den einen Gott entgegenstellt. Parallelen zum Neuen Testament bestehen in der Lehre vom Letzten Gericht und den letzten Dingen. Anders als das Christentum jedoch lehnt der Islam die Erlösung durch das Kreuz und die darauf basierende Heilsökonomie ab. Erlösung geschieht durch die Offenbarung Gottes, der den Menschen den Weg zum Heil zeigt.

In MEKKA stieß *Mohammeds* neue Lehre bei der reichen Kaufmannschaft auf großen Widerstand, da diese befürchte, der Islam werde den Untergang des (bereits vor der Zeit des Islam bestehenden) Heiligtums Kaba und somit den Untergang der Stadt herbeiführen. Somit beschränkte sich die Anhängerschaft des Propheten zunächst auf den engen Kreis seiner Verwandten. Als erste Muslima gilt seine Frau *Khadiga.*

Wegen der wachsenden Gegnerschaft in MEKKA sah *Mohammed* sich gezwungen, außerhalb der Stadt Hilfe zu suchen. So nahm er Verhandlungen mit der MEKKA benachbarten Ortschaft *Taif* auf. Als alle Verhandlungen kein fruchtbares Ergebnis bezüglich der friedlichen Koexistenz von Muslims und Nichtmuslims brachten, verließen *Mohammed* und seine Anhänger im Sommer 622 fluchtartig die Heimatstadt, um sich in MEDINA niederzulassen. Mit der Übersiedlung nach MEDINA, von den Muslimen fortan als *hidschra* bezeichnet und später zum Beginn einer neuen Zeitrechnung erhoben, begann eine neue Phase im Leben der muslimischen Gemeinde. In MEDINA festigte *Mohammed* die Gemeinde und begann zeitgleich den Kampf gegen MEKKA. Leitmotiv war die starke Fokussierung der *Kaba* als islamisches Heiligtum. In den folgenden Jahren kam es zu mehreren Schlachten zwischen beiden Parteien, die schließlich mit dem Sieg der Muslims endeten. Im Jahr 630 fiel MEKKA ohne Kampf dem Islam zu, *Mohammed* zerstörte eigenhändig die in der KAABA aufgestellten Götzenbilder und weihte das Heiligtum dem Islam.

Die fünf Säulen des Islam

Die islamische Pflichtenlehre, auch Gottesdienstliche Handlungen *('ibadat)* genannt, umfaßt folgende Komponenten, die auch als die fünf Säulen des Islam bezeichnet werden.

1. Das Glaubensbekenntnis (*schahada)*
2. Das Pflichtgebet *(salat),* fünfmal am Tag zu entrichten
3. Das Fasten im Monat Ramadan *(saum)*
   Zu den Besonderheiten einer Ägyptenreise während des Monats Ramadan, siehe Kapitel "Essen und Trinken"
4. Die Armensteuer *(zakat)*
5. Die Pilgerfahrt nach MEKKA *(hadsch),* die jeder Muslim wenigstens einmal in seinem Leben vollziehen soll.

Die Speisegesetze, unter denen das Verbot von Wein und Schweinefleisch besonders wichtig ist, sind Teil der Vorschriften ritueller Reinheit.

(siehe auch Kapitel "Essen und Trinken")

Ebenfalls im Koran verboten ist das Erheben von Zinsen.

Neben dem Koran, der den Muslims als Gottes Wort gilt, welches durch den Mund des Propheten irdische Existenz erlangt, existieren als wichtige Schriften auch die *hadith,* d.h. die später niedergeschriebenen mündlichen Überlieferungen über das Leben des Propheten.

Das islamische Recht *(scharia)*

Die *Scharia* (Weg), Pflichtenlehre und religiöses Recht des Islams umfaßt die kulturellen Pflichten (s. oben), die ethischen Normen wie auch die Rechtsgrundsätze für alle Lebensbereiche, u.a. Ehe, Erbschaft, Vermögen, Wirtschaft, innere und äußere Sicherheit der Gemeinschaft der Muslime. Sie ist aus der systematisierenden Arbeit islamischer Gelehrter des 7. bis 10. Jahrhunderts hervorgegangen und beruht in erster Linie auf dem Koran, ergänzt durch die *sunna* (normativ vorbildliches Handeln des Propheten *Mohammed*). Die *Scharia* stellt kein kodifiziertes Gesetzeswerk dar, sondern enthält nach muslimischer Auffassung die Vorschriften der gottgewollten Ordnung. Im sunnitischen Islam gilt die *Scharia* seit dem 11. Jahrhundert als abgeschlossen. Seither werden vier Schulrichtungen, die der Hanbaliten, Malikiten, Schafiten und Hanefiten, als rechtgläubig anerkannt, deren Auffassungen weitgehend übereinstimmen.

Die Errichtung des Islamischen Großreichs

Mohammed starb am 8. Juni 632 im Alter von 63 Jahren und wurde in seiner Hütte an der Stelle begraben, wo sich jetzt in der Moschee des Propheten sein Grab befindet. Da er keine Nachfolgeregelung getroffen hatte, brach alsbald ein Streit darüber aus, wer zukünftig die Muslime anführen sollte. Aus den Rivalitäten mit der Partei der leiblichen Nachkommen *Mohammeds* ging schließlich *'Abu Bakr*, seit langem ein treuer Freund und Begleiter *Mohammeds*, als Sieger hervor, der das Werk *Mohammeds* fortführte. Nach seinem Tod trat *Omar Ibn-el-Khattab* seine Nachfolge an. Unter der Führung des schlauen Feldherrn, dem der Titel "Fürst der Gläubigen" *(amir el-mu'minin)* verliehen wurde, breitete sich das junge muslimische Reich in rasantem Tempo aus. Auch Äypten wurde unter Fürst *Omar* erobert.

Mehr als zwei Jahrzehnte nach dem Tode des Fürsten im Jahr 644 lief die erste islamische Eroberungswelle mit der Eroberung Persiens und einem Vorstoß nach Nordafrika aus. Der neue Kalif (Nachfolger des Propheten), *Uthman,* war nicht der Mann, der einen neuen Vorstoß wagen würde. Ihm war eher daran gelegen, den Reichtum seiner Familie zu mehren, die er mit einträglichen Statthalterposten ausstattete. Diese Situation provozierte schwere innere Spannungen unter den islamischen Führern, die nach fehlgeschlagenen Verhandlungen mit ihrem Oberhaupt in Uthmans Haus eindrangen und ihn ermordeten. Der Mord am Kalifen blieb nicht folgenlos. Zum neuen Kalifen wurde *'Ali,* der Schwiegersohn des Propheten, gewählt, der nach etlichen Schlachten gegen die Anhänger seines Vorgängers *Uthman* im Jahr 661 ebenfalls eines gewaltsamen Todes starb.

Nach *'Alis* Ermordung war der Weg für *Mu'awiya* und die Omayaden frei. Diese wählten KUFA in Syrien als ihre Residenz und regierten von hier aus das islamische Großreich, das im 8. und 9. Jahrhundert in mehreren Vorstößen gen Europa beachtliche Erfolge erzielen konnte.

Auf die Omayyaden folgten die aus dem Irak stammenden Abbasiden als Herrscher des islamischen Reiches. Sie wählten BAGDAD zu ihrer Hauptstadt. Ihr Reich hatte mittlerweile eine Größe erreicht, die die Verselbständigung einzelner Teilbereiche unausweichlich machte. So übernahmen in Ägypten im 9. Jahrhundert die Tuluniden die Herrschaft.

Gefahr drohte dem Abbasidenreich von Westen, wo eine schiitische islamische Minderheit eine kampffähige Armee aufbaute. Die Aufständler nannten sich nach der Tochter des Propheten Fatimiden. Im Jahr 969 schließlich gelang den Fatimiden die Eroberung KAIROS, welche von ihnen als Hauptstadt neben dem bereits bestehenden Fustad aufgebaut wurde (s. Kapitel "Geschichte"). Ein bleibendes Denkmal haben sich die Famitimiden mit der El-Azhar-Universität (die Leuchtende) gesetzt, die heute noch eine der bedeutendsten islamischen Lehranstalten beherbergt.

Im Jahr 1169 stürzten dann die Aiyubiden, eine aus Kurdistan stammende und nun in KAIRO seßhafte Familie von Kriegern, die schiitischen Fatimiden. Der berühmte *Salah ed-Din (Saladin)* war sunnitischer Muslim und sorgte schnell für die Wiedererlangung der Vormachtstellung des sunnitischen Islam in weiten Teilen des Nahen und Mittleren Ostens. Die Aiyubidenherrschaft war jedoch nicht von langer Dauer, denn im Jahr 1250 übernahmen von ihnen gekaufte Sklaven meist türkischer Herkunft, Mamluken genannt, die Herrschaft über große Teile des islamischen Reichs. Die Kriegerkaste konnte ihre Herrschaft mehrere Jahrhunderte aufrechterhalten.

Ein neues Kapitel islamischer Geschichte wurde geschrieben, als 1517 die Osmanen KAIRO eroberten und damit eine mehr als 200jährige Eroberungsgeschichte krönten. Die Osmanen, die seit 1516 Mesopotamien, Syrien, Palästina, Ägypten und die Arabische Halbinsel mit den islamischen Heiligtümern eroberten, markierten damit ihre Vormachtstellung in der Region. Diese hielt bis zu *Napoleons* Eroberung Ägyptens an, welche einen tiefen Einschnitt in die bis dato so erfolgreiche Geschichte des Islams darstellte.

Der islamische Modernismus in Ägypten

Die Konfrontation mit den übermächtigen europäischen Nationen während des 19. Jahrhunderts hatte starken Einfluß auf den Islam, dessen Gelehrte bis dato aus einer Perspektive der Überlegenheit zu denken und schreiben gewohnt waren. Mit zunehmender Überlegenheit der bis dato als rückständig geltenden Europäer in militärischer und wirtschaftlicher Hinsicht, wurde auf beiden Seiten eine Diskussion um das Verhältnis der beiden

Zivilisationen, Okzident und Orient entfacht, die bis heute anhält. Besonders der ägyptische Herrscher *Mohammed 'Ali Pascha* (1769- 1848) förderte die aktive Auseinandersetzung islamischer Gelehrter mit ihren westlichen Kollegen. Um in der internationalen Konkurrenz nicht den Anschluß zu verlieren, setzte der kluge Feldherr und Politiker auf die positive Wirkung von moderner Technik, die er in großem Stil nach Ägypten importierte. In gleichem Zuge reformierte *'Ali* das ägyptische Bildungssystem, das er um europäische Institute ergänzte.

Mit der Offensive des politischen Herrschers wurde in Ägypten gesamtgesellschaftlich eine um Islam und Modernität kursierende Debatte angeregt, die mit dem islamischen Modernismus oder Reformislam eine neue Richtung innerhalb des Islam hervorbrachte. Die Hauptvertreter dieser Richtung sind *Jamal Ad-Din El-Afghani* (1838-1897), der, nachdem er 1870 nach KAIRO gekommen war, aktiv eine pan-islamische Lehre entwickelte, welche den Zusammenhalt der islamischen Welt als wichtigstes Ziel verfolgte. Den technischen Neuerungen des Westens gegenüber aufgeschlossen, den kulturellen Neuerungen gegenüber ablehnend, wollten *Afghani* und seine mehr als 300 Anhänger den Stand der islamischen Welt in der globalen Arena verbessern.

Dieses Reformwerk wurde nach dem Tode *Afghanis* von seinem Schüler *Mohammed 'Abdu* (1849-1905) fortgesetzt, der jedoch stärkere modernistische Akzente setzte als sein Lehrer. So unternahm *'Abdu* 1889 Anstrengungen zur Reformierung des islamischen Rechtswesens und zur Umstrukturierung der aus dem Mittelalter stammenden und seitdem unveränderten El-Azhar-Universität. *'Abdus* zahlreiche Verdienste wurden 1899 schließlich mit seiner Ernennung zum Mufti (höchster islamischer Würdenträger) des Landes geehrt. *'Abdus* Hauptüberzeugung bestand in seinem Bekenntnis zu Modernität im Sinne von Effektivität und Rationalität unter Bewahrung der sozio-religiösen Traditionen des islamischen Kontextes. Sein Lebenswerk inspirierte viele ägyptische Autoren wie *Qasim 'Amin, Taha Hussein* und *'Ali Abdal Rizzik.*

Die von *el-Afghani* und *'Abdu* begründete reformistische Strömung im Islam erlebte ihre Hochzeit während des Nasserregimes, das von Anfang an säkularistisch orientiert war und demzufolge für eine Trennung von Religion und Politik (Laizismus) eintrat. Es war den “Freien Offizieren” auch klar, daß sie, um Politik nach ihrem Geschmack realisieren zu können, den Einfluß des weit verästelten und auf vielen Ebenen einflußreichen religiösen Establishments zurückdrängen mußten. So geschah es auch. In mehreren Schüben wurde das religiöse Establishment nach und nach seiner Befugnisse und seiner Besitzungen enthoben. Wichtigste Maßnahme: Die riesigen Ländereien in Besitz der islamischen Orthodoxie *(waqf)* wurden dem gleichnamigen Ministerium unterstellt, später dann wurden die Einkommen aus diesen Ländereien verstaatlicht und das Land der Agrarreform zugeführt, d.h. unter der Landbevölkerung verteilt.

Parallel dazu wurde die bis dato einflußreiche El-Azhar-Universität der staatlichen Aufsicht unterstellt und in das Gefüge säkularer Bildungsinstitute integriert. Die zum Teil noch aus dem Mittelalter stammenden Lehrpläne wurden an die der übrigen Universitäten angeglichen. Wie man sich denken kann, etablierte sich während dieser Phase der Reformislam (islamischer Modernismus) zur führenden islamischen Strömung im Land, in dem alle Zeichen auf Modernisierung gestellt waren. Religion war nach Meinung führender religiöser Gelehrter während des Nasserismus die Sache jedes Einzelnen, nicht aber eine politische Lehre. Dementsprechend wurde Religion während dieser Zeit als Privatsache, bzw. als individuelle Lebensform behandelt, deren Gültigkeitsbereich vorwiegend im Privat- oder Familienleben lag. Die ägyptische Zivilgesellschaft hingegen begann, sich an anderen normativen Systemen zu orientieren, und hier namentlich am Modernitätskonzept der westlichen Industriegesellschaften.

Diese laizistische Trennung von Religion und Politik hat in Ägypten auch heute noch viele Anhänger. Namentlich die Armee und die Polizei sind modernistisch orientierte Großinstitutionen, deren Mitglieder nach wie vor auf einer Beibehaltung dieser vom neuen religiösen Trend bedrohten Trennung von Religion und Politik beharren.

Der islamische Fundamentalismus in Ägypten

Die historischen Wurzeln des Erstarken des Islams und des Fundamentalismus liegen gar nicht so weit von denen des islamischen Modernismus entfernt. Genau genommen ist der Fundamentalismus sogar eine Reaktion der unteren sozialen Schichten des Landes auf das elitäre Modernisierungsprojekt. Während die gehobenen Schichten des Landes großenteils dem Reform-Islam anhingen, vermochte diese Botschaft nicht in die unteren Schichten der ägyptischen Gesellschaft einzudringen und dort zu überzeugen. Im Gegenteil: Während die gehobenen Kreise an die europäische Moderne Anschluß suchten und ihre Lebensformen nach neuen Prämissen ausrichteten, formierte sich Widerstand gegen den als "dekadent" und "fremd" empfundenen Reform-Islam und westlich orientierte Lebensweisen allgemein.

Sammelbecken all derjenigen, denen die neuen Gepflogenheiten der Oberen Zehntausend Unbehagen bereiteten, war die 1928 von *Hassan el-Banna* gegründete Muslimbruderschaft *Ikhwan el-Muslimun*. Seit ihrer Gründung war die Bruderschaft eng mit der Person *el-Bannas* verbunden, der den Islam sowohl als religiöse wie auch als sozio-politische Kraft begriff. Nach ersten Erfolgen in Ismailiyya wurde der Sitz der Bruderschaft nach Kairo verlegt, wo die Bewegung schnell eine große Anhängerschaft fand. Die von der Weltwirtschaftskrise heimgesuchte Metropole war für *Banna* und seine Anhänger das geeignete Umfeld für ihre Aktivitäten. Diese bestanden ganz wesentlich aus

Wohlfahrtstätigkeiten, d.h. der Gründung von Sozial-, Krankenstationen und Schulen. Sogar kleinere Produktionsstätten wurden als Teil des wachsenden Netzwerkes der Muslimbruderschaft gegründet. Die Mischung aus materieller und spirituelle Hilfe traf in der sowohl materiell wie psychisch schwierigen Zeit bei vielen Menschen auf positive Resonanz; die Aufrufe zur Erneuerung und Stärkung der eigenen Tradition verfehlten ihre Wirkung auf die großenteils verunsicherten Unterschichtsangehörigen nicht. Nach und nach wuchs die Bruderschaft in Ägypten zum Staat im Staate: Sie gab eine eigene Zeitung heraus, hatte einen eigenen Buchverlag und verfügte über ein weit verzweigtes Netzwerk von sozialen Institutionen. Bereits 1936 war die Bruderschaft so mächtig, daß *el-Banna* es wagte, einen Brief an den ägyptischen Monarchen *Faruk* zu richten, in dem er die Rolle eines Königs in einem islamischen Land kritisch beleuchtete. Ganz konträr zum dekadenten König und dem von ihm repräsentierten Lebens- und Regierungsstil votierten die Muslimbrüder für die Erhaltung islamischer Werte, die von *Banna* als einzig gültige Werte interpretiert wurden.

Während des Zweiten Weltkriegs wuchs die Bedeutung der Muslimbruderschaft weiter an, und als 1952 die *"Freien Offiziere"* die Macht ergriffen, gab es für sie keinen Weg an Verhandlungen mit der mächtigen Bruderschaft vorbei. Diese begrüßten die neuen Machthaber zunächst einmal, hatten doch die Konflikte zwischen dem Ancien Regime und den Brüdern gegen Ende der 40er Jahre militante Züge angenommen. Die nach der Ermordung *el-Bannas* von *Hassan el-Hudaybi* geführten Muslimbrüder erwarteten in vollem Bewußtsein ihrer wichtigen gesellschaftlichen Bedeutung, von den neuen Machthabern als gleichwertige Regierungspartner wahrgenommen zu werden. Doch erwies sich diese Erwartung als falsch, - ganze drei Ministerposten boten die neuen Herrschenden den Brüdern im Jahr 1953 an. Nach einer langen Diskussion lehnten die Brüder das Angebot ab und verlegten sich wieder auf die Ausübung von politischem Widerstand, wie sie dies bereits zuvor getan hatten. Doch ergriffen die neuen Machthaber wirkungsvollere Maßnahmen gegen die Brüder als dies ihre Vorgänger vermocht hatten. Im Anschluß an eine Demonstration 1953 wurden 450 Mitglieder verhaftet. Härtere Strafen wurden wenig später nach einem Mordversuch an Präsident *Nasser* verhängt, der daraufhin 4500 führende Mitglieder der Organisation festnehmen ließ und diese in Gefangenenlager sperrte, wo viele von ihnen brutal gefoltert wurden.

Doch das Ziel der Zerschlagung der Bruderschaft erreichte auch Präsident *Nasser* nicht. Nach der Entlassung vieler Inhaftierter in den 60er Jahren begannen diese nach und nach mit dem Wiederaufbau ihrer Organisation, die seit den 70er Jahren durch Saudi Arabien kräftig unterstützt wird. Aufgrund der positiven Haltung Präsident *Sadats* gegenüber der Bruderschaft gelang es ihren Mitgliedern, einen Teil ihrer einstigen Macht zurückzugewinnen. Die Beteiligung der Muslimbrüder am politischen Leben Ägyptens ist gegenwärtig von großer Umsicht geprägt. Durch kluge Allianzen mit wechselnden Partnern gelang ihnen Mitte der 80er Jahre der Einzug ins Parlament, wo sie sich bewußt moderat und kompromißfreudig verhalten. Noch sind die Erfahrungen vieler alter Mitglieder der Organisation lebendig, so daß man anstatt harter Opposition heute einen pragmatschen Zickzackkurs verfolgt. Im Zuge des Bündnisses mit der Sozialistischen Partei Ägyptens verfügen die Brüder mit der Zeitung es-schaab mittlerweile wieder über ein Presseorgan, sie veröffentlichen darüber hinaus Bücher und Videos, veranstalten zahlreiche Vorlesungen, sind im Wohlfahrtsbereich aktiv und haben auch wieder eine große Zahl von Mitgliedern. In ihren Selbstdarstellungen jedoch neigen die Muslimbrüder zur Unterbewertung ihres mittlerweile wieder gewaltigen Einflusses. Auch betonen sie den "unpolitischen Charakter" ihrer Organisation. Hinter den Kulissen jedoch verfolgen die Mitglieder der Organisation ihre Interessen nach wie vor mit großem Engagement. Ihre Vision eines "wirklich islamischen Ägypten" verlieren sie nicht aus den Augen, und, wie es momentan aussieht, stehen ihre Chancen, dieses Ziel zu erreichen, mittelfristig gar nicht so schlecht.

Die neue fundamentalistische Bewegung

Eine andere Strömung des aktuellen islamischen Fundamentalismus hat seine Wurzeln an den ***Universitäten*** des Landes, wo die Politik von Präsident *Sadat* zur Förderung der gesellschaftlichen Rolle der Religion schnell ungeahnte Früchte trug. Während in den 60er Jahren die Universitäten, und hier vor allem die studentischen Organisationen, an vorderster Front der gesellschaftlichen Säkularisierung gestanden hatten, kehrte sich dieses Engagement durch die von der Regierung betriebene anti-säkularistische und anti-sozialistische Politik um. Nach dem Verbot der progressiv orientierten Studentenvereinigungen durch Präsident *Sadat* und seiner fortgesetzten Unterstützung islamischer Gruppierungen auf dem Universitäts-Campus entwickelten sich diese Gruppen in nur wenigen Jahren zur führenden politischen Kraft in diesem Bereich. Diese Blüte liegt sicherlich auch im Scheitern der Ideologie des Arabischen Sozialismus im Krieg gegen Israel 1967 begründet, aus dem Ägypten mit einer vernichtenden Niederlage hervorging. Da der Arabische Sozialismus hier eine ganz praktische Niederlage erfahren hatte, entstand ein ideologisches Vakuum, in das der von Saudi Arabien massiv unterstützte Fundamentalismus erfolgreich einzudringen vermochte.

Schneller und anders als die politischen Machthaber im Verbunde mit dem orthodoxen islamischen Establishment sich dies hätten träumen lassen, gelang es den ***fundamentalistischen Studentengruppen,*** sich in diesem Umfeld als politische Hauptkraft zu etablieren. Doch wer gedacht hatte, die Studenten würden die durch die Regierung propagierten islamischen Vorbilder als die ihren akzeptieren, hatte sich geirrt. Es zeigte sich stattdessen, daß hier ein neue Mischung aus sozialistischer Ideologie und neo-konservativer Sittenlehre vor allem im Bereich der Geschlechter geprägt wurde. Die neu entwickelte, islamisch-fundamentalistische Ideologie, die ihre Distanz zur islamischen Orthodoxie der *El-Azhar-Universität* unablässig betont, ist regierungskritisch und kann heute als die mit Abstand einflußreichste Oppositionsbewegung des Landes angesehen werden.

Sie prangert das islamische Engagement der Regierung als "halbherzig" und "verlogen" an und kritisiert aufs schärfste die bitteren Folgen der Weltmarktintegration des Landes auf ärmere Bevölkerungsschichten. Doch der Hauptfeind der jungen islamischen Avantgarde ist "der Westen", der als omnipräsenter Feind in ihren Diskursen heraufbeschworen wird. Das Register der Kritik an den westlichen Industriegesellschaften ist lang, die Hauptargumente bewegen sich zwischen Imperialismuskritik, deren Leitmotive vermutlich dem orthodoxen Marxismus entlehnt sind, und einer radikalisierten Sittenlehre der Geschlechter, die nach Meinung der islamischen Fundamentalisten vor der Ehe nichts miteinander zu tun haben sollten.

Die Fundamentalisten verfolgen einen genauen Lebensplan, der für die einzelnen Mitglieder zunächst einmal die Abkehr von den Verhaltensweisen der moralisch verdorbenen Gesellschaft beinhaltet. Diese Distanz schafft der Einzelne im ersten Schritt durch intensives mindestens fünfmal täglich praktiziertes Beten. Im Laufe der Zeit wird das Pflichtgebet dann durch zusätzliche Gebete ergänzt, die dem herausragenden Status des gläubigen Muslim entsprechen. Parallel dazu beschäftigt sich das Individuum auch regelmäßig mit dem Studium des Koran und der *Hadith* (d.h. den Schilderungen des Lebens des Propheten durch seine engsten Freunde). Diese regelmäßige Lektüre soll den Glauben festigen und die Aufmerksamkeit von den weltlichen Dingen auf die wirklich wichtigen religiösen Dinge lenken. Dabei wird die Auffassung vertreten, daß der wirklich gläubige Muslim sich von "verdorbenen Medien" wie dem Fernsehen sowie von allen anderen nicht-islamischen Einflüssen generell, fernhalten soll. Verboten ist auch das Hören von Musik, das nur in Form von islamischen Liedern und Wiegenliedern erlaubt ist. Zu all diesen Tabus und Vorschriften gesellt sich dann auch die grundsätzliche Veränderung des Kleidungsstils bei den Frauen. Im ersten Schritt werden enge Hosen und kurze Röcke, d.h. alle modisch geschnittenen Röcke, gegen längere und weitere Modelle ersetzt. Im zweiten Schritt wird die neue Kleidung durch Kopfbedeckungen ergänzt, die als "religiöse Pflicht" aufgefaßt werden. Die Hierarchie der religiös adäquaten Kopfbedeckungen beginnt mit dem Kopftuch *(hijab),* das zunächst nur Haar und Nacken bedeckt. Der *hijab* ist jedoch keineswegs ein Merkmal islamischer Fundamentalistinnen, er ist vielmehr die Bekleidung vieler ägyptischer Frauen, die eher im Feld des islamischen Mainstream angesiedelt sind (s. unten). Von dieser großen Gruppe von Frauen setzen sich die Fundamentalistinnen durch ihren höheren Grad von Körperbedeckung oder Verschleierung ab. Ihre weite, knöchellange Kleidung in gedeckten Farben, die auffallende Ähnlichkeit mit der Gewandung von Nonnen hat, heißt *jilbab.* Dazu trägt frau den *khimar,* ein zeltartiges Kleidungsstück, das Kopf und Oberkörper bedeckt und lediglich das Gesicht unbedeckt läßt. Diese Kleidung wird oft mit Handschuhen kombiniert. Trotz des Umstandes, daß alle Fundamentalisten Ägyptens darüber übereinstimmen, daß frau auf diese Weise adäquat und pflichtgerecht gekleidet ist, gibt es hier in jüngster Zeit einen deutlichen Trend hin zum Gesichtsschleier, dessen Aussehen mit dem in Saudi Arabien verbreiteten identisch ist. Das Tragen des Gesichtsschleiers *(niqab),* der nur die Augen unbedeckt läßt, bildet nach Meinung der islamischen Fundamentalisten den Gipfel weiblicher Religiosität. Die Maximalversion dieser Ausstattung ist in schwarz gehalten und beinhaltet ebenfalls die Bedeckung der Augen der Frauen durch Gazestoff. Wie Besucher feststellen werden, ist diese Variante jedoch momentan noch relativ selten anzutreffen. Häufiger zu sehen sind solche Vollverschleierten, die *munaqqabat,* an den Universitäten des Landes und in ärmeren Stadtvierteln KAIROS, namentlich in Vierteln wie Imbaba, deren Charakteristikum ihre niedrige soziale Homogenität ist. Diese ist durch eine große Zahl von Migranten vom Lande, eine hohe Arbeitslosigkeit und, damit einhergehend, einen steigenden Grad an Orientierungslosigkeit unter den Bewohnern bedingt.

Neben dem Beten und der Kleidung ist eines der weiteren Unterscheidungsmerkmale der Angehörigen der fundamentalistischen Subkultur des Landes von der übrigen Bevölkerung ihr strenges religiöses Ethos, dessen hervorstechendes Merkmal die große Disziplin der beteiligten Individuen ist. So ist es kein Zufall, daß ausgerechnet an den Elitefakultäten der ägyptischen Universitäten der Anteil der Fundamentalisten überproportional hoch ist. Namentlich an der medizinischen Fakultät und den Fakultäten für Ingenieurwesen ist ihr Anteil mittlerweile beträchtlich, worauf die Fundamentalisten auch sehr stolz sind. Bei einem Besuch dieser Fakultäten wird man feststellen, daß das Verhalten der jungen Islamisten sich deutlich von dem ihrer Kommilitonen unterscheidet. Nach Geschlechtern getrennt, verbringen sie ihre Pausen am Rande der sozialen Szenerie oder in kleinen Moscheen auf dem Campus, wo auch regelmäßige religiöse Seminare und Diskussionen stattfinden.

Das Hauptthema der islamischen Fundamentalisten in Ägyptens ist seit Jahren der Krieg im ehemaligen Jugoslawien, der als Vernichtungskrieg des christlichen Westens gegen den islamischen Osten interpretiert wird. Von Saudi Arabien finanzierte einseitige Dokumentationen von Folterungen und Vergewaltigungen bewirken bei den Fundamentalisten große Betroffenheit und Anteilnahme am Schicksal ihrer europäischen Glaubensbrüder. Zugleich wird der kriegerische Konflikt als Beleg dafür genommen, daß der Westen die gläubigen Muslime samt und sonders korrumpieren oder gar ausrotten wolle, – eine Annahme, die die ungeheure Motivation der zumeist jungen Islamisten für ihre Sache noch erhöht.

Islamisch-fundamentalistischer Lebensstil

Zur Veranschaulichung des islamisch-fundamentalistischen Lebensstils und der Selbstsicht der beteiligten Personen folgt ein Bericht einer 18jährigen vollverschleierten Studentin über ihre ersten religiösen Jahre und die Veränderung ihrer Lebensweise. Diese Beschreibung des Mitglieds einer islamisch-fundamentalistischen Gruppe kann als typisch betrachtet werden. Es wurde während einer Studie über den islamischen Fundamentalismus 1993 aufgezeichnet:

"Als meine Familie aus Saudi Arabien kam, wo wir wunderbare Jahre verbracht hatten, war meine Schwester Heba ein Teenager. Sie wollte enge Jeans tragen und die westliche Mode imitieren. Hebas Interessen hatten auf mich starken Einfluß, und als ich zwölf Jahre alt war, hatte ich nur eines im Kopf: Ich wollte chique, d.h. westlich gekleidet sein. Doch meine Mutter wollte dies nicht. Sie ist eine traditionelle Frau, sie findet Jeans maskulin und daher für Mädchen ungeeignet. Daher weigerte sie sich, uns Jeans zu kaufen. Nun hatten wir einen Onkel, der in Saudi Arabien arbeitete und der uns ab und zu Päckchen schickte. Ihn baten wir, uns die begehrten Hosen zu schicken, was er auch tat. So bekamen wir, was wir wollten. Doch als wir dann noch versuchten, uns zu schminken, schob Mutter einen Riegel vor und verbot uns dies. Während dieser Zeit imitierten wir nicht nur westliche Kleidung, wir waren außerdem noch von der englischen Sprache fasziniert, die wir sooft wir konnten, sprachen. Wenn wir fernsehschauten, schnappten wir neue Wörter auf, die wir am nächsten Tag in der Schule anwendeten. Auch war ich ein Fan von Pop Musik, mein besonderer Liebling war George Michael, für den ich besonders schwärmte. Ich lenkte mich von den wichtigen Dingen des Lebens durch Fernsehen und Musik ab, die für mich zur Ersatzwirklichkeit wurden. Auch träumte ich von Jungen, in die ich verliebt war. Den niedrigsten Punkt in meiner Entwicklung erlebte ich, als ich meine Freundin 'Amira kennenlernte, mit der ich für einige Jahre zur Schule ging. Sie stammte aus einer sehr modernen Familie und kannte viele Dinge, die mich faszinierten. Sie erzählte mir von Pornofilmen und Büchern, die ihre Eltern besaßen. Einmal, als wir allein bei ihr zuhause waren, nahmen wir diese Bücher und schauten uns darin nackte Männer und Frauen an. Als wir das taten, mußten wir kichern, um unsere Scham zu vertuschen. Ich weiß noch genau, daß das Anschauen der Bilder mich einerseits faszinierte, andererseits jedoch auch ein schlechtes Gefühl in mir hinterließ. Während meiner Freundschaft zu 'Amira tat ich immer schlimmere Dinge, mein moralisches Niveau sank auf seinen Tiefstand. Auch schwatzen wir während des Unterrichts, so daß sich meine Noten bedenklich verschlechterten.

Der Bruch in meinem Leben erfolgte, als 'Amira auf eine andere Schule kam als ich, ich denke heute, es war der Wunsch Allahs, daß dies so kam. Auf der neuen Schule war ich ganz allein und kannte niemanden. Ich war schüchtern und konnte keinen Anschluß finden, so daß ich in den Pausen stets allein war. So ging es vielleicht ein Vierteljahr, dann sprach mich ein Mädchen an, welches vielleicht zwei Jahre älter war als ich. Sie trug einen *khimar* und war daher als ein Mitglied der religiösen Mädchengruppe an unserer Schule erkenntlich. Nachdem ich mich das erste Mal mit Nurmin unterhalten hatte, sprachen wir häufiger miteinander. Bald stellte sie mich ihren Freundinnen vor, die ebenfalls in der religiösen Mädchengruppe waren. Besonders die Zwillinge Mona und 'Abir wurden allmählich meine Freunde. In den Gesprächen, die wir führten, lernte ich die Standpunkte der religiösen Mädchen kennen, die mir klarmachten, daß mein Leben ziellos war und nach meinem Tode in der Hölle enden würde. Da sie einen erheblich zufriedeneren Eindruck auf mich machten als alle anderen Menschen, die ich kannte, beschloß ich, es ebenfalls zu probieren. Doch wurde mir von den Mädchen klargemacht, daß man den religiösen Weg behutsam gehen muß, daß man am Anfang nicht alles haben kann, daß Zeit und Geduld die wichtigsten Dinge sind, wenn man sein Leben wirklich ändern will. Sie wußten, in welcher Reihenfolge man vorgehen mußte, damit das Vorhaben erfolgreich sein würde. Ich fing also zuerst an, meinen Kleiderstil zu verändern. Die kurzärmeligen Blusen und die engen Jeans wurden entfernt, stattdessen kaufte ich langärmelige Blusen und lange, weite Röcke. Wie ich bald feststellte, fühlte sich diese Kleidung irgendwie richtig für mich an. Ich spürte, wie die Blicke der Jungen mich nicht mehr in dem Maße wie früher verfolgten, und das tat mir gut. Die neue Gewißheit, das richtige zu tun, gab mir die Kraft, nach einigen Monaten den *hijab* anzuziehen. Ich tat dies allerdings erst, nachdem ich das Kopftuch zuhause viele Male anprobiert hatte und mich lange im Spiegel betrachtet hatte. Ich übte also vorher. Auch war mir klar, daß meine Mutter mir davon abraten würde, den *hijab* anzulegen, denn sie hatte schon vorher zu mir gesagt, daß sie mir nicht zutraute, das Kopftuch zu tragen. Sie sah in mir immer noch den wilden Teenager, der nur einer religiösen Mode hinterherläuft. Sie wußte damals nicht, daß ich es wirklich ernst meinte. Also mußte ich mich auf den Schritt gut vorbereiten.

Den Tag, an dem ich den *hijab* zum erstenmal anzog, werde ich nie vergessen. Ich weiß noch, wie sehr mein Herz schlug, als ich das Haus verließ. Als erste begegnete mir eine Nachbarin, die sehr erstaunt darüber war, daß ich das Kopftuch trug. Sie sagte: "Seit wann trägst du das Kopftuch? Hast du dir das wirklich gut überlegt? Du weißt, daß es dir schaden kann, wenn du ihn später wieder ablegst, denn dann gilst du als unreligiös und schwach." Ich entgegnete, daß ich versuchen wolle, stark genug zu sein und ging in die Schule, wo mich meine Freundinnen warm empfingen und mit mir feierten. Sie gaben mir die Kraft, am Kopftuch festzuhalten. Überhaupt wuchs die religiöse Mädchengruppe in unserer Schule in dieser Zeit. Wir hatten guten Rückhalt bei unseren Lehrerinnen, die ebenfalls sehr religiös waren. Doch das Religiöswerden war nicht einfach, mehr als einmal wurde ich rückfällig, so zum Beispiel bei der Verlobung meines Cousins. Auf die Verlobung hatte ich mich schon lange gefreut, ich hatte beschlossen, zu diesem Anlaß einmal das Kopftuch beiseite zu legen und mich richtig chique zu machen. Jedoch als ich zum Frisör ging, mir mein Haar frisieren und mein Gesicht schminken ließ, wurde mir ganz schlecht. Mein schlechtes Gewissen ließ mir keine Ruhe. Es sagte: Was wird, wenn du in dieser Nacht stirbst? Dann wirst du in die Hölle kommen. Wie kannst du Gottes Wünsche nur so vernachlässigen? Noch während des Schminkens schwor ich mir, daß dies das letzte Mal sein würde, daß ich Gottes Wünsche mißachten würde, und so war es tatsächlich auch. Nach den Seelenqualen dieses Tages ging ich nicht wieder ohne Kopfbedeckung aus dem Haus.

Nach etwa einem Jahr fühlte ich mich stark genug, um den nächsten Schritt zu tun. Ich bereitete mich innerlich auf den *khimar* vor. In den Wochen davor sprach ich viel mit meiner älteren Freundin Heba über diesen Schritt. Sie trug den *khimar* schon seit ein paar Jahren und konnte mir einige gute Ratschläge geben. Eine Schwierigkeit war, daß ich wußte, daß meine Mutter gegen den *khimar* war. Sie fand den *hijab* ausreichend. Sie sagte, daß der *khimar* mich alt aussehen lassen würde und daß ich niemals einen Bräutigam finden würde, wenn ich diesen Schritt gehen würde. Obwohl ihre Worte mich nachdenklich stimmten, entschied ich mich schließlich doch für den *khimar*. Mein Seelenheil wurde mir in dieser Zeit wichtiger als alles andere. So zog ich den *khimar* zuhause heimlich an, um mich an sein Aussehen zu gewöhnen. Es brauchte einige Zeit, bis ich mich an den Anblick gewöhnt hatte, doch fand ich bald, daß es die beste Kleidung für eine Frau ist, schlicht und nicht auf Eitelkeit bedacht. Nach zwei weiteren Jahren entschied ich mich dazu, den Gesichtsschleier anzulegen, um wirklich alles zu tun, um Allah zu gefallen. Ich bete jetzt auch nachts, obwohl es schwer ist, meine Faulheit zu überwinden. Ich fühle mich jetzt aber wirklich wohl und bin glücklich. Ich danke Allah für seine Hilfe, mich vom Weg der Sünde auf den Weg des Glaubens geführt zu haben."

Ein weiteres Charakteristikum der islamischen Fundamentalisten in Ägypten ist ihre pazifistische Einstellung und ihre Distanzierung von den Bombenattentaten der vergangenen Jahre. Der militante Aktionismus einiger kleiner und randständiger fundamentalistischer Gruppierungen *(jama'at Islamiyya)* wird von der überwiegenden Mehrzahl der fundamentalistischen Subkultur sowie ihren geistlichen Führern als "unislamisch" abgelehnt. Für die überwiegende Zahl der Fundamentalisten beinhaltet der von den Militanten für ihre Aktivitäten gebrauchte Begriff *jihad* den Kampf jedes Einzelnen mit den täglichen Versuchungen. Für die Mehrzahl der Fundamentalisten wird die Utopie einer wirklich islamischen Gesellschaft allen durch das tiefe religiöse Engagement der Einzelnen möglich. Dies hat die Form eines langwährenden Prozesses, an dessen Anfang sich die Mitglieder dieser Strömung selbst verorten und welcher die Leitvorstellung für die methodische Lebensführung der einzelnen Mitglieder der islamistischen Bewegung darstellt.

Der offizielle Islam in Ägypten

Als Präsident *Sadat* 1970 die Regierung übernahm, begann er aktiv, die unter Präsident Nasser geschwächte Position der religiösen Würdenträger in der ägyptischen Gesellschaft zu verbessern. Nach zwei Jahrzehnten Staatsdirigismus sozialistischer Prägung ging ein Aufatmen durch die Reihen der Scheichs und Imame, die sich von *Sadat* eine Verbesserung ihrer Situation erhofften. Wie sich bald herausstellte, suchte Präsident Sadat Verbündete gegen die sozialistischen Strömungen in seiner Partei, die nach wie vor dem Modell des säkular und laizistisch orientierten Staates anhingen und die vor allem in den ersten Jahren der *Sadat*-Regierung nichts unversucht ließen, den neuen Präsidenten zu stürzen. Der aber half sich, indem er mit den konservativen Kräften des Landes koalierte. Dabei stärkte er in besonderem Maße die Stellung der islamischen Orthodoxie des Landes, d.h. der vielen tausend Scheichs und Imame. Insbesondere das Zentrum des offiziellen Islam, die berühmte El-Azhar-Universität, erfuhr in dieser Zeit eine Aufwertung. Der Direktor dieser Universität, an der Studenten aus allen Ländern der islamischen Welt studieren, der sogenannte Scheich *el-Azhar,* wurde zu einem Medienstar, der fortan sowohl in den Printmedien wie auch in Rundfunk und Fernsehen allgegenwärtig war. Während auch Präsident *Nasser* die religiösen Führer des Landes zur Absegnung seiner politischen Entscheidungen instrumentalisiert hatte, nahmen die Beziehungen zwischen den neuen Machthabern und der religiösen Elite nunmehr symbiotische Züge an: Die Regierung ließ sich ihren neuen Kurs von der religiösen Prominenz bestätigen, andererseits honorierte sie diese Unterstützung auch durch eine Stärkung des Einflusses des religiösen Establishments.

Die neue islamische Allianz ließ in den 70er Jahren nichts unversucht, den säkular-sozialistischen Kurs ihrer Konkurrenten, der nach etwa 20 Jahren Nasserismus noch viele Anhänger vor allem im modernen gesellschaftlichen Sektor hatte, auf allen gesellschaftlichen Ebenen zu bekämpfen. Sie startete religiöse Kampagnen in Schulen, Moscheen und auf öffentlichen Plätzen. Sie vervierfachte den Anteil des religiösen Programms in Radio und Fernsehen, sie war in den Medien omnipräsent. Parallel dazu wurden eher progressiv und säkular orientierte Kräfte aus dem kulturellen Feld, den Medien und Universitäten, eliminiert und massiv die Veröffentlichung von islamischen Büchern gefördert.

Die Riesenkampagne, in der vor allem der Präsident selbst sich als gläubiger Muslim *(mu'min)* darstellte, hatte denn auch den gewünschten Erfolg, nicht zuletzt auch deshalb, weil sie massiv von saudi-arabischer Seite unterstützt wurde. Diese wurde bereits seit langem von der Angst geplagt, daß die sozialistischen Herrscher vom Nil früher oder später die Ölquellen des Landes verstaatlichen würden. Als man in Saudi Arabien eine Chance sah, die Position der Sozialisten in Ägypten zu schwächen, nutzte man sie und trat der neo-konservativen Allianz bei.

Die neue Orientierung schlug sich auf vielerlei Weise in der ägyptischen Gesellschaft nieder, man kann ihre Wirkung am treffendsten mit einer allmählichen Veränderung des gesellschaftlichen Klimas beschreiben. Einer der Punkte, an denen diese Klimaveränderung deutlich wird, ist die Sexualmoral der Gesellschaft. Alte Fotos und Filme aus Ägypten belegen, daß es hier zumindest für weibliche Angehörige der modernen Mittelklasse einst als "chic" galt, Miniröcke und ärmellose Kleider zu tragen. Auch galt es als normal, wenn junge Männer und Frauen miteinder in öffentlichen Räumen kommunizierten.

All diese Dinge haben sich während der vergangenen Jahrzehnte deutlich verändert. In zahlreichen Presse- und Medienkampagnen wurde der bis dato vorherrschende westlich-modern orientierte Kulturstil, der sich insbesondere in der Mode niedergesclagen hatte, als fremd und nicht authentisch an den Pranger gestellt. Stattdessen rief man zu einer Rückbesinnung zu den eigenen kulturellen Werten auf, die vor allem auf weibliche Körper und weibliche Verhaltensmuster projiziert wurden. Die Frau wurde zum Adressaten und Objekt vieler dieser Kampagnen und somit zum Symbol kultureller Authentizität stilisiert.

Wie Besucher Ägyptens beim Anblick der wachsenden Zahl von Frauen in islamistischen Kleidern feststellen werden, sind die Versuche des Einspinnens der Frauen in diese weibliche Heldenrolle (Retterin und Hüterin der kulturellen bzw. religiösen Werte) hier auf fruchtbaren Boden gefallen. Sie geben vielen jungen Frauen, die zwischen den Identitätsangeboten westlicher und denen östlich-islamischer Orientierung hin- und hergesrissen sind, einen sichere Grundlage zur Bewältigung der zahlreichen Probleme, da diese Kulturmuster sich positiv auf Traditionen beziehen können.

Die *Qibla* (Apsis) der SULTAN-HASSAN-MOSCHEE in Kairo

Diese Veränderung des Lebensstils erfolgt vor dem Hintergrund einer seit den 70er Jahren stattfindende Neudefinition der weiblichen Rolle als Hausfrau und Mutter durch den Staat. Die aktuell stark propagierten "Pflichten der Frau zum Wohle der ägyptischen Nation", werden ebenfalls unter dem Etikett Islam gehandelt. Obwohl es im Koran keine Textpassage gibt, die den Haushalt als den primären Ort weiblicher Aktivität definiert, verbreitet die von der Regierung geförderte neo-konservative Allianz dieses Frauenbild nachhaltig, jedoch nur mit begrenztem Erfolg. Als ein wichtiger Grund für die neo-konservative "Zurück zu den Wurzeln - Zurück in den Haushalt"-Kampagne kann die hohe Arbeitslosigkeit in Ägypten angenommen werden.

Unter diesen Bedingungen soll die Konkurrenz von Männern und Frauen um Arbeitsplätze durch die Auslagerung der Frauen in den Bereich des Hauses entschärft werden. Da jedoch viele Familien mehrere Einkommen zum Überleben benötigen, ist die Kampagne nur bedingt erfolgreich, umso erfolgreicher ist die Adaption der neuen islamistischen Symbolik. Konkret bedeutet dies, daß viele Frauen einen pragmatischen Mittelweg gehen: Einerseits verorten sie sich über ihre Kleidung symbolisch auf der östlichen Kulturhemisphäre, andererseits sind sie weiterhin erwerbstätig, da die Familie ihr Einkommen dringend benötigt.

Wie bereits oben erwähnt, ist für ein Verständnis der neuen Hochkonjunktur des Islam in Ägypten auch die wichtige Rolle der reichen arabischen Golfstaaten in der Region zu berücksichtigen. Seit den 70er Jahren erleben die ölexportierenden konservativen Staaten am Golf eine Phase großen Reichtums, mit dem auch eine veränderte politische und kulturelle Bedeutung in der Region einhergeht. Während die Ölscheichs begreiflicherweise keine Sympathie für die sozialistischen Herrscher Ägyptens hegten - sahen sie ihren Reichtum durch deren Politik doch massiv bedroht - so brachten sie dem neokonservativen Kurs von Präsident *Sadat* um so mehr Sympathie entgegen. Ja, sie schrieben sogar das Drehbuch für einige Veränderungen, die im Ägypten der 70er und 80er Jahre vonstatten gingen. Als kluge Manipulatoren agierend, gelang es den Saudis, ihre Vorstellungen über Sitte und Moral nach Ägypten zu exportieren. Durch das Sponsoring von religiösen und kulturellen Institutionen wie Fernsehshows, Bücher, Broschüren etc. erreichten sie hier ein breites Publikum. An den ägyptischen Universitäten förderten sie aktiv die Gründung von islamisch orientierten Studentengruppen. Mit der Finanzierung des neuen Campus der El-Azhar-Universität in NASR CITY/KAIRO gelang es ihnen, ihrem unbeschreiblichen Reichtum mitten in KAIRO ein Denkmal zu setzen, das die Synthese aus Erfolg, Reichtum und Religiosität symbolisiert. Obwohl von vielen Ägyptern nach wie vor verächtlich als "Kamelhirten" bezeichnet, gelingt es den Saudis mehr und mehr, in Ägypten Fuß zu fassen und Anerkennung zu gewinnen. Vor allem bei den zahlreichen ägyptischen Arbeitsmigranten, die etliche Jahre in die Arabischen Golfstaaten ziehen, um gegen harte US-Dollar die dortige Infrastruktur aufzubauen, hat sich ein Bild von Saudi Arabien verdichtet, das wirtschaftlichen Erfolg und Religion miteinander vereint. Wie in vielen ägyptischen Zeitungsartikeln zum Ausdruck gebracht wird, gewinnt Saudi Arabien mehr und mehr den Status eines islamischen Musterlandes. Als Hauptkriterien für die Vorbildfunktion wird der hohe moralische Standard des Landes genannt, so zum Beispiel die extrem niedrige Kriminalitätsrate, die nicht nur durch den unbeschreiblichen Reichtum erklärt wird, sondern auch durch die erfolgreiche Anwendung des islamischen Rechts *(scharia)* mit seinen Körperstrafen *(huddud)*. Das islamische Recht gewinnt auch in Ägypten mehr und mehr Anhänger. Insgesamt kann die mittlerweile die Millionengrenze überschrittene Anzahl ägyptischer Remigranten als DIE soziale Kraft bei der Etablierung neokonservativer Lebensformen im Lande bezeichnet werden. Nach etlichen Jahren Aufenthalt in den konservativen Golfstaaten empfinden viele von ihnen auf Geschlechtertrennung basierende soziale Umgangsformen als moralisch begrüßenswert. Als neuer Bekleidungsstandard hat sich in diesen Kreisen der *higab*, ein islamisches Kopftuch etabliert, das Nacken und Haar bedeckt. Das Kopftuch wird oft mit langen Kleidern kombiniert, die sich in zunehmendem Maße als weiblicher Kleiderstil etablieren.

Die Hochkonjunktur des orthodoxen Islam in Ägypten hat auch dazu geführt, daß dank medialer Unterstützung einige islamische Gelehrte des Landes den Status von Stars erlangen konnten. Das prominenteste Beispiel dieser Entwicklung bildet Scheich *Mitwalli Scha'arawi*, der nicht nur im Fastenmonat Ramadan medial präsent ist. Der Scheich, dessen Bücher zur aktuellen Bedeutung des Islam allesamt Bestseller sind, fungiert auf nationaler Ebene als Berater und väterlicher Freund bzw. guter Onkel. Die patriarchalische Figur ist ein typischer Vertreter des ägyptischen Neokonservatismus, der sich zwar in positiver Weise auf Saudi Arabien bezieht, jedoch auch versucht, einen national eigenständigen islamischen Stil zu prägen. Dabei vermittelt der rührige Scheich zwischen den modernistischen Kräften einerseits und den immer stärker werdenden Fundamentalisten andererseits. Dabei haben Scha'arawi und die Seinen Rückendeckung sowohl von der Regierung als auch eines Großteils der ägyptischen Mittelklasse, d.h. auch der wachsenden Anzahl von ehemaligen Arbeitsmigranten im Golf.

Ägyptische Sufis

Auf eine lange Tradition können in Ägypten die islamischen ***Sufi-Bruderschaften*** zurückblicken, die eine Strömung im sogenannten Volksislam Ägyptens darstellen. Die vom "hohen Islam", also dem kanonischen Islam, unterschiedene volksislamische Mystik wird heute nach wie vor in den Ländern des Nahen und Mittleren Ostens praktiziert.

In Ägyten begann die Geschichte der *Sufiorden* (der Name *Sufi* kommt von *suf,* welcher ein grober Wollstoff ist) bereits sehr früh während der Herrschaft der *Ayyubiden* (1171-1250). Damals erhielten die hiesigen Sufiorden Unterstützung von *Salah ed-Din* und seinen Nachfolgern. So erbauten die Ayyubiden Sufihäuser, die gleichzeitig als Unterkunft für reisende Sufis und als Schulen *(madrasat)* dienten. Ein berühmter Sufiorden wurde zwei Jahrhunderte später von dem marokkanischen Mystiker *Ahmed el-Badawi* gegründet. Der *Ahmadiyya-Orden* ist bis zum heutigen Tag populär und bildet, gemeinsam mit den Orden *Burhamiyya, Qadiriyya* und *Rifa'iyya,* einen der führenden in Ägypten. Die Führerschaft der ägyptischen Sufiorden *(Scheich el-schuyuch)* hatte für lange Zeit die *El-Bakri*-Familie inne, welche für sich in Anspruch nimmt, von dem ersten Kalifen *Abu Bakr* abzustammen.

Der Sufismus hat seit dem Mittelalter eine bedeutende Rolle in der ägyptischen Gesellschaft gespielt, besonders unter den ärmeren Bevölkerungsschichten waren sowohl Männer als auch Frauen in starkem Maße in Sufiorden engagiert, welche eine einflußreiche Rolle bei der Ausrichtung und Gestaltung der islamischen Feste spielten. Die Höhepunkte der öffentlichen Präsenz der Sufiorden waren der Geburtstag des Propheten und die Gedenktage anderer hoch verehrter Persönlichkeiten aus der islamischen Geschichte, welche mit ekstatischen Derwischtänzen und ähnlichen Volksspektakeln begangen wurden.

Heute sind die staatlich anerkannten und für legal befundenen etwa 70 Sufi-Bruderschaften im Sufi-Rat vereint. Seit den 70er Jahren finden sie die verstärkte Unterstützung der Regierung, die hierdurch versucht, das Gewirr von religiösen Grüppchen im Lande zu kontrollieren. So hat der Führer einer Bruderschaft die Pflicht, einmal wöchentlich einen schriftlichen Bericht über die aktuellen Tätigkeiten der Bruderschaft an die zuständige Verwaltungseinheit im *Waqf*-Ministerium (Ministerium für religiöse Angelegenheiten) abzugeben. Des weiteren stellt die Regierung in Aussicht, in bälde Institute zur Ausbildung religiöser Mystiker zu errichten. Die mit dem Diplom solcher Institute ausgebildeten religiösen Mystiker-Experten hätten dann gute Chancen, Führungspositionen in den mächtigen Sufi-Bruderschaften einzunehmen.

Doch während der Staat versucht, das Geschehen in den Bruderschaften unter Kontrolle zu bekommen, existiert der wegen seiner ekstatischen Praktiken von vielen Nicht-Muslims als Faszinosum betrachtete Sufismus in seiner Vielfältigkeit weiter.

Wenn Reisende das Glück haben, ***Aufführungen von Sufis*** zu beobachten, die meist in den traditionellen Stadtteilen stattfinden, sollte diese Gelegenheit nicht verpaßt werden. Es besteht hier oft auch die Möglichkeit, beim sikr, dem ekstatischen Sufitanz, mitzutanzen, bei dem die Teilnehmer sich in ihren langen weiten Gewändern oftmals stundenlang im Rhythmus der Musik wiegen und drehen (oftmals bis zur Besinnungslosigkeit).

Nur ein Naserümpfen haben viele, sich selbst als modern verstehende Ägypter für die von ihnen als obskur und hinterwäldlerisch betrachteten ekstatischen Praktiken der Mystiker übrig. So regieren gebildete Mittelklasse-Ägypter im allgemeinen voller Verachtung auf die Erwähnung einer Sufi-Darbietung. Extrem negativ ist die Einstellung der islamischen Fundamentalisten zu den von ihnen als Häretiker und Abtrünnige des wahren Islam betrachteten Sufis. In Gesprächen über dieses Thema äußern die stark rationalistisch orientierten Fundamentalisten Kritik am sufistischen Gottesbild, das im Gegensatz zu ihrem eigenen von der Existenz Gottes im menschlichen Leben ausgeht, d.h. Gott und Göttliches in allen Lebewesen annimmt und nicht als eine transzendentale Realität außerhalb der Schöpfung. Die Vorstellung, daß Gott also in einem Hund gegenwärtig sein kann, provoziert bei den fundamentalistischen Rigoristen Empörung und Opposition.

Fazit - Vielheit in der Einheit Islam

Wie man an den verschiedenen Beschreibungen der unterschiedlichen islamischen Strömungen in Ägyptens Geschichte und Gegenwart sehen kann, ist die Annahme, es gebe den "einen Islam" nicht zufreffend. Der Islam, der historisch nicht als eine homogene Lehre entstand, ist heute nicht nur in sunnitische, schi'itische und alevitische Glaubensrichtungen unterteilt. Wie man am Beispiel Ägypten sehen kann, existieren Unterschiede und zum Teil sogar schwerwiegende Konflikte auch zwischen den Anhängern der sunnitischen Glaubensrichtung. In Ägypten können modernistische (*laizistische*), traditionalistische Formen des Hochislams (*orthodoxe*), fundamentalistische Formen (*heterodoxe*) und volksreligiöse (*mystische*) Formen des Islam, identifiziert werden. Alle diese Ausprägungen beanspruchen für sich, der einzig richtige sozio-religiöse Weg für Individuum und Gesellschaft zu sein. Alle vier haben Millionen von Anhängern in Ägypten zu verzeichnen. Besonders rasant vollzieht sich seit dem letzten Jahrzehnt die Entwicklung der fundamentalistischen Bewegung, die besonders erfolgreich Mitglieder im Universitätsmilieu rekrutiert.

Es zeichnet sich ab, daß die ägyptische Regierung, die die Islamisierung des gesellschaftlichen Klimas nach dem Ende der nasseristischen Phase selbst massiv vorangetrieben hat, mittlerweile der Geister, die sie gerufen hat, nicht mehr Herr ist und die religiösen Opponenten statt mit Diskussionen zu überzeugen mit der Knute zu bändigen sucht.

Dennoch ist die Lage in Ägypten keineswegs so ernst, wie dies gelegentlich in den hiesigen Medien beschrieben wird, die den Islam als "das Andere" gleich "das Exotische" behandeln und die selbst im fundamentalistischen Lager pazifistische Mehrheit zugunsten einer kleinen militanten Minderheit vernachlässigen und die bestehenden Gefahrenmomente schlagzeilenartig aufbauschen. Man mag es finden wie man will, Religion ist in Orient und Okzident gleichermaßen Vielheit und Einheit zugleich.

Kopten
– Die Christen Ägyptens

Die GIRGIS-KATHEDRALE im Kairoer Stadtteil ABASIYYA

"Ich finde es manchmal schwierig,
irgendeinen Unterschied zwischen einem
koptischen und muslimischen Ägypter zu entdecken,
abgesehen von einem verdrossenen Ausdruck,
welchen im allgemeinen den ersteren bezeichnet.
Die Muslime sind selber oft im Zweifel,
wenn sie einen Kopten
in einem weißen Turban sehen."

E. W. Lane, Ägyptenreisender des 19. Jahrhunderts

Der Name "Kopte" führt sich auf die griechische Bezeichnung *"aigyptos"* - Ägypter - zurück und ist die noch heute gängige Bezeichnung für die zweitgrößte Glaubensgemeinschaft im Land am Nil. Schon in einem sehr frühen Stadium ihrer Geschichte fand die christliche Lehre zahlreiche Anhänger in Ägypten. Waren es zunächst hauptsächlich Griechen und Juden, die zur neuen Religion konvertierten, wurden etwa seit dem 2. Jahrhundert n. Chr. auch Ägypter zu Christen. Der asketische Gedanke des frühen Christentums stieß auf Resonanz: während de facto alle weltliche Macht von Rom ausging, und der Gedanke an eine eigenständige ägyptische Nation mal wieder in weite Ferne gerückt war, reagierten im Lande selbst immer mehr Menschen mit Weltabkehr und Sinnsuche. Zunächst bemühten sich Einsiedler, später Mönche und Nonnen in klösterlichen Gemeinschaften, ein gottgefälliges Leben in der kargen Wüste zu führen. In den darauffolgenden Jahren konnte sich das Christentum rasch in der Bevölkerung ausbreiten, und aus ALEXANDRIEN, das sich der Patriarch zu seiner dauerhaften Residenz erkor, wurde neben ROM und BYZANZ ein neues theologisches Zentrum.

Unterdrückung erfuhren die ägyptischen Christen bereits frühzeitig und besonders drastisch zu Beginn des 3. Jahrhunderts n. Chr., als der römische Kaiser Diokletian viele ihrer Glaubensbrüder aufgreifen und ermorden ließ. Zum Gedenken an diese frühen Märtyrer wurde der Jahresanfang des koptischen Kalenders lange Zeit auf den Regierungsantritt des Diokletian datiert: den 29. Juli 284.

Mit Einsetzten des 4. Jahrhunderts n. Chr. verkomplizierte sich zusätzlich zur allgemein gespannten Lage der Christenheit im Lande auch noch die innerkirchliche Situation. Es kam zu massiven theologischen Auseinandersetzungen zwischen Ägypten und Byzanz, die erbittert über ein Jahrhundert hinweg ausgefochten wurden, bis sie schließlich zum Schisma (Abspaltung) führten. Dabei ging es in wesentlichen um eine allgemein gültige Definition der Person Jesu. Das Konzil von CHALZEDON hatte im Jahre 451 über die Streitfrage zu entscheiden, ob Jesus sowohl eine menschliche als auch göttliche Natur hat (laut orthodoxer Lehre) oder ob er der Fleisch gewordene Gott sei (die monophysitische Auffassung der Kopten). Das Konzil entschied zugunsten der orthodoxen Lehre, und die Kopten unterlagen. Da sie sich mit diesem Urteilsspruch nicht abfinden konnten, formierten sie aus eigenen Reihen eine entschlossene Widerstandsbewegung, die kurzerhand den von Byzanz ernannten Patriarchen in ALEXANDRIA ermordete. Der Bruch mit der Reichskirche war vollzogen, und die ägyptischen Christen folgten von da an ihren eigenen Gesetzten. Auch nachfolgende Versuche, sie wieder in den Schoß der orthodoxen Kirche zurückzuholen, scheiterten am Widerstand der Kopten.

Diese weit zurück liegenden theologischen Haarspaltereien, die schließlich in offene Gewalt umschlugen, sind erst mit Blick auf die damalige politische Situation der koptischen Kirche zu begreifen: Die ägyptischen Christen wollten und konnten die Fremdbestimmung durch Byzanz nicht anerkennen, sahen sie sich doch als ältere (und daher übergeordnete) Kirche vor Ort und strebten selbst die Vormachtstellung über die Christenheit des Orients an. Für Byzanz waren sie zwar wichtige Verbündete - außerdem sicherte Ägypten einen großen Teil der Ernährung des Oströmischen Reiches - trotzdem wurden sie von ihren byzantinischen Glaubensbrüdern diskriminiert und herablassend als "Christen zweiter Klasse" behandelt.

Vor diesem Hintergrund wird es auch verständlicher, daß die Kopten die im 7. Jahrhundert einfallenden arabisch-islamischen Eroberer als Befreier von der ungeliebten, byzantinischen Kirche begrüßten. Dennoch zeichnet sich rasch ab, daß sie durch diesen Machtwechsel vom Regen in die Traufe gerieten. Zunächst wurden die ägyptischen Christen weitgehend geduldet, doch wurden ihnen gleichzeitig mittels Sondersteuern, einem ungünstigem rechtlichen Status und diskriminierenden Kleiderverordnungen hart zugesetzt. Um den Übertritt zum Islam auf breiter Ebene zu forcieren, wurden die Verfolgungen durch die muslimischen Herrscher immer massiver: koptische Kirchen und Klöster wurden verwüstet, Besitz wurde konfisziert, die koptische Sprache - bis zu diesem Zeitpunkt in vielen theologischen Schriften, Lexika und Enzyklopädien präsent - wurde aus dem Alltag verbannt und durfte nur noch während der Gottesdienste gesprochen werden. Die Kopten begehrten immer wieder gegen diese Unterdrückung auf, ungefähr sechsmal versuchten sie, das muslimische Joch abzuwerfen. Die Aufstände wurden jedesmal vollständig niedergeschlagen, denn die islamischen Herrscher konnten es sich nicht leisten, derart in ihrer Machtausübung und in ihrem Glauben in Frage gestellt zu werden. Im 12. Jahrhundert, unter fatimidischer Herrschaft, wurden die Christen dann reihenweise zwangsbekehrt. Viele traten auch freiwillig zum Islam über, um den ewigen Benachteiligungen und Verfolgungen zu entgehen. Um sich gewissermaßen gegen die eigene Schwäche zu wappnen, und nicht etwa den "Weg des geringsten Widerstands" wählen zu können, tätowierten sich viele Kopten ein Kreuz auf ihr rechtes Handgelenk, ein unauslöschbares Symbol ihres Glaubens. Dennoch waren sie mit Beginn des 16. Jahrhunderts eine Minderheit im eigenen Land geworden, nur etwa 10% der Gesamtbevölkerung stellten sie noch, eine Zahl, die bis heute relativ konstant geblieben ist.

Obwohl die Kopten weder bei den muslimischen Herrschern noch bei der Bevölkerung beliebt waren, konnte in Ägypten eigentlich zu keinem Zeitpunkt auf ihre Fähigkeiten verzichtet werden. Wann immer die üblichen Drangsalierungen und Benachteiligungen es erlaubten, waren sie in hohen Verwaltungsämtern beschäftigt, ihre Weitsichtigkeit und Klugheit in finanziellen Belangen wird immer wieder erwähnt. Als die Moderne unter *Mohammed 'Ali* (1806-1842) in Ägypten Einzug hielt, konnten die Kopten ihre Position weiter ausbauen und festigen, indem sie wesentlich am Aufbau des neuen Verwaltungsapparates mitwirkten. Später, als die Briten die eigentlichen Machtpositionen im Lande besetzt hielten, wurde versucht, zwischen Kolonialmacht und Kopten über den gemeinsamen Status als Christ Koalitionen zu schaffen. In dieser Zeit gelang es den Kopten, selbst in höchste Staatsämter zu gelangen: Anfang des 20. Jahrhunderts (im Jahre 1908) wurde der Kopte *Butrus Ghali* erster (und einziger) christlicher Ministerpräsident von Ägypten, allerdings hielt dieser späte Triumph der Kopten nur für die Dauer von zwei Jahren an, dann wurde *Butrus Ghali* ermordet. Von dieser Ausnahme abgesehen, bemühten sich die Kopten in der Öffentlichkeit immer um eine gewisse Zurückhaltung, eine kluge Haltung angesichts des wachsenden Unmuts der mehrheitlich muslimischen Bevölkerung. Vorteile durch allzu enge Schulterschlüsse mit England zu erwirken, schien sich den meisten Kopten schon von selbst zu verbieten. Sie sahen sich in erster Linie als ägyptische Staatsbürger, durch eine geteilte Lebensweise und das gemeinsame Schicksal einer jahrtausendealten Fremdherrschaft mit ihren muslimischen Mitbürgern eng verbunden.

Doch diese Geisteshaltung hatten sie wohl nicht deutlich genug demonstriert, denn während des *Nasser*-Regimes galten die Kopten als unliebsame Opportunisten, die zu viel und zu lange von der verhaßten Fremdherrschaft profitiert hatten. Man versuchte ein weiteres Mal, sie endgültig aus verantwortlichen Stellungen zu vertreiben. Unter *Sadat* entspannte sich die Lage wieder: nun konnten koptische Militärs bis in höchste Ränge aufsteigen und Ministerposten in der Regierung bekleiden. Zeitgleich verschärften sich jedoch die gesellschaftlichen Spannungen zwischen Kopten und Muslimen. In KAIRO kam es Anfang der 80er Jahre zu Anschlägen vereinzelter radikaler Muslimgruppen auf koptische Priester und Kirchen. Im Frühjahr 1992 erschossen in einem oberägyptischen Dorf nahe ASSIUT Anhänger der *Dschamaat el-Islamiyya* 13 Kopten. Viele Kopten reagierten, indem sie sich bewaffneten, vor ihren Kirchen Wachen aufstellten, ihren Priestern und Nonnen Geleitschutz anboten und sich noch fester zusammenschlossen. Andere, und sie werden immer zahlreicher, fassen ernsthaft ihre Emigration nach den USA, Australien oder Europa ins Auge. Gerade in der gewaltgeladenen Atmosphäre von Oberägypten resignieren immer mehr Christen, packen ihre Koffer und ziehen ins ruhigere KAIRO oder kehren ihrer Heimat ganz den Rücken. Als letzter Ausweg derer, die ihr Land nicht verlassen wollen oder können, bleibt immer noch der Übertritt zum Islam. Bereits jetzt ist der koptische Bevölkerungsanteil in Assiut drastisch geschrumpft.

Indem die ägyptischen Christen ihr Hauptaugenmerk schon früh auf die Bereiche Bildung, Wirtschaft und Finanzen lenkten, gelang es vielen von ihnen, in ebenso einflußreiche wie gewinnbringende Positionen zu gelangen, vielleicht eine der wenigen Möglichkeiten, die eigene, schwache Position als religiöse Minderheit zu kompensieren. Angesichts der gegenwärtigen Situation könnte man sich die Frage stellen, ob es in vielen Fällen nicht eher ihr Wohlstand und ihr gesellschaftlicher Status sind, die bei der muslimischen Mehrheit Mißfallen und Ressentiments provozieren als die andere Religion. Erschwerend hinzu kommt bei vielen Kopten auch ihre oftmals prowestliche Haltung, die in Ägypten nicht immer en vogue war. Dennoch werden die geschmähten Kopten noch für unabsehbare Zeit ihren Platz in Ägypten behaupten können: zum einen als unübertroffene Fachleute im Finanzwesen und zum anderen - nicht alle Kopten haben das große Los gezogen - bei der Müllbeseitigung in der Metropole des Landes (s. Kapitel "Kairo").

Die Rolle der ägyptischen Massenmedien

Keine Wohnung ohne Fernseher

"Immer
wenn in der ägyptischen Gesellschaft
ein Problem auftaucht,
sei es die Jugendkriminalität,
der chaotische Verkehr, Abgase oder Terrorismus,
werden die Massenmedien an den Pranger gestellt.
Anstatt über die wirklichen Ursachen nachzudenken,
weist man hierzulande die Schuld
stets dem Fernsehen zu."

Saad Labib in Al-Ahram Weekly

Im Zuge der wirtschaftlichen Integration des Landes in die kapitalistische Weltwirtschaft veränderte sich auch das Medienangebot und entsprechend der Konsum von Büchern, Zeitungen, Radio, Kino und Fernsehen. Eines vermochte jedoch die neue Entwicklung nicht zu verändern: Nach wie vor dominiert und kontrolliert der Staat das Mediengeschehen. Bilder und Informationen, die das ägyptische Volk erreichen, werden selektiert und im Sinne der Sicht der Regierung aufbereitet und präsentiert. Entgegen der demokratischen Rhetorik der Regierung regiert tatsächlich die Zensur das Mediengeschehen.

Um die Struktur der ägyptischen Medien verstehen zu können, hilft es, sich zu vergegenwärtigen, welche gesellschaftlichen Kräfte sich in dieser Arena tummeln und auch, welche Interessenkonflikte hier ausgetragen werden. Das Medien-Feld ist in ständiger Bewegung, andauernd kommen neue Produkte auf den Markt. Im folgenden wird lediglich ein kurzer Überblick über die "Hauptspieler" im Medienbereich gegeben.

Printmedien

Das Feld der ägyptischen Printmedien ist weit. Die Gründe dafür liegen in der Tatsache, daß das geschriebene Wort eine lange Tradition im Lande hat. Bereits seit dem Mittelalter pflegten in städtischen Milieus gebildete Zirkel die Kultur des geschriebenen Wortes. Bis zur Mitte des 19. Jahrhunderts islamisch fundiert, veränderte sich das kulturelle Feld und somit die Textkultur seit dieser Zeit drastisch. Mit der Reformierung des Schulwesens und der Gründung der ersten Universitäten nach westlichem Vorbild stieg die Zahl der Akademiker und damit der aktiven Benutzer von Büchern und Zeitungen im Lande unaufhaltsam an. Eine intellektuelle Blüte erlebte das Land während der ersten drei Jahrzehnte dieses Jahrhunderts, als die Intellektuellen des Landes eine kulturelle Gratwanderung zwischen Europa und Orient versuchten. Eine der Hauptfiguren dieser Epoche war der blinde Autor *Taha Hussein* (1889-1976), der in seinen Schriften zwischen beiden Traditionen zu vermitteln versuchte.

Die zu dieser Zeit sehr elitäre Schriftkultur wurde während der nasseristischen Ära populärer. Während vor 1950 Lesen und Schreiben eine Sache der *beys* und *effendis*, d.h. der Oberen Zehntausend war, statteten die nasseristischen Bildungsreformen Millionen Ägypter mit der Fähigkeit des kompetenten Umgangs mit Texten aus. Eine neue Schicht von Gebildeten etablierte sich und damit einhergehend die Druck-Medien als Riesensegment der staatlich gelenkten ägyptischen Kulturindustrie.

Heute werden ***Bücher und Zeitschriften*** an vielen Stellen in den Städten des Landes verkauft. Die vielen Kioske versorgen junge und alte Leser mit

Traktaten zu Religion, Politik und Kultur. Die zum großen Teil sehr preiswerten und nach unseren Maßstäben schmucklosen Bändchen wandern dann von Hand zu Hand, um schließlich als Second Hand Artikel nochmals in den Zirkel des Lesens eingefüttert zu werden. Ein Buch wird in Ägypten als einem Land, in dem ca. die Hälfte aller Frauen und ein Drittel der Männer Analphabeten sind, niemals auf dem Schrott landen. Es erfährt hohe Wertschätzung, und es gehört heute nach wie vor zum Selbstbild des Akademikers, daß er oder sie belesen ist und eine kleine Bibliothek besitzt.

Wie hoch das Buch hier im Kurs steht, kann man erfahren, wenn man die alljährlich stattfindende ***Ägyptische Buchmesse*** auf dem Messegelände im Kairoer Stadtteil Nasr City besucht, wo hunderttausende Besucher, vor allem Studenten der hiesigen Universitäten, tagelang an den Bücherständen herumstöbern.

Der in den letzten Jahren beobachtete Trend zum ***religiösen Buch*** hat die Akzente im geistes- und sozialwissenschaftlichen Segment des Büchermarktes maßgeblich verändert. An allen Kiosken der ägyptischen Städte und in Buchläden bilden Bücher von neuen islamischen Gelehrten fundamentalistischer Orientierung wie *Mustafa Mahmoud,* Scheich *'Abdel Kafi* und anderen die neuen Kassenschlager und sind bereits wenige Tage nach ihrem Erscheinen ausverkauft. Die in Hunderttausenderauflagen verkauften Bücher werden von ihren Lesern buchstäblich verschlungen und kursieren vor allem an den Universitäten unter den Studenten, die in den Pausen häufig über die Texte diskutieren. Kein Zweifel, islamische Schriften sind "in" und werden es wohl auch noch etliche Jahre bleiben.

Im Zusammenhang mit dem neuen religiösen Trend haben die, in den vergangenen Jahren extrem rigide durchgeführten, ***Zensurmaßnahmen*** der Regierung für Schlagzeilen gesorgt, die mit dieser Aufgabe die religiösen Gelehrten der El-Azhar-Universität betraut. Atheismus und Pornographie stehen auf der Zensurliste der Scheichs ganz oben und werden mehr denn je verfolgt. Daß diese konservativen Kräfte mittlerweile Oberwasser haben und kritische Stimmen mehr und mehr zum Schweigen bringen können, wird vor allem von progressiveren Ägyptern sehr bedauert, die ihr Land einem religiösen Rigorismus anheimfallen sehen.

Der neue islamistische Trend schlägt sich auch im ***Zeitungs- und Zeitschriftenmarkt*** nieder. Während hier nach wie vor die Zeitungen wie *El-Ahram* und *Akhbar el-yom* dominieren (bei den Zeitschriften ist der *Musawwar* seit Jahrzehnten der Spitzenreiter), gewinnen islamistisch orientierte Zeitungen wie die ehemals sozialistische Zeitung *Es-schaab* mehr und mehr an Boden, ganz zu schweigen von Blättern wie die, in Großbritannien hergestellte, saudi-arabische Tageszeitung *El-Muslimun,* die sich in Ägypten einer stetig wachsenden Leserschaft erfreut, um hier nur einige prominente Beispiele zu nennen.

Unter den ägyptischen ***Tageszeitungen*** ist die (halb)staatliche *El-Ahram* (die Pyramiden) die bedeutendste. Sie wird nicht nur in Ägypten von mehreren hunderttausend Lesern täglich konsumiert, sondern gilt darüber hinaus als die bedeutendste Tageszeitung in der Region des Mittleren Ostens. *El-Ahram* wurde 1876 von den aus dem Libanon emigrierten *Taqla*-Brüdern gegründet und war bis zur Revolution 1952 eine von mehreren moderat-nationalistischen Zeitungen. Nach 1952 jedoch, besonders seit der Ernennung von *Mohammed Heykal* als Chefredakteur im Jahr 1957, erlangte die Zeitung den Status eines halboffiziellen Regierungsblattes, was wohl wesentlich dem Umstand geschuldet ist, daß Chefredakteur *Heykal* und Präsident *Nasser* eng miteinander befreundet waren. Viele sehen in *Heykal* auch den spiritu rektor für viele von *Nassers* politischen Entscheidungen. Nach *Nassers* Tod wurde *Heykal* dann auch seine enge Verbindung zum früheren Präsidenten zum Verhängnis. 1974 wurde er seines Postens als Chefredakteur enthoben und durch *'Ali Amin* in dieser Funktion ersetzt. Seit 1980 werden die Geschicke des, mit einem dichten Netz von Korrespondenten ausgestatteten, Blattes von *Ibrahim Nafih* gelenkt.

Wenn Reisende sich für das Thema Printmedien interessieren, können sie ja einmal den Versuch unternehmen, sich einige ägyptische Journale an einem Kiosk zu kaufen. Auch wenn man nicht Arabisch lesen kann, ist die Bildersprache der Journale für Interessierte unter Umständen aufschlußreich. Auf alle Fälle empfehlenswert ist die Lektüre der englischsprachigen *El-Ahram Weekly*, der ***internationalen Wochenausgabe*** der größten (halb) staatlichen ägyptischen Zeitung. Die *Weekly* informiert gut und kritisch über Politik, Wirtschaft und Kultur Ägyptens.

Das Feld ist auch bei den ***Frauenzeitschriften*** gespalten. Hier klafft eine große Lücke zwischen den modernistischen Frauenjournalen à la Brigitte und den neuen islamistischen Heften, die für die Verschleierung der Frau und ihre Reorientierung als Hausfrau und Mutter werben. Beide Frauenideale werden im ägyptischen Zeitschriftenangebot repräsentiert.

Film

Der ägyptische Film hat bereits eine lange Geschichte, die angeblich damit begonnen haben soll, daß ein Amateur 1919 die Beerdigung des Nationalistenführers *Mustafa Kamil* aufnahm. In der Folge stieg die Zahl der in Ägypten gedrehten ***Kurz- und Nachrichtenfilme*** kontinuierlich. 1917 gründeten italienische Investoren in Alexandria eine Filmgesellschaft. In den Filmen der italienischen Gesellschaft trat als erster ägyptischer Schauspieler der spätere Regisseur *Mohammed Karim* auf. Ab 1928 wurden im Schnitt zwei Spielfilme jährlich in Ägypten gedreht.

1934/35 legte die Misr Bank unter der Leitung *Talaat Harbs* mit der Einrichtung des *Studio Misr* das Fundament der ***ägyptischen Filmindustrie,*** die sich in den folgenden Jahren rapide entwickelte: Zwischen 1945 und 1952 erreichte die ägyptische Produktion einen Schnitt von 48 Filmen im Jahr und etablierte sich damit bis auf den heutigen Tag als Hauptfilmproduzent im Nahen und Mittleren Osten.

Mit der Einführung des Tonfilms konnten die Ägypter ihre dominierende Stellung in der Region ausbauen, da sie mit Musikern wie *Mohammed 'Abdel Wahab* und *Umm Kulthum* über die Stars der Vierziger und Fünziger Jahre verfügten. 1959 exportierte Ägypten 222 16-Millimeter-Kopien von Filmen, davon 155 nach Saudi Arabien. Dieser Trend setzte sich im Videozeitalter noch fort. Das durchschnittliche Budget eines ägyptischen Films liegt übrigens mittlerweile bei 750.000 ägyptischen Pfund, d.h. bei etwa 375.000 DM.

Auch das nasseristische System konnte die kommerzielle Struktur des ägyptischen Fillms nicht grundlegend verändern, doch erreichte die Zahl der Produktionen während der 60er Jahre ihren Tiefpunkt seit den 40er Jahren.

Nach der Implementierung der Politik der wirtschaftlichen Öffnung in Ägypten erblühte der ägyptische Film, der heute vor allem für viele junge Leute, und hier mehrheitlich Männer, einen wichtigen Zeitvertreib darstellt. Die heute von ägyptischen Regisseuren neben anspruchsvollen Kunstfilmen gedrehten Kriminal- und Actionfilme, welche durch riesige handgemalte Plakate angekündigt werden, locken ein Millionenpublikum in die zum Teil riesigen ***Filmpaläste*** des Landes. Für viele Ägypter bildet die Filmrealität eine verlockende Gegenwirklichkeit zur von Arbeitslosigkeit und Perspektivlosigkeit gekennzeichneten Alltagsrealität. Anders als die Zuschauer lösen die Filmhelden ihre Probleme, und das Happy End ist garantiert im Preis mit inbegriffen.

In den ägyptischen Kinos werden sowohl ägyptische als auch ausländische Produktionen gezeigt. In der zweiten Kategorie dominiert ganz offensichtlich der ***Actionfilm made in Hollywood,*** der nur zum Teil synchronisiert gezeigt wird. In den Kinopalästen des Landes, die zum großen Teil Mitte des 20. Jahrhunderts errichtet wurden, verbringen zahlreiche, vor allem männliche, Jugendliche ihre freien Abende.

So ein Abend verläuft häufig folgendermaßen: Nach dem Anlegen der Ausgehkluft trifft sich meist eine ganze Gruppe von männlichen Jungendlichen an einem verabredeten Treffpunkt. Man spaziert zunächst durch die Stadt, um nach attraktiven Mädchen Ausschau zu halten. Falls Mädchengruppen in Sicht kommen, werden sie von den Jungengruppen begutachtet, kommentiert und gegebenenfalls für geraume Zeit verfolgt. Nachdem dieses Spielchen eine Zeitlang betrieben wurde, macht man sich auf den Weg zum Kino. Bei ***Eintrittspreisen*** von ca. drei ägyptischen Pfund aufwärts ist ein Kinobesuch nicht gerade ein billiges Vergnügen. Umso mehr wird es genossen. Vor Beginn der Vorstellung kauft man Sonnenblumenkerne oder Erdnüsse, so daß auch die Geschmacksnerven während der Vorstellung auf ihre Kosten kommen. Im Kino dann kann man sich zusätzlich mit kalten und heißen Getränken versorgen. Während der Vorstellung ist die Stimmung im Kino häufig sehr aufgedreht. Komische oder erotisch-prickelnde Passagen werden vom Publikum kommentiert. Auffällige Zensurschnitte werden mit Buhrufen und Pfiffen bedacht.

Ausländischen Besucherinnen wird im Kino häufig besondere Aufmerksamkeit zuteil. Frau darf damit rechnen, daß Dutzende junger Ägypter, die, sobald sie im Kino sind, ihre gute Kinderstube vergessen, sich den Hals nach ihr ausrenken und zweideutige Bemerkungen machen, die von den anwesenden Freunden mit Gekicher bedacht werden. In solchen Fällen empfiehlt es sich, Ruhe zu bewahren und milde zu lächeln. Auf keinen Fall sollte frau aus der Haut fahren, denn dies wäre für die umsitzenden Voyeure ein gefundenes Fressen. Sobald das Geschehen auf der Leinwand beginnt, ist die ausländische Besucherin wieder Nebensache.

Fernsehen

Der absolute Favorit unter den Medien ist in Ägypten zweifellos das Fernsehen. Die weite Verbreitung erstaunte dann auch zahlreiche europäische Entwicklungsexperten, die sich darüber wunderten, daß sogar in den abgelegensten Dörfern oder Beduinencamps Fernsehgeräte betrieben wurden – zum Teil mit Autobatterien. Zweifellos gehört das Fernsehgucken zu den absoluten Lieblingsbeschäftigungen aller sozialen Klassen in Ägypten. In Hütten und Palästen finden sich alle Generationen von Fernsehgeräten, vom nahezu antiken Schwarz-Weiß- Apparat aus den 70ern bis hin zum modernen Luxusgerät.

Die Renner unter den ***Fernsehprogrammen*** bilden zweifellos die Übertragungen von Fußballspielen. Pünktlich zum Anpfiff sind die Straßen der ägyptischen Städte ebenso leergefegt wie während des Fastenbrechens im Ramadan, wenn sich wirklich beinahe alle Ägypter zuhause einfinden, um nach einem langen Fastentag die erste Mahlzeit einzunehmen.

Das ***staatliche Fernsehen*** bietet den Zuschauern drei Programme. Während die Kanäle eins und zwei bereits morgens die Ausstrahlung ihrer Programme starten, beginnen die Sendungen des dritten erst am Nachmittag. Die Programme aller drei Sender sind ein buntes Potpouri aus Cartoon-Shows, wissenschaftlichen bzw. Lehrsendungen, Unterhaltung und, in den vergangenen Jahren verstärkt, ***islamischen Sendungen.*** Wie der ägyptische Soziologe *Saad Eddin Ibrahim* berichtet, hat sich der Anteil islamischer Sendungen im ägyptischen Fernsehen während der letzten 15 Jahre vervierfacht. Der Islam bildet auch den Rahmen des Programms, das morgens mit einer Koranlesung beginnt und nachts mit einer solchen abschließt. Darüber hinaus gibt es beliebte Sendungen zur Thematik "Islam und Wissenschaft", deren Produktion zum Teil von Saudi Arabien finanziert wird. Ein Paradebeispiel für den wachsenden Einfluß des großen Bruders vom Arabischen Golf ist die beliebte Sendung von *Mustafa Mahmoud,* die vollständig von Saudi Arabien finanziert wird und demensprechende Inhalte präsentiert. Im Kampf mit westlichem Atheismus, und hier vor allem mit der darwinistischen Lehre, die bezeichnenderweise in Saudi Arabischen Schulen und Universitäten nicht gelehrt werden darf, geht es darum, eine vom Westen unabhängige, islamisch fundierte Wissenschaft zu kreieren, die seit mehreren Jahren in den ägyptischen Massenmedien diskutiert wird.

Teilweise bizarr muten die Werbespots an, die den Zuschauer aus der heilen islamischen Welt herauskatapultieren und ihn mit Bildern von höchst weltlich tanzenden Teenagern und anderen, von Islamisten als kätzerisch empfundenen, Medieneindrücken berieseln.

Darüber, auf welch unverblümte Weise die unterschiedlichen kulturellen Facetten im ägyptischen Fernsehen vermischt werden, gibt das Fernsehprogramm während des Monats Ramadan Aufschluß, das auf der einen Seite besonders geistlich ausgerichtete Inhalte präsentiert, - schließlich ist der Ramadan ein besonders wichtiger Monat für alle Muslime - andererseits aber als Feiermonat auch die meisten profanenen Film- und Showleckerbissen bietet. So reihen sich während dieser Medienhochzeit Szenen von betenden Muslims in Mekka, eine Ansprache von Scheich *Mitwalli Schaarawi*, Cartoonsendungen und Bauchtanzshows nahtlos aneinander - eine Mischung, die vielen frommen Ägyptern mehr und mehr Unbehagen bereitet. Jahr für Jahr nimmt der Protest am ***Ramadanfernsehprogramm*** zu, das in Zeitungskolumnen als geschmacklos kritisiert bzw. als frevelhaft verdammt wird. Doch da der Großteil der ägyptischen Fernsehnation das bunte Spektakel genießt, werden die Puristen wohl auch weiterhin vergebens Änderungen einfordern.

Ein Thema ganz besonderer Bedeutung ist die ***Satellitenschüssel*** und ihre Wirkungen auf die ägyptische Fernsehnation. Seit mehreren Jahren nimmt in Ägypten die Nachfrage nach den Schüsseln, die für manche die Welt bedeuten, drastisch zu. So konnte man in der *Egyptian Gazette* jüngst lesen, daß im ägyptischen Küstenort DAMIETTA ein Werkstattbesitzer der "Satellitomania" anheimfiel und sein gesamtes Hab und Gut inklusive Auto verkaufte, um sich in den Besitz der Schüssel zu bringen. Auch wurde berichtet, daß die Schüsseln von vielen Cafébesitzern angeschafft würden, um mehr Kunden anzuziehen. Vor dem Hintergrund, daß Cafés in Ägypten (fast) reine Männerdomänen sind, kann man sich leicht vorstellen, daß direkt aus dem All empfangene (und ergo am Netz der Zensur buchstäblich vorbeirauschende) Softpornos den Umsatz der Cafés zumindest für eine Weile deutlich anheben können.

Die gebannt vor der Mattscheibe sitzende junge Männergeneration macht denn auch vielen ägyptischen Politikern, namentlich dem Gouverneur und dem Sicherheitschef von DAMIETTA, Angst und Bange. Die Herren sprechen beunruhigt vom "moralischen Bankrott des Landes" und von Gegenmaßnahmen, die der ägyptische Staat ergreifen müsse, um die Werte der Gemeinschaft zu retten.

Vor allem in den Obere-Mittelklasse-Vierteln KAIROS, wie in MOHANDESSIN, MISR EL-GADIA und MAADI, sind Satellitenschüsseln mittlerweile an der Tagesordnung. Besonders für gebildete Ägypter, die des Englischen mächtig sind, ist die Schüssel der einzige Ausweg aus der Enge und Provinzialität des ägyptischen Fernsehens, das eben sehr stark nach Regierungsideologie riecht. Eine Revolution für die jungen Ägypter war der Moment im Juni 1993, als MTV in Ägypten zu empfangen war, und die hippe, coole Bildersprache made in USA von der Mattscheibe Besitz ergriff. Während vor allem Jugendliche der oberen sozialen Schichten die neue Medienära mit Parties zelebrierten, provozierte das MTV-Fieber bei den meisten älteren Ägyptern, vor allem aber bei den islamischen Fundamentalisten, heftigste Proteste. Wochenlang waren die Zeitungen voll von kritischen Kommentaren, die das Ende der ägyptischen Kultur prophezeiten. Aber die scheint resistenter zu sein als manche denken.

Wer nicht in den Genuß der Schüsselwelt kommt, - und das sind bei weitem die meisten Ägypter - muß sich mit Ersatzdrogen zufriedengeben. Das sind etwa die, seit Jahr und Tag im Fernsehen mit festen Sendeplätzen ausgestatteten, täglich gesendeten ***US-amerikanische Serien*** wie *"The Bold and the Beautiful"*. Diese Serien führen die ägyptische Fernsehnation allabendlich in die Wunderwelt reicher US-Amerikaner, die zwischen Moral und Geld hin- und herlavieren. In voyeuristischen Portraitaufnahmen werden notorisch blonde und blauäugige Damen und Herren präsentiert, die in weichgezeichneten Szenarien traumgleich die ägyptischen Gemüter betören. Wie tief sich diese Bilder in die Psychen der Zuschauer einprägen, zeigt der Umstand, daß in Schule, Fakultät oder Büro *"The bold and the Beautiful"* und die hier präsentierten Charaktäre eines der Hauptthemen darstellen.

Ebenfalls von großer Bedeutung sind die ***Werbespots*** im ägyptischen Fernsehen, die von denen einen als "toll", von anderen als "schlüpfrig" empfunden werden. Tatsache ist, daß in den vergangenen Jahren die großen multinationalen Konzerne in wachsendem Maße Sendeplätze im ägyptischen Fernsehen einkaufen und damit das Land an die globale Bildersprache anschließen. Wie bereits oben angedeutet, scheiden sich auch hier die Geister. Die eher westlich orientierten modernistischen Ägypter stehen in ihrer Bewertung den islamisch-fundamentalistischen Strömungen gegenüber, dazwischen liegt ein breites Mittelfeld von Meinungen. Alle mischen im Feld der ägyptische Medien mit und versuchen, die aktuellen Themen und Bilder mit zu prägen.

Video

Eine neue Facette der ägyptischen Medienlandschaft ist das Video, das seit den 80er Jahren in vielen mittelständischen Haushalten vorhanden ist. Neben dem Umstand, daß es in diesen Milieus mittlerweile üblich ist, wichtige Familienfeste wie Verlobungen und Hochzeiten auf Video aufzunehmen, um die individuelle Familiengeschichte durch bewegte Bilder zu dokumentieren, fungiert der Videorekorder auch als Ergänzung zum mitunter langweiligen Fernsehprogramm. Besonders die Jugendlichen haben ein starkes Bedürfnis nach Actionfilmen mit Hollywood-Helden à la Schwarzenegger und Stallone, die in den hiesigen Videotheken neben indischen Produkten dominieren. Angesichts der trüben Zukunftsaussichten ist der Eintritt in hyperpotente Traumwelten mit garantiertem Happy-End ein willkommenes Narkotikum. Angesichts des sexuellen Notstands der meisten Jugendlichen bieten auch die vielen indischen Spielfilme eine willkommene Abwechslung. Die indischen Filmemacher verstehen sich übrigens exzellent darauf, die ägyptischen Zensurmaßnahmen knapp zu umgehen. Reich an Anspielungen und subtilen Verführungen, bieten sie der Phantasie den Prickel, ohne die Zensurschere zum Einsatz kommen zu lassen. Als Beispiel für diese gewiefte Taktik sahen wir einmal einen indischen Spielfilm, in dem weibliche Darsteller durch eine Landschaft ritten und unvermutet in einen Teich fielen. Das Ergebnis war, daß man die Damen mit nassen, eng am Körper klebenden Kleidern sah, also nicht nackt, was Zensurmaßnahmen heraufbeschworen hätte. Andererseits zeichneten sich die Brüste einschließlich der Brustwarzen sehr genau ab – sehr zum Vergnügen der männlichen Zuschauer. Der Videoabend bei "sturmfreier Bude" ist bei Jugendlichen der Mittelklasse ein beliebtes Freizeitvergnügen.

Wirtschaft und Tourismus

"Die Reisenden tun hier bei den Pyramiden seltsame Dinge,
die sie zu Hause niemals täten.
Keine Frau in einem Reifenrock würde es mögen,
an den Seiten eines 20 Stockwerke hohen Gebäudes
emporgezogen zu werden,
während zwei athletische Männer an ihren Armen ziehen
und ein Dritter sie von unten drückt.
Hier bei den Pyramiden jedoch
unterziehen sie sich mutig und energetisch
solchen lächerlichen Prozeduren.
Anschließend fahren sie nach Hause und geben damit an,
daß sie die Pyramiden bestiegen haben."

Elisabeth Cooper, eine Ägyptenreisende, zu Anfang des 20. Jahrhunderts

Die Folgen der wirtschaftlichen Öffnung

Wie Besucher des Landes schnell bemerken werden, klaffen in Ägypten die sozialen Gegensätze weit auseinder. Bittere Armut und großer Reichtum existieren hier nahe beieinander. Die große Kluft zwischen Arm und Reich hat im Land eine bereits mehrere Jahrtausende alte Tradition. Sie überdauerte die Pharaonenzeit, das Mameluken- und das Osmanenreich. Man hätte beinahe annehmen können, es sei das Schicksal der meisten Ägypter, arm zu sein, hätte es 1952 nicht den Putsch der *"Freien Offiziere"* gegeben, deren erklärtes Ziel es war, die riesige Kluft zwischen Arm und Reich, Gebildet und Ungebildet zu schmälern. In den 50er und 60er Jahren wurde Ägypten das Musterland des Arabischen Sozialismus; es gelang erstmals, einschneidende Maßnahmen zur Verringerung des wirtschaftlichen Gefälles wie Mindesteinkommen, Bildungsreformen etc. durchzusetzen, als deren Folge die sozialen Verhältnisse im Lande sich von Grund auf veränderten.

Doch wurden die Visionen des Arabischen Sozialismus spätestens nach der verheerenden Niederlage Ägyptens im Krieg gegen Israel 1967 mit den bitteren politischen und ökonomischen Realitäten konfrontiert. Das Land zeigte sich nach beinahe zwei Jahrzehnten Sozialismus politisch geschlagen und wirtschaftlich ausgeblutet. Hinter den Fassaden dynamischer Rhetorik der Politiker hatte sich ein Schuldenberg aufgetürmt, den das Land aus eigener Kraft nicht mehr in der Lage war abzutragen. Als Präsident *Nasser* im Jahr 1970 starb, war vielen Mitgliedern der politischen Führung klar, daß es auf diesem Wege keine Zukunft für das Land geben würde.

Mit dem Amtsantritt Präsident *Sadats* wurde schließlich ein neues wirtschaftliches und politisches Kapitel ägyptischer Geschichte geschrieben. Zur Charakterisierung der neuen, bis heute andauernden, Ära ägyptischer Geschichte wird oft der Begriff *Infitah* (Öffnung) herangezogen, da der neue wirtschaftliche Kurs im wesentlichen die Integration des Landes in die kapitalitische Weltökonomie beinhaltet. Während zu Zeiten *Nassers* Importe von Konsumgütern zum Teil vom Präsidenten selbst kontrolliert und "dekadenter Konsum", beispielsweise von Champagner, von ihm höchstpersönlich verboten wurde, veränderte sich das Bild unter der Regie von Präsident *Sadat* von Grund auf. Unterstützt von großzügig gewährten ausländischen Krediten wurde das Land in den 70er Jahren zum Großabnehmer meist westlicher Konsumwaren. Große Sogkraft hatten ebenfalls die Einkommen von Hunderttausenden ägyptischer Arbeitsmigranten in den arabischen Golfstaaten. Die hier verdienten US-Dollars dynamisierten den Absatz von Fernseh- und Videogeräten, Kühlschränken und anderen Konsumgütern, die fortan in Riesenstückzahl den ägyptischen Markt überschwemmten.

Die neuen Wirtschaftsaktivitäten schufen schnell eine Klasse wirtschaftlicher Gewinner, von denen viele im unmittelbaren Freundeskreis des Präsidenten angesiedelt waren. Dessen Familie hielt sich übrigens selbst auch schadlos. Das Etikett "die fetten Katzen" (al-utat as-samina) bezeichnete die neuen, oftmals in Mafiamanier mit Bestechung operierenden Geschäftsleute. Daß hier auf die Schnelle ungeheure Reichtümer angehäuft werden konnten, belegt übrigens auch der Umstand, daß die Firma *Mercedes Benz* eigens für den ägyptischen Markt eine Produktionsstraße für Luxuslimousinen betreibt. Auch geht das Gerücht, daß weiße Mercedes der S-Klasse mit roten Lederbezügen speziell für die obersten Chargen des mächtigen ägyptischen Geheimdienstes hergestellt werden.

Ein weiteres Indiz der neuen materiellen Verhältnisse bildet die AUC *(American University in Cairo),* die man als "College mit Countryclub-Atmosphäre" bezeichnen kann. Die Universität, die in den 20er Jahren unseres Jahrhunderts als christliches Bildungsinstitut für junge Damen gegründet wurde, erfuhr nach Inkrafttreten der *Infitah-Politik* eine wirtschaftliche Blüte sondergleichen. Nicht nur von der einheimischen Elite, sondern auch von Kuwaitis gesponsort, dient die AUC der Erziehung und Bildung der jungen Elite des Landes. Sie verfügt über die beste Bibliothek des Landes, die üppigsten Sportanlagen und die besten Lehrkräfte. Etliche der nur wenigen tausend Studenten kommen geradewegs von der *Amerikanischen Schule* im Kairoer Oberschichtsviertel MAADI. Die häufig mit zwei Reisepässen (ein ägyptischer, ein US-amerikanischer) ausgestatten Studenten benehmen sich, wie könnte es anders sein, "cool" und fühlen sich als nationale Elite.

Neben dieser kleinen Schicht der wirklich Reichen gibt es auch eine neue ***gehobene Mittelklasse*** im Land. Diese, häufig durch Migrationsaufenthalte im arabischen Golf zu Geld gekommenen Aufsteiger, bilden die potenteste Käufergruppe in Ägypten und haben dementsprechend großen Einfluß auf die Konsumtrends im Lande. Wer die Schaufenster in KAIRO oder ALEXANDRIA anschaut, der sieht, was die neue Mittelklasse chic findet; wer die Werbespots im ägyptischen Fernsehen anschaut, der erfährt, was diese Gruppe momentan favorisiert - und das ist in den 90er Jahren eine spezielle Mischung aus neo-islamisch, US-amerikanisch und nationalistisch inspirierten Stilrichtungen. "In" ist auf alle Fälle ein Stil, den viele Europäer als grell, barock und kitschig ablehnen.

Neben den Countryclubs der Reichen und den modernen Appartementhäusern der neuen Mittelklasse in NASR CITY gibt es dann auch die Realität der wirtschaftlichen Verlierer. Und die sind zahlreich. Synchron zur Zunahme der Mercedes und BMWs im Straßenbild, erfolgte die stetige Absenkung des Lebensstandards der zahlreichen im öffentlichen Dienst Beschäftigten sowie der Alten und Bedürftigen. Unter dem immer stärker werdenden Druck von Weltbank und IWF schraubte die ägyptische Regierung ihre Subventionen von Lebensmitteln zurück. Wie riskant ein solches Tun ist, belegt der Umstand, daß eine Erhöhung des Brotpreises 1977 einen Volksaufstand provozierte, der von den europäischen Sozialwissenschaftlern als *"bread riots"* (Brotunruhen) etikettiert werden. Während der Unruhen, die in ALEXANDRIA und KAIRO stattfanden, skandierte die protestierende Menge Sprüche wie: *"Sadat ala moda, wehna sab'a fi oda"* ("Sadat trägt modische Kleidung und wir wohnen zu siebt in einem Zimmer!") und, an *Sadats* Frau gerichtet: *"Jihan, Jihan al-sha'b ga'an!"* ("Jihan, Jihan, das Volk ist hungrig!"). Allein in KAIRO wurden offiziellen Angaben zufolge 77 Protestler getötet. Inoffiziellen Quellen zufolge sollen es in den drei Tagen des Aufstandes mehr als 150 Tote gegeben haben.

Um dies zu verstehen, muß man sich vor Augen führen, daß das ***Brot*** *('eisch)* das wichtigste Grundnahrungsmittel für die Angehörigen der unteren Schichten darstellt. Es wird zu jeder Mahlzeit verzehrt, oftmals mit delikaten Soßen wie *tahina* (Sesamsoße) oder *muluchiyya* (Spinatsoße). Das wichtigste Gericht der ägyptischen Volksküche jedoch sind Bohnen *(ful)* und Brot. Als die Regierung den Preis eines Fladens von zwei Piaster auf fünf Piaster anhob, bedeutete dies für viele Familien eine Gefährdung ihrer materiellen Existenz. Die Regierung hat übrigens aus dieser Erfahrung gelernt und senkt seitdem indirekt die Brotsubventionen. Anstatt den Preis pro Fladen zu erhöhen, schrumpft die Größe unaufhörlich - ein Umstand, über den viele Witze im Umlauf sind.

Das Brot wird, wie eine kleine Anzahl anderer Grundnahrungsmittel, an schmucklosen staatlichen Verkaufsständen *(gamiyya)* verkauft. Zu dem Angebot dieser allgegenwärtigen Buden gehören Reis, Öl, Nudeln, Bohnen und einige andere saisonal wechselnde Lebensmittel. Die GAMIYYA bildet die Einkaufswirklichkeit der meisten Ägypter, die nur selten einmal einen der neu eröffneten, palastartig anmutenden Supermärkte und Einkaufszentren betreten.

Weiterhin kostenlos ist die ***staatliche Schulbildung*** in Ägypten, obwohl seit Anfang der 80er Jahre eine nicht enden wollende Diskussion über die Einführung von Schulgeld geführt wird. Der Hintergrund dieser Diskussion kann in den, sich stetig verschlechternden, Bedingungen in den staatlichen Schulen gesehen werden, die mittlerweile einen Tiefpunkt erreicht haben. Deprimierend für Lehrer und Schüler gleichermaßen sind Verhältnisse, wo fünfzig Schüler und mehr einen Klassenverband bilden müssen. Häufig sind nicht einmal genügend Stühle für die Kinder vorhanden, geschweige denn angemessene Lehrmittel. Bei den Lehrern begünstigen diese Zustände einen autoritären Unterrichtsstil; auf einzelne Schüler kann nicht eingegangen werden (über die heisergeschrieenen Lehrer kursieren übrigens auch mengenweise Witze in Ägypten). Das Schulspektakel beginnt in Ägypten morgens mit einem Appell und dem Singen der Nationalhymne durch die uniformierten Schüler, ein Schauspiel, das mancher Besucher Ägyptens bei seinen Streifzügen zufällig miterleben mag.

Eine Konsequenz der verheerenden Verhältnisse in den staatlichen Schulen, die noch dadurch verschlimmert werden, daß die chronisch unterbezahlten Lehrer mit Privatstunden ihre Gehälter aufzubessern versuchen, ist die

Gründung einer großen Zahl von Privatschulen. In diesen Instituten können Kinder begüterter Eltern all das lernen, was den Sprößlingen ärmerer Familien vorenthalten bleibt. Auch haben die Absolventen dieser Schulen die erheblich besseren Chancen, eines der begehrten Studienfächer an den staatlichen Universitäten belegen zu können. So vertieft sich nach und nach die Kluft zwischen Arm und Reich auch über das Erziehungssystem, das einst der Stolz der ägyptischen Nation darstellte.

Ein anderes düsteres Kapitel für die Verlierer der wirtschaftlichen Öffnung des Landes ist die hohe ***Arbeitslosigkeit,*** vor allem in den Reihen der Akademiker. Jedes Jahr produziert das Land ungefähr eine halbe Million Hochschulabsolventen, und damit bei weitem zu viel für den ägyptischen Arbeitsmarkt. Ähnlich wie bei den Schulen ist auch hier der Staat in einem Dilemma: Einst Motor der Errichtung des riesigen Hochschulapparats des Landes und Garant von Arbeitsplätzen für alle Hochschulabsolventen, wird er jetzt der Entwicklung nicht mehr Herr. Das stetig wachsende Heer von Arbeitslosen pocht nach wie vor auf sein Recht auf einen Arbeitsplatz in der überdimensionierten Verwaltung des Landes, die von vielen als ein Bermudadreieck von Millionen von Bürokraten betrachtet wird.

Doch wenn Mann oder Frau meist nach Jahren des Wartens (eine Ausnahme bilden die Lehramtsstudenten des Landes, die sofort einen Arbeitsplatz finden) einen Arbeitsplatz bekommen, sind die Probleme meist noch nicht gelöst. Das eher symbolische Gehalt (bei Berufsanfängern im öffentlichen Dienst beträgt das Einkommen ca. 100 ägyptische Pfund und damit nur 50 DM) wird, wie die Ägypter halb im Scherz, halb im Ernst zu sagen pflegen, für die Busfahrkarte und die Schuhsohlen verbraucht. Für die übrigen Bedürfnisse bleibt nichts mehr übrig. Also auch wenn man Arbeit hat, bedeutet dies für sehr viele Ägypter keineswegs materielle Sicherheit. Die Konsequenz der chronischen ***Unterbezahlung*** ist das Ausüben von Zweit- und Drittjobs, mit denen Millionen von Staatsangestellten ihre mageren Gehälter nach Feierabend aufbessern.

Eine weitere Konsequenz der desaströsen Situation nahezu aller Staatsangestellten ist, daß sich viele von ihnen nicht mehr leisten können zu ***heiraten,*** da die Kosten für Wohnung und Mobiliar ihre Einkommen bei weitem übersteigen. Das unter Akademikern deutlich ansteigende Heiratsalter belegt diesen Trend nachhaltig. Ihr unfreiwilliges Singledasein stellt für viele junge Akademiker ein großes Problem dar, da sie, auf die Freuden der Ehe verzichtend, oft viele Jahre lang hart arbeiten, um einen eigenen Hausstand gründen zu können. Dabei werden die meisten von ihren Eltern und Geschwistern unterstützt, da ihre eigenen Anstrengungen hierzu nicht ausreichen.

Für die Frauen dieser Gruppe bedeutet dies, daß die Situation auf dem Heiratsmarkt eng ist und die Konkurrenz um gut betuchte oder zumindest einigermaßen akzeptable Heiratskandidaten groß ist. Die Konsequenz ist, daß sie verstärkter sozialer Kontrolle ausgesetzt sind, und alles getan wird, um ihren guten Ruf zu sichern. Es kann davon ausgegangen werden, daß die neue Verschleierung, die besonders unter Akademikerinnen weit verbreitet ist, mit diesem Problemkomlex in Zusammenhang zu sehen ist.

Ganz besonders hart treffen die neuen wirtschaftlichen Härten die ***Alten und Bedürftigen,*** d.h. alle diejenigen, die auf staatliche Unterstützung angewiesen sind. Das sinkende Niveau staatlicher Zuwendungen bewirkt gerade in dieser Bevölkerungsgruppe neue Armut. Man wird in den Unterschichtsvierteln ägyptischer Städte oftmals alte Menschen sehen, die, in Lumpen gekleidet, ihren Lebensabend in winzigen Einzimmerwohnungen verbringen.

Eine generelle Konsequenz des neuen Wirtschaftskurses ist die ***Stärkung der Familie*** als soziale und wirtschaftliche Einheit. Wo in den 50er und 60er Jahren der starke Staat sich patronisierend verschiedenster sozialer Belange annahm und die Familien in ihrer Versorgungsfunktion entlastete, verläuft die momentane Entwicklung gegenläufig. Die Familie hat in den 90er Jahren sowohl als wirtschaftliche wie auch als moralische Institution Hochkonjunktur. In vielen ägyptischen Fernsehserien, in Politikerreden und in Zeitungskolumnen herrscht der gleiche Tenor: Zurück zu den Ursprüngen der heilen ägyptischen Familie, die den einzelnen vor Orientierungslosigkeit und wirtschaftlichem Scheitern retten kann.

Insgesamt kann man sagen, daß die von Präsident *Sadat* initiierte Politik der wirschaftlichen Öffnung bisher nur in einigen wirtschaftlichen Bereichen, und hier namentlich im Dienstleistungs-Sektor, erfolgreich gewesen ist. Während Handel und Dienstleistungen florieren, befindet sich der produktionsorientierte Teil der ägyptischen Wirtschaft in einer schweren Krise. Daher ist es bis dato nicht gelungen, die vielen, zum Teil riesigen ***staatlichen Betriebe*** zu privatisieren. In den wenigen Fällen von privatisierten Betrieben erfolgten Umstrukturierungen und Massenentlassungen, ein Umstand, der dem ohnehin bedrohten sozialen Frieden des Landes nicht gerade förderlich ist. Um weitere Pleiten, Massenentlassungen u.ä. zu vemeiden, subventioniert der Staat viele seiner unökonomischen Monsterbetriebe weiter und ist damit gemeinsam mit den schlecht bezahlten Angestellten der Unternehmen in einem Dilemma.

Die Bedeutung des Tourismus

Die wirtschaftliche Dimension

Als Teil der oben beschriebenen sozialen und wirtschaftlichen Dynamik ist die ägyptische Tourismusindustrie zu sehen. Zentraler Teil der seit Präsident *Sadat* betriebenen Politik ist der Ausbau des Tourismus als Hauptwirtschaftszweig des Landes. Die in den 70er und 80er Jahren aus dem Boden gestampften ***Hotelpaläste*** an dem Nilufer (NILCORNICHE) in KAIRO belegen die gigantische Größenordnung der ägyptischen Tourismusindustrie nachhaltig. Wo einst nur das *Nile Hilton* stand, befinden sich nun riesige Häuser aller führenden Hotelketten. Allein *Hilton* ist auf weniger als einem Quadratkilometer mit drei gigantischen Hotels vertreten. Aber auch *Sheraton, Meridien* und *Shepheard's* sind hier mit von der Partie. Die Präsenz dieser Hotels ist übrigens auch für Reisende der niedrigeren Preiskategorien von Vorteil, da einige der Dienstleistungen der großen Hotels auch von Nichtgästen genutzt werden können (z.B. Telefonieren, Faxen, Angebot an Briefmarken, internationalen Zeitungen, Lebensmitteln).

Neben der geballten materiellen Präsenz der globalen Hotelketten hat der Ausbau des Tourismus in Ägypten eine Reihe weiterer Folgen. Für den Reisenden zunächst nicht unbedingt sichtbar, ernährt dieser Wirtschaftszweig in Ägypten mittlerweile Millionen von Menschen. Der Grund für die zentrale Bedeutung des Tourismus liegt in der Organisation eines großen Teils der Wirtschaft im sogenannten "informellen Sektor", d.h. in Form von unzähligen vielen ***kleinen Firmen,*** die miteinander über weit verzweigte Netzwerke verflochten sind. Die Herstellung eines kleinen Souvenirs beispielsweise kann man von Oberägypten bis in die Kairoer Altstadt verfolgen, von wo aus das hergestellte Produkt dann entweder im Touristenbasar KHAN EL-KHALILI oder in der Nähe der Pyramiden verkauft wird. Konkret bedeutet dies, daß die Herstellung eines Produkts eine größere Zahl von Menschen in ganz Ägypten ernährt. Vielfach sind es auch Heimarbeiter, junge Frauen und Kinder, die ihre karge wirtschaftliche Existenz durch Arbeit in diesem Bereich gewinnen. Besonders deutlich ist die zentrale Bedeutung des Tourismus als Wirtschaftszweig in der Kairoer Altstadt, in der Tausende von Stoffapplikantinnen, Ledernäherinnen, Kupferschmiede etc. arbeiten. Ohne den Tourismus und den Export von typisch ägyptischen Erzeugnissen in alle Welt wären viele von ihnen arbeitslos. Über diesem untersten Level der Tourismusindustrie ist eine große Zahl von erheblich wohlhabenderen Akteuren am Werk, seien es die ***Zwischenhändler*** oder die Besitzer der einträglichen Touristenbasare und -geschäfte im Stadtzentrum. Die große Zahl neu entstandener Shops in pharaonischem oder islamischem Design zeigt an, daß in diesem Marktsegment viel Geld zu verdienen ist, von dem die eigentlichen Produzenten der Güter wie so oft nur einen kleinen Anteil bekommen.

Der Tourismus bietet auch vielen Universitätsabsolventen eine gute Chance, schnell Geld zu verdienen und der trüben Aussicht langer Arbeitslosigkeit und anschließenden Hungerlöhnen zu entgehen. Kein Wunder also, daß das Studium von Fremdsprachen eines der beliebtesten bei den ägyptischen Studenten ist.

Besonders gute Chancen, eine Stelle im Tourismus zu bekommen, haben die Studenten der neuen Übersetzungsfakultät der Kairoer *Ein Shams Universität.* Von hier, aber auch von anderen Fakultäten, strömen jährlich tausende von Absolventen in den begehrten Tourismussektor. Eine Zusatzausbildung als ***Reiseleiter*** oder -begleiter kann man an einem Privatinstitut im Kairoer Stadtzentrum absolvieren. Die Prüfungsgebühr in Höhe von 1500 ägyptischen Pfund (ca. 750 DM) ist allerdings für so manchen Studenten ein Hindernis, so daß ärmere Anwärter sich eine solche Ausbildung in der Regel nicht leisten können.

Die kulturelle Dimension

Die wachsende Wichtigkeit des Tourismus ist nicht nur wirtschaftlich von Bedeutung, sondern auch kulturell. So ist seit den 70er Jahren zu beobachten, daß die ägyptische Nationalidentität in starkem Maße mit der ***Selbstdarstellung des Tourismuszieles Ägypten*** verknüpft ist. Das pharaonische Erbe wird seit mehreren Dekaden dazu benutzt, das Nationalgefühl der Ägypter zu bebildern. Die altägyptischen Motive auf den Flügeln der *Egypt-Air-Flotte*, die wiederkehrenden historischen Motive im Fernsehen und das pharaonische Gehabe des früheren Präsidenten *Sadat,* der sogar in einer kleinen Pyramide bestattet wurde, sind hier nur einige Beispiele in dem momentan starken Trend, sich neu auf nationale Geschichte zu besinnen bzw. diese als Leitmotive nationaler Identität in der politischen Arena zu etablieren. Daß der Bezug auf die alte Geschichte keineswegs immer so stark und eindeutig positiv war wie heute belegt unter anderem die Tatsache, daß es gerade die europäischen Kolonisatoren waren, die im 19. Jahrhundert die noch heute andauernde "Ägyptophilie" erfanden. So waren es die Gründerväter der Disziplin Ägyptologie, unter ihnen auch der prominente Archäologe *Auguste Mariette,* die den Wert der ausgegrabenen Antiquitäten erkannten und die für eine ganze Zeitlang ein Wissensmonopol in Sachen ägyptischer Geschichte errichteten. Als ein Meilenstein der Ägyptophilie, die sich zeitweise gar zur Ägyptomanie steigerte, kann die Gründung des weltberühmten *Ägyptischen Museums* in KAIRO gesehen werden, das heute noch mehr oder weniger unverändert fortbesteht (obwohl seit einigen Jahren Pläne für einen Museumsneubau in der Nähe der Pyramiden existieren). Erst mit Erstarken der ägyptischen Nationalbewegung begannen auch die Ägypter, sich ebenso intensiv mit ihrer Geschichte zu befassen, wie dies bis dato nur ausländische Experten getan hatten. Etliche nationale Monumente, die über das Stadtzentrum KAIROS verteilt sind, erinnern an diese Phase nationalen Erwachens. Die dort kreierten Komponenten nationaler Identität dienen spätestens seit den 70er Jahren als Leitsymbole des Landes, um Touristen anzuziehen. Die damals komponierte Mischung aus altägyptischer Nostalgie und bodenständiger Volksideologie à la Fellachenkultur ("die braven Bauern, die mittels Handarbeit den Boden kultivieren und seit Jahrtausenden unverändert leben") wird heute noch Tag für Tag in die nationale und globale Medienmaschinerie eingefüttert, um eine doppelte Adressatenschaft mit Wissen über die ägyptische Nation zu versorgen: einerseits die Ägypter, an deren Wir-Gefühl hier appelliert wird, zum anderen die Touristen, die mit den idealisierenden Bildern ins Land gezogen werden sollen.

Die Embleme des touristischen Ägypten, unter ihnen sicherlich auf den führenden Plätzen die pharaonischen, markieren heute die Pfade, die die meisten Touristen im Lande beschreiten. Sie bebildern die Lebenswelt der Touristen, d.h. sie sind in Hotelhallen ebenso präsent wie in Restaurants, Geschäften und natürlich auf Prospekten, in Reiseführern und auf T-Shirts. Den dramatischen Höhepunkt dieser touristischen Inszenierungen bilden sicherlich die ***Sound-and-Light-Show an den Pyramiden,*** die den Zuschauer in eine multimediale pharaonische Scheinwelt führt, und das postmoderne Museum *"Pharaonic Village",* wo Zuschauergruppen auf von Motorbooten gezogenen Tribünen an Szenen des "pharaonischen Alltags" vorbeigleiten. Gegen all diese Spektakel ist sicherlich nichts einzuwenden, man sollte nur nicht erwarten, daß die Darstellung zu viel authentischen Gehalt hat.

Während sich die meisten Reisenden und ihre professionellen Führer routiniert vor der ***Tourismusfassade*** bewegen und beide Seiten in irgendeiner Form von dem Geschehen profitieren, empfinden andere Ägypter diese touristischen Darbietungen als frevelhaft. Die Rede ist von den islamischen ***Fundamentalisten,*** die in Sachen Geschichte keinen Spaß verstehen und für

Ein Monument des Tourismus: das GEZIRA-HILTON in Kairo

sich reklamieren, die allein gültige Version zu kennen. Für die wachsende islamisch-fundamentalistische Bewegung ist der Massentourismus aus mehreren Gründen ein rotes Tuch:

Zum einen wird in ihm nach Meinung der Fundamentalisten ein götzenartiger Kult um höchst irdisch und innerweltlich orientierte Menschen wie die Pharaonen betrieben, zum anderen lehnen die Fundamentalisten jedwede nationale Orientierung, die nicht direkt mit dem Islam verbunden ist, grundsätzlich ab.

Zum anderen sehen die Fundamentalisten im aktuellen Massentourismus einen negativen Einfluß auf die Jugend des Landes, die durch die wachsende Präsenz westlicher Reisender im Lande mit teuflischen Versuchungen wie vorehelichem Sex und Alkohol konfrontiert werden. Darüber hinaus sehen die religiösen Eiferer den Tourismus als Teil einer schleichenden Verwestlichung des Landes, in deren Folge seine Einwohner ihre eigenen kulturellen Traditionen ablegen und sich stattdessen mit westlichen Kulturmustern identifizieren würden.

Ein weiterer ***Grund der kategorischen Ablehnung*** des momentan in Ägypten vorhandenen Tourismus ist die enge Verflechtung des Tourismus mit dem jetzigen politischen System in Ägypten, wie bereits angesprochen. Diese enge Verbindung nutzen die Islamisten seit einigen Jahren, um ihren Widerstand gegen das gegenwärtige politische System zum Ausdruck zu bringen. Getreu ihrer Devise: Wer den Tourismus angreift, schädigt die Regierung des Landes, haben Angehörige radikaler fundamentalistischer Gruppierungen *(gama islamiya)* in den letzten Jahren sporadisch ***Anschläge auf Touristen*** verübt. Ihr Ziel ist es, hierdurch das politische System zu treffen. Wenngleich niemand außerhalb des ägyptischen Sicherheitsdienstes wirklichen Einblick in die seit Jahren verübten Anschläge und ihre Täter hat, scheint es sich um eine kleine Minderheit zu handeln, die solche Anschläge plant und durchführt. Es muß auch gesagt werden, daß die überwiegende Mehrheit der Muslime einschließlich der Fundamentalisten in Ägypten diese Anschläge sowie jegliche Gewalt sowohl an Ägyptern wie auch an Besuchern des Landes ablehnen.

Bei der Ergründung der Motive für die an Touristen wiederholt verübten Anschläge gibt es auch immer wieder Stimmen, die die Täter eher im israelischen Lager bzw. im ägyptischen Geheimdienst selbst vermuten. Letzteres wohl, weil die Anschläge den Hardlinern in der Regierung die Möglichkeit harten Durchgreifens gegen jedwede Form politischen Widerstandes verschaffen.

Grundsätzlich kann gesagt werden, daß die Anschläge, die in der "heißen Terrorsaison" 1992/93 sowohl am Kairoer Tahrirplatz wie in Oberägypten stattfanden, ihre Wirkung nicht verfehlt haben, und der devisenstarke Wirtschaftszweig Tourismus im Lande ganz empfindliche Einbußen erlitten hat. Während in den 80er Jahren noch hochtrabende Pläne des Ausbaus verschiedener Oasen und Badeorte am Roten Meer zu neuen touristischen Zentren entwickelt wurden, ist es heute so, daß die bisherigen Strukturen in Hotel und Gastronomie die momentane Touristenzahl gut verkraften können, ja, daß diese Strukturen nicht einmal ausgelastet sind.

Die ***Reaktion auf die Anschläge*** durch die Regierung hat sicherlich auch nicht dazu beigetragen, die entstandene Furcht der potentiellen Touristen zu schmälern. Blindwütige Razzien, Massenverhaftungen, die von Kennern des ägyptischen Fundamentalismus als planlos und widersprüchlich kritisiert wurden, führten zu tiefer Verunsicherung sowohl bei den meisten Ägyptern wie auch bei ausländischen Beobachtern, die nach der Verhaftungswelle argwöhnten, ganz Ägypten sei vom Terrorismus unterwandert. Andererseits wird auch die Strategie von Präsident *Mubarak,* die Vorfälle als reinen Medienrummel abzutun, dem Geschehen nicht gerecht. Einen Mittelweg zwischen blindem Aktionismus und Herunterspielen würde dem Sachverhalt wohl eher gerecht als die seltsam unkoordinierten Reaktionen der Regierung. Wie sehr die ägyptische Regierung mit den Vorfällen überfordert ist, zeigt auch eine Anzeigenaktion, die von irgendeiner offiziellen Stelle (man konnte sie im nachhinein angeblich nicht mehr genau identifizieren) in der Hochzeit des Terrors 1993 gestartet wurde: In der Kairoer Innenstadt wurden große Anzeigentafeln aufgestellt, auf denen ebenso blutrünstige wie raffgierige Terroristen abgebildet waren. Darunter stand auf Arabisch: "Sie gehören nicht zur islamischen Gemeinschaft!". Wie man sich denken kann, löste die Präsenz obskurer Terroristen auf Plakatwänden direkt im Hauptzentrum des Tourismus in KAIRO wilde Entrüstung aus, und es wurde von höchster Stelle das sofortige Abmontieren der schädlichen Tafeln angeordnet.

Es sollte zum Thema ***Tourismus und Terrorismus*** noch eines gesagt werden. Wir, die Autoren, hielten uns 1992/93 in KAIRO auf und wohnten nur etwa 200 Meter vom Tahrirplatz entfernt, als dort zwei Bomben explodierten. Trotzdem haben wir uns in KAIRO stets ebenso sicher, wenn nicht gar sicherer gefühlt als in Deutschland. Dabei spielt wahrscheinlich nicht einmal die äußerst niedrige Wahrscheinlichkeit, einem Anschlag zum Opfer zu fallen, die ausschlaggebende Rolle, sondern das Geborgenheitsgefühl, das wir während unserer Aufenthalte in KAIRO durch die Hilfsbereitschaft und Gastfreundschaft der meisten Ägypter empfanden.

Konsumkultur

Räucherfisch am Straßenrand

"Ich bezweifle,
ob der Einkauf in irgendeiner europäischen Stadt
solch freudige Befriedigung zu schaffen vermag
wie ein Gegenstand,
den man in den kairener Basaren billig
- und das heißt also mit höchstens
50 Prozent über dem Normalpreis -
erstanden hat.
Beide Teile, Käufer und Verkäufer,
scheiden in Vergnügen und Wertschätzung voneinander
- kann es ein idealeres Verhältnis zwischen Mitgliedern
der menschlichen Gesellschaft geben?"

Heinz Klamroth, Ägyptenreisender des frühen 20. Jahrhunderts

Einkaufen in Ägypten

Wie man bei einem Aufenthalt in Ägypten schnell feststellen wird, ist das Motto: "Ich kaufe, also bin ich", der Leitsatz aller leidenschaftlicher Konsumenten, nicht nur in Europa gültig, sondern auch im Land am Nil. Das bedeutet jedoch nicht, daß dort nach dem gleichen Muster eingekauft wird wie bei uns. Einige der ***Unterschiede*** sollen hier beschrieben werden, um dem Reisenden das Treiben auf den Märkten und in den Geschäften ein wenig näher zu bringen.

Zunächst einmal kann man sagen, daß der Konsum in Ägypten wesentlich familienzentrierter ist als bei uns. Einkaufen ist die Angelegenheit der ganzen Familie, deren Mitglieder oftmals Geld auch zu individuellen Anschaffungen einzelner Mitglieder beisteuern. Das Prinzip des Austausches innerhalb einer Gemeinschaft funktioniert in der Familie, aber auch über die Familie hinaus reibungslos, was auch durch die starke Häufigkeit der *gam'iyya,* der ***Spar- und Konsumgemeinschaft,*** belegt wird. Die Ursache für die wichtige Bedeutung gemeinschaftlich organisierter Konsummuster liegt in dem Umstand, daß viele Anschaffungen individuell einfach nicht zu realisieren sind. Die Spargemeinschaft ist also eine ökonomisch höchst vernünftige Institution, die besonders bei den unteren sozialen Schichten sehr stark ausgeprägt ist.

Daß das Kaufen in Ägypten einem Fest gleichkommt, stimmt buchstäblich, da viele Einkäufe anläßlich islamischer Feiertage getätigt werden. So gibt es zum ***Großen Fastenfest*** am Abschluß des Fastenmonats Ramadan Kleider für alle Familienmitglieder, zumindest aber für die Kinder. Spielzeug und Süßigkeiten werden zum Geburtstag des Propheten an die Kleinen verschenkt.

Bei ***Einkaufsbummeln*** beispielsweise in Kairo kann der Besucher sehen, mit welchem Sachverstand und mit welcher Umsicht viele Ägypter einkaufen. Der Leitsatz "Nicht gleich das erste beste nehmen" wird hier wirklich beherzigt. Man hat in Ägypten das Bewußtsein darüber, wie hart das Geld verdient werden muß, bevor es ausgegeben wird, noch nicht verloren. Darum gilt in Ägypten tatsächlich das Motto "Der Kunde ist König". Wenn man will, kann man sich hier als Kunde während seines Einkaufsbummels ausgiebig verwöhnen lassen, oft wird Tee oder Kaffee serviert und charmante Unterhaltung angeboten. Falls man sich auch nach langer Beratung noch nicht für ein Produkt entscheiden kann, ist dies in Ägypten kein Problem, denn für die Einheimischen ist es normal, sich erst einmal einen Überblick zu verschaffen. Nicht gleich zu kaufen gilt hier nicht als unentschlossen, sondern als clever.

Interessant sind auch die verschiedenen ***Einkaufsumgebungen,*** die man in Ägypten findet. Von der populären Einkaufsmeile Muski bis zur piekfeinen neuen Shopping Mall am Nil oder in Zamalek bietet vor allem Kairo eine breite Vielfalt von unterschiedlichen Konsumwelten, die auf unterschiedliche Kundengruppen zugeschnitten sind.

Das ein oder andere Mal werden Reisende in Ägypten wahrscheinlich staunen und denken, sie seien einer optischen Täuschung erlegen. Die Rede ist von den in der letzten Zeit immer häufiger anzutreffenden ***Imitationen von Markenfabrikaten*** im Bekleidungsbereich. Egal ob *Levis, Diesel* oder *Lee,* die Hosenschnitte werden von geschickten ägyptischen Kleinunternehmern kopiert und die Jeans mit leicht veränderten Namen für einen Bruchteil des Originalpreises an alle diejenigen verkauft, die sich die kostspieligen Originale nicht leisten können. Im Stadtzentrum KAIROS gibt es ganze Einkaufspassagen, die sich auf den Verkauf solcher Kopien von Jeans und Sportswear spezialisiert haben. Übrigens kann man hier auch feilschen. Besonders, wenn man mehr als ein Produkt ersteht, sind die Chancen gut, noch ein paar Mark zu sparen.

Überhaupt sind ***Jeans*** in KAIRO momentan der Renner bei jungen Leuten, die, um sich die begehrten Hosen anschaffen zu können, nach der Schule jobben gehen. Einmal im Besitz der, wenn auch als Plagiat erworbenen, im-

Rinderköpfe auf dem Basar

mer noch kostbaren Beinkleider, werden diese gepflegt und nur außerhalb des Hauses angezogen. Jeanshosen sind hier die erste Wahl, und wenn noch ein Paar "coole" Sportschuhe dazukommen, gilt man in Kreisen junger Leute als wirklich gut angezogen. Für die meisten tatsächlich unerreichbar sind echte Markenjeans, die sofort erkannt und wertgeschätzt werden.

Die populäre Einkaufsmeile

Eine Einkaufserfahrung ganz besonderer Art ist der Besuch der ***Muski-Straße,*** welche als die bekannteste ägyptische Einkaufsmeile gilt. Hierher kommen unter anderem Bauern aus Oberägypten und aus dem Nildelta, um ihre Großeinkäufe zu erledigen. In der Handelsmeile tobt das Leben, vor allem an Sonntagen, wenn die Angestellten des öffentlichen Dienstes frei haben, die Geschäfte im MUSKI-BEZIRK jedoch geöffnet sind. Wenn man Gedrängel à la Orient erleben will, - übrigens eine faszinierende, wenn auch kraftraubende Erfahrung - dann sollte man hierherkommen und ein Bad in der Menge nehmen. Bühnenreife Aufführungen von Schuhverkäufern, die mit Mikrophonen und Lautsprechern ausgestattet die Menge anheizen, um ihre Waren zu verkaufen, menschliche "Ameisen", die mit zentnerschweren Lasten auf dem Rükken ihre Bahn durch das Gewühl ziehen, und mitten auf der Straße plazierte Süß- und Kurzwarenhändler mit zum Teil pittoresken Ständen vervollkommnen das Konsum-Spektakel. Auch werden akustisch sensible Menschen, selbst wenn sie des Arabischen nicht mächtig sind, unter Umständen feststellen, daß im MUSKI-BEZIRK ein ganz eigener arabischer Slang gesprochen, oder besser gesagt, geschrien wird. Der ***produktive "Hinterhof"*** der MUSKI, ein städtisches Produktionsmilieu, welches aus tausenden von kleinen Werkstätten besteht, befindet sich übrigens in unmittelbarer Nähe der Einkaufsmeile und ist auf alle Fälle einen Besuch wert. Das dichte Geflecht von Werkstätten bietet interessante Einblicke in Produktionsmethoden, deren Kennzeichen karge Inputs und im Vergleich dazu beeindruckende Outputs darstellen.

Das staatliche Warenhaus

Als Beispiel einer früher florierenden Warenhauskette, die während der Nasserära verstaatlicht wurde und bis zum heutigen Tag in staatlichem Besitz und daher immer noch mit der Aura sozialistischer Planwirtschaft umgeben ist, gilt die ***Omar Effendi-Kette,*** deren Filialen in KAIRO in starkem Kontrast zum oben beschriebenen pulsierenden Basar stehen. Während im MUSKI-BEZIRK auf engstem Raum ein Maximum von Waren umgesetzt wird, ist das Raum/Warenverhältnis bei *Omar Effendi* genau anders herum strukturiert. Beim Flanieren durch die großzügigen Räume ist man eher auf der Suche nach Produkten, die in kleiner Auswahl in den Regalen der Warenhäuser liegen.

Die luxuriöse Shoppingmall

Mondän und postmodern ist die Atmosphäre in den neuen luxuriösen Shoppingmalls, wie beispielsweise im ***Yamani Shopping Center*** im Kairoer Stadtteil ZAMALEK. Hier tummeln sich Upperclass-Damen und -Herren sowie alle diejenigen, die es gerne wären. Im Innern der überdachten Einkaufspassagen könnte man beinahe vergessen, daß man in Ägypten ist.

Essen und Trinken in Ägypten (Essay von Bettina Mann)

Speisekarte

Wenn auch *ful mesdames* (ein Bohnenbrei aus der Fava-Bohne) sowohl von Ägyptern als auch in Kochbüchern häufig als das typische Nationalgericht beschrieben wird, ist man damit weit davon entfernt, die ägyptische Küche charakterisiert zu haben. Ebensowenig wie sich die italienische Küche auf Pizza und Pasta oder die deutsche Küche auf Eisbein und Sauerkraut reduzieren läßt, kann man die ägyptische Eßkultur auf einen Begriff bringen. Viele der Speisen sind landestypische Variationen einer kulinarischen Tradition, die der gesamte Mittlere Osten teilt. Kulturkontakt, jahrhundertelange Fremdherrschaft und nicht zuletzt der Kolonialismus haben im Bereich der Küche ihre Spuren hinterlassen. Türkische, syrische und persische Einflüsse haben nicht nur den Geschmack der Eliten geformt, sondern auch die Alltagskost variiert.

Eine Anzahl der Basiselemente ägyptischer Küche lassen sich bis in die pharaonische Zeit zurückverfolgen. ***Das alte Ägypten*** gehörte bekanntermaßen zu den ersten großen Zivilisationen, die nicht nur schriftkundig waren, sondern deren Landwirtschaft auf der Grundlage von Bewässerung und Pflug stand.

Wenn auch Brot und Bier die statusunabhängigen Grundnahrungsmittel der alten Ägypter waren, so unterschied sich doch die einfache und sparsame Ernährung der unteren Schichten stark von den reichhaltigen Tafeln der herrschenden Klasse. Während etwa das Mittagessen eines einfachen Arbeiters aus Brot, Zwiebeln und Bier bestand, gelegentlich ergänzt durch gesalzenen Fisch, war der Tisch der Adligen reichhaltig gedeckt. Grabmalereien und Reliefs in den Pyramiden geben Zeugnis vom großen Nahrungsmittelsreichtum dieser Zeit. Die Toten wurden für die Ewigkeit nicht nur mit allen möglichen Nahrungsmitteln versorgt, sondern auch mit Dienern, um diese zuzubereiten. Ein Beispiel für die Lebensmittelversorgung der Toten für das Jenseits aus der Zeit der zweiten Dynastie, also aus dem 3. Jahrtausend v.Chr. zeigt, daß man mit Leckerbissen und erlesenen Speisen nicht geizte. Auf dem Speiseplan standen neben Gerstenbrei, gekochtem Fisch und Brot

Köstlichkeiten wie Taubenragout, Schnepfen, gebratene Rippchen und Rinderschenkel sowie Feigenkompott, Honigkuchen, Käse und Weintrauben. Dazu wurden Bier und Wein gereicht.

Neben der Liebe zum Brot, zu Hülsenfrüchten und Zwiebeln soll auch die *muluchiyya* (eine Suppe aus einer spinatähnlichen Pflanze, die mit Huhn oder Kaninchen als Fleischeinlage zubereitet wird) ihren Ursprung im alten Ägypten haben und bereits den pharaonischen Gaumen erfreut haben. Von Besuchern Ägyptens oft wegen ihrer schleimigen Konsistenz verschmäht, ist sie für die meisten Ägypter ein ***Nationalgericht,*** das nicht nur als Symbol pharaonischer Tradition, sondern auch des einfachen Volksgeschmacks einer Bauernkultur patriotische Gefühle stimuliert.

Die ***Alltagskost*** der meisten ägyptischen Familien besteht aus einfachen Gerichten, die sich nach dem saisonalen Angebot von Lebensmitteln richten. Wer die lokalen Märkte besucht, wird beobachten können, wie qualitäts- und preisbewußte Kundinnen und Kunden ihre Auswahl aus der Fülle des Angebots an Gemüse, Obst, Frischfleischs und Geflügels treffen. Mit kunstvollen Obst- und Gemüsearrangements, die viel Gefühl für räumliche Harmonie und Farbe ausstrahlen, versuchen Händler und Händlerinnen, den Blick auf ihre Waren zu lenken. Oft wird der Verkauf von ausführlichen Gesprächen über die Qualität der Ware begleitet. Übrigens: Für Lebensmittel gelten in der Regel Festpreise. Auf Preisschildern werden die Kilopreise angezeigt.

Das staatlich subventionierte ***Fladenbrot*** *('eisch)* stellt nach wie vor für viele Familien die Sättigungsgrundlage einer jeden Mahlzeit dar. So verwundern auch nicht die Schlangen, die sich tagtäglich vor den staatlichen Verkaufsstellen und Öfen *(furn)* bilden. Ein Fladenbrot, etwas weißer Käse zusammen mit grünem Salat oder einer Lauchzwiebel läßt sich auch am Straßenrand als schnelle Mittagsmahlzeit einnehmen. Nudeln, Reis und Hülsenfrüchte wie Bohnen und Linsen sind ebenfalls wichtige Grundnahrungsmittel und für die meisten Speisen ebenso unabdingbar wie Tomaten. Frische Tomaten werden häufig als Salatbeilage gereicht, während viele Speisen in Tomatensauce gekocht werden. ***Fleisch,*** insbesondere rotes Fleisch von Rind und Schaf, wird zwar hoch geschätzt, kommt aber in den untereren sozialen Schichten nur selten auf den Tisch. Als Thema teils bitterer Witze der Volkskultur und der satirischen Feder von Zeitungskarrikaturisten, ist der Fleischkonsum als Zeichen eines gewissen Wohlstands, jedoch ein ständiger Gesprächsgegenstand. Neben Fleischgerichten gelten aber auch Innereien als Delikatesse. Leber, Herz, Nieren, Hirn, kaum ein Teil des Tieres, das nicht im Kochtopf landet.

Während regionale Unterschiede der Küche in Ägypten eher zu vernachlässigen sind, spiegeln sich soziale Unterschiede in der Reichhaltigkeit und Variation der täglichen Kost wieder. Auch werden in der Mittel- und Oberschicht die traditionellen, kalorienreichen Speisen, die mit Fetten und Zucker nicht geizen, zum Gegenstand ernährungsbewußter Kritik. Angeregt von den unermüdlichen Debatten in den Medien, die einen ernährungsbedingten schlechten Zustand der Volksgesundheit beklagen, nehmen viele Frauen Abstand von den "schweren" Speisen der Volksküche. Gleichzeitig werden neue Rezepte für Pizza, Lasagne und Hamburger sowie Fertigprodukte willkommen in die häusliche Küche aufgenommen und kreativ der kulinarischen Tradition angepaßt.

Küchen

Kochen ist nach wie vor Frauenarbeit, auch wenn sich erstaunlicherweise viele Männer gut in der Theorie und Tradition ägyptischer Kochkunst auskennen. Besonders, wenn Gäste erwartet werden, verbringen Frauen oft Stunden mit der Zubereitung von Speisen. Um den Gästen Ehre zu erweisen, muß die Tafel reichhaltig gedeckt sein. Ein typisches ***Festmahl*** umfaßt eine Suppe, frisches Gemüse und mehrere Fleisch- und Geflügelspeisen. Salate, Mixed Pickles und natürlich Brot werden als Beilagen gereicht. Gibt es frischen Fisch, darf *tahina* (eine Sesamsoße) nicht fehlen. Alle Speisen werden gleichzeitig aufgetragen. Auch wenn in vielen Haushalten mittlerweile für jede Person ein eigener Teller gedeckt wird, bedient man sich klassischerweise mit dem Löffel oder einem Stück Brot aus den gemeinsamen Schüsseln. Gäste werden mit den besten Bissen verwöhnt und immer wieder zum Zugreifen aufgefordert, nachdem man mit einem *"bismillah"* die Mahlzeit begonnen hat. Wer gesättigt ist, verläßt den Tisch mit einem *"Al-ham du li-lah"* ("Gott sei gedankt"), um sich anschließend Hände und Mund zu waschen. Der eigentlich gesellige Teil einer Mahlzeit vollzieht sich im Anschluß bei einem Glas Tee, zu dem Gebäck und Süßspeisen oder frisches Obst angeboten werden.

Straßenimbisse und Fast-Food

Seit Jahrhunderten sind westliche Reisende fasziniert von der Fülle an Speisen und Leckereien, die in den Garküchen und von mobilen Händlern auf den Märkten und Basaren der mittelöstlichen Städte für das leibliche Wohl feilgeboten werden. Wie *Lionardo Frescobaldi,* ein Reisender des 14. Jahrhunderts anschaulich beschreibt: *"Kairo hat mehr Einwohner als die ganze Toscana; und in mancher Straße wohnen die Leute enger aufeinander als selbst in Florenz. Es gibt viele Köche, die draußen auf der Straße prächtige Fleischstücke kochen, in der Nacht wie am Tag, in großen Kupferkesseln. Und kein Bürger, wie reich er auch sein mag, kocht bei sich zu Hause. So halten es die Heiden; sie lassen ihr Essen in diesen Basars holen, wie sie sie nennen. Oft setzen sie sich einfach auf die Straße und essen dort."* Läßt man die offensichtliche Fabulierfreude und den Ton zivilisatorischer Überlegenheit des Erzählers außer Betracht, so deutet diese Schilderung doch auf wesentliche Aspekte der Geschichte der - nicht nur mittelöstlichen - Imbißkultur hin. Geburtsort sind die Straßen, Märkte und

Basare als Orte der Mobilität und Aktivität. Orte also, an denen die Notwendigkeit besteht, Händler, Geschäftsleute, Handwerker und Reisende mit einer Mahlzeit fern der häuslichen Tischgemeinschaft zu versorgen.

Nach wie vor wird ein großer Teil der Volksernährung durch Imbisse, Garküchen und mobile Straßenhändler gesichert. Die angebotenen Speisen umfassen das gesamte Repertoire von Snacks bis hin zu kompletten Mahlzeiten. Schon in aller Frühe schwärmen die ***Straßenverkäufer*** aus, um dem Strom der Berufstätigen ein preiswertes Frühstück in Form von *ful mesdames* oder Sandwichen anzubieten. Zur Mittagszeit erscheinen dann die Essenskarren der Händler mit *macarona* (Nudeln mit unterschiedlichen Soßen) oder - ty-

Brotverkäufer

pisch für KAIRO - *kusheri* (eine Mischung aus Nudeln, Reis und Linsen, die mit scharfer Soße und gerösteten Zwiebeln genossen wird). In den Markt- und Basarstraßen und natürlich an zentralen Verkehrsknotenpunkten wie Bahnhöfen sind die Straßenhändler allgegenwärtig. *Kebab, kibda* (Leber, von deren Genuß allerdings auch die Ägypter wegen Durchfallgefahr meistens abraten) oder Grillhähnchen verströmen ihren appetitanregenden Duft.

Oft wird auch schon mal eine Verkehrsinsel zum Standort eines Grills, auf dem Maiskolben geröstet werden. In den Wintermonaten tauchen Händler mit wärmenden Speisen wie gebackenen Süßkartoffeln und hummus shami, einer dünnen Suppe mit Kichererbsen auf. Besonderer Beliebtheit erfreuen sich aber auch Snacks und Knabbereien, die für wenige Piaster angeboten werden: Gesalzene Erdnüsse, Lupinensamen *(tirmiss),* Kichererbsen *(hummus)* und geröstete Melonenkerne *(lips)* werden in kleinen trichterförmigen Tütchen aus Altpapier, die, dekorativ ineinander gestapelt, den Wagen krönen, verkauft.

Neben dem traditionellen "Fast-food" der Staßenimbisse haben sich seit den achziger Jahren etliche westliche ***Fast-Food Ketten*** ihren Platz in der gastronomischen Landschaft Ägyptens erobert. Auch wenn Ägypten bis vor kurzem eine McDonalds-freie Zone darstellte, haben Filialen von *Wimpy, Kentucky Fried Chicken, Chicken Tikka* und *Pizza Hut* längst die kulinarische Moderne mit Hamburgern, Chicken Nuggets und Pizza eingeläutet. Allerdings beschränkt sich die Präsenz dieser Tempel der schnellen Kalorien noch auf wenige Großstädte wie KAIRO und ALEXANDRIA und einige Orte mit hohem Touristenaufkommen. Neben ausländischen Reisenden, die hier entlastet von Verhaltensunsicherheiten und Durchfallrisiken auf Bekanntes und Bewährtes zurückgreifen können, zählen vor allem Jugendliche der ägyptischen Mittel- und Oberschicht, junge Familien und Paare zur Kundschaft.

Verglichen mit den Preisen für ein felafel-Sandwich oder eine Portion kusheri bleiben Hamburger und Pizza für die meisten Ägypter ein Luxusartikel.

Restaurants

Abgesehen von den bereits erwähnten Staßenlokalen und Imbissen, in denen man oft vorzügliche, wenn auch einfache Mahlzeiten bekommt, hat sich in Ägypten erst im Laufe der letzten Dekaden eine breitere Restaurantkultur entwickelt. Zwar etablierten sich schon während der Kolonialzeit nicht nur in den einschlägigen Hotels Restaurants für den gehobenen, kosmopolitanen Gesckmack, doch war der Besuch den ausländischen und einheimischen Eliten vorbehalten.

Heutzutage findet man in Großstädten wie KAIRO und ALEXANDRIA ein breites Angebot an Restaurants, die sowohl vom Angebot als auch vom Service westliche Erwartungen erfüllen. Allerdings hat sich hinsichtlich des Besucherspektrums nicht viel geändert. Für das Gros der Ägypter spielt "Essen gehen" schon allein aus finanziellen Gründen keine große Rolle im alltäglichen Leben.

Neben Restaurants, die "orientalische Küche" anbieten, findet man in KAIRO vom Chinesen bis zu den "Schweizer Stuben" eine globale Speisekarte. Das Etikett "orientalische Küche" beschreibt zumeist ein Angebot an raffinierten türkischen, syrischen und libanesischen Speisen, die neben den schlichteren ägyptischen Gerichten angeboten werden. Während in kleinen Lokalen und Imbißstuben das Angebot des Hauses dem Kellner zu entlocken ist oder einer Tafel über dem Tresen entnommen werden muß, gibt es in den meisten Restaurants zweisprachige (arabisch/englische, selten auch arabisch/französische) Speisekarten.

Ferner bieten die großen Hotels, die unter dem Management der internationalen Hotelketten stehen, "internationale Küche" an. Oft unterhalten sie auch verschiedene Spezialitäten-Restaurants und organisieren "Festivals", die einem kulinarischen Motto folgend die Exotik "ferner Länder" einzufangen versuchen. Besonders während des Ramadan (s. u.) werden die Terrassen und Gartenrestaurants vieler Hotels zum Schauplatz eines durchaus sehenswerten Spektakels. Theaterreif wird mit Sperrholzkulissen, Baldachinen, Laternen, bunt bemalten Essenskarren mit auf Hochglanz polierten Kupferkesseln und pittoresk arrangierten Gläsern voller Mixed Pickles die Atmosphäre eines Basars inszeniert. Frauen, die in bunter *gallabiyya* vor Lehmöfen Fladenbrote formen, runden das Bild idealisierter Volkskultur ab.

Eingebettet in den lebendigen Mythos von Tausendundeiner Nacht - fernab vom Staub und Lärm echter Volkskultur - genießen wohlbetuchte Ägypter und Touristen hier den Luxus stylisierter Folklore-Gastronomie.

Getränke

Tee *(schai),* von den Briten Ende des 19. Jahrhunderts in Ägypten eingeführt, wurde schnell ein in allen Gesellschaftschichten beliebtes Getränk und stellt heute, wie in allen Teilen der arabischen Welt, das Nationalgetränk dar. Im Glas serviert, meist stark gesüßt und gelegentlich mit frischen Pfefferminzblättern *(nana)* aromatisiert, wird er zu jeder Tages- und Nachtzeit getrunken. Die Einladung zum Tee leitet nicht nur Geselligkeit, sondern oftmals auch den Abschluß eines guten Geschäftes ein.

Typischer ägyptischer Tee wird nicht aus Blättern zubereitet, ein Luxus, den sich nur wenige leisten können, sondern aus billigem Teepulver, das im Wasser aufgekocht wird. Anschließend mit Zucker gesüßt wird jeder Reisende seine stärkende Wirkung zu schätzen lernen.

Im Vergleich zum Teekonsum, der im übrigen nicht unwesentlich zum immensen Zuckerverbrauch der Ägypter beiträgt, fällt der Genuß von ***Kaffee*** *(qahwa)* weit zurück. Wie bei vielen Speisen ranken sich auch um die Entdeckung der anregenden Wirkung des Kaffees zahlreiche Legenden. So wird beispielweise berichtet, daß jemand - mal ein Derwisch, mal ein junger Hirte

- die Wirkung des Kaffees zuerst an der ständigen Munterkeit seiner Ziegen beobachtet habe. Sicher ist jedoch, das der Kaffee als Getränk im 15. Jahrhundert ausgehend vom Jemen zunächst die arabische Halbinsel und dann Ägypten und die Türkei eroberte. Die jährlichen muslimischen Pilgerfahrten nach Mekka trugen dazu bei, Kaffee, der in winzigen Tassen und bitter genossen wurde, in der gesamten muslimischen Welt bekannt und populär zu machen und die Geburtsstunde des Kaffeehauses (auf arabisch ebenfalls *qahwa)* einzuleiten.

Neben Tee und Kaffee wird in Kaffeehäusern und Hotels eine ganze Reihe weiterer ***heißer und kalter Getränke*** zur Erfrischung angeboten. Dazu zählen vor allem die traditionellen Absude, bei denen die Zutaten zuerst gekocht werden. Sie werden aus Zimt *(qirfa),* Ingwer *(ganzabil),* den Samen des Bockshornklees *(helba),* Anis *(yanssun)* oder Süßholz *(erqsus)* hergestellt. Sehr beliebt ist auch der burgundrote Absud, der durch das Kochen getrockneter Hibiskusblüten *(karkadeh)* gewonnen wird. Eine Zeitungsmeldung verkündete unlängst, daß in einem griechischen Tempel in Assuan eine *karkadeh*-Quelle entsprungen sei und bereits ein ägyptisch-japanisches Unternehmen gegründet worden sei, um das köstliche Rot in Flaschen abzufüllen und als Bio-Drink international zu vermarkten. Interessierte Käufer mußten leider feststellen, daß es sich um einen April-Scherz handelte. In den Wintermonaten wird ferner sahlab, ein Getränk, das ursprünglich auf der Basis der pulverisierten Knolle einer Orchideenart *(Orchis mascula)* zubereitet wurde, getrunken. Heute besteht es meist nur aus einer sehr viel billigeren Mischung aus Speisestärke und Zucker, die als fertiges Pulver in vielen Geschäften erhältlich ist. Mit Nüssen und Rosinen bestreut ist es aber trotzdem lecker und ersetzt schon mal eine Zwischenmahlzeit.

Wer nach flüssigen Vitaminen Ausschau hält, wird überrascht sein von der Vielfalt an ***Säften und Fruchtcocktails,*** die frisch gepreßt in speziellen Saftläden angeboten werden. Das Angebot richtet sich nach den Früchten der Saison und reicht von Orangen-, Zitronen- und Erdbeersaft hin bis zu Zuckerrohrsaft. Während der Mangosaison kündigt sich ein Saftladen durch den schweren und intensiven Geruch der Früchte selbst in der durch Abgase gesättigten Luft städtischer Zentren schon frühzeitig an.

Der kleine Durst unterwegs wird aber nicht nur von Reisenden, sondern auch von vielen Ägyptern oft mit ***Softdrinks*** wie *Coca-Cola, 7-Up, Sport-Cola* oder *Pepsi* gestillt. Gab es in den fünfziger Jahren noch religiöse Debatten der islamischen Gelehrten, ob der Genuß von Cola mit der islamischen Religion vereinbar sei, sind Softdrinks heute bis in die kleinsten Dörfer allgegenwärtig.

Häufig ziehen Kinder mit eisgefüllten Zinkeimern voller Flaschen durch die Straßen, um diese Getränke den Passanten anzubieten und damit das schmale Familieneinkommen aufzubessern.

Alkoholische Getränke gelten im Islam als verboten *(haram).* Der Verkauf und Konsum von Alkohol ist in Ägypten jedoch nicht von staatlicher Seite untersagt. Die in den städtischen Zentren betriebenen Spirituo- senhandlungen, in denen neben Bier und Wein auch hochprozentiger Alkohol angeboten wird, sind jedoch ausschließlich in der Hand ägyptischer Christen. Während in diesen Läden meist nur die Spirituosen der nationalen Produktion angeboten werden, bieten die Bars und Restaurants der internationalen Hotels auch importierte Alkoholika an. Vom Genuß des einheimischen Schnapses, der oftmals in Flaschen abgefüllt ist, deren Etiketten die Label internationaler Markennamen imitieren, ist dringend abzuraten. Er kann Methylalkohol enthalten, dessen Verzehr nicht nur zu Erblindungen, sondern im schlimmsten Fall zum Tod führen kann. Auch eine Originalflasche bietet hier keine Sicherheit. In KAIRO gibt es einen florierenden Handel mit Originalflaschen importierter Spirituosen, in die einheimischer Schnaps abgefüllt wird.

Unbedenklich ist hingegen der Genuß von einheimischem Bier und Wein. Das ägyptische *Stella-Bier,* abgefüllt in große grüne oder braune Flaschen, ist ein Lager-Bier, das für den ägyptischen Markt produziert wird. Ferner gibt es das *Export Stella,* das in kleineren Flaschen angeboten wird und erheblich teurer ist.

An hohen islamischen Feiertagen, wie etwa am Geburtstag des Propheten, und während des Ramadans ist der Verkauf von Alkohol untersagt. Nur einigen internationalen Hotelketten ist dann aufgrund einer Sonderlizenz der Ausschank von alkoholischen Getränken ausschließlich an Ausländer erlaubt.

Fasten und Völlerei: Ramadan

Seinen kulinarischen Höhepunkt erreicht das Jahr während des Fastenmonats, des **Ramadan.** So paradox es klingen mag, der Fastenmonat ist zugleich Zeit der Abstinenz *und* der Völlerei. Während des Fastenmonats sind Muslime verpflichtet, sich tagsüber jeglicher Nahrungsaufnahme zu enthalten. Mit Tagesanbruch, sobald man "einen weißen Faden von einem schwarzen unterscheiden kann", beginnt das strenge Fasten, das neben dem vollständigen Verzicht von Speisen und Getränken auch die Abstinenz von sexuellem Kontakt, Wohlgerüchen und Tabakwaren beinhaltet. Für den Gläubigen bedeutet das Fasten den Sieg des Willens über die Sinne, eine Gelegenheit und Verpflichtung, über sich hinauszuwachsen und daran erinnert zu werden, was der Hunger für die Armen bedeutet. Fällt der Ramadan in die heißen Monate des Sommers, und damit in die Phase langen Tageslichts, kann insbesondere der Durst qualvoll werden. Trotzdem ist der Fastenmonat für die Muslime eine Zeit der Freude und der religiösen Einkehr, der Familientreffen und des ausgiebigen nächtlichen Beisammenseins. Da sich während des Ramadan der gesamte Tagesrhythmus zugunsten der langen Abendstunden verschiebt, sind in den Städten viele Geschäfte, Restaurants und Kaffeehäuser bis tief in die Nacht geöffnet, während tagsüber Geschäfts- und Büro- und

Schulzeiten reduziert werden. Das tägliche Fasten wird erst nach Sonnenuntergang, wenn der Muezzin zum Abendgebet ruft, gebrochen. Da während des Ramadan großer Wert darauf gelegt wird, das *iftar,* die Mahlzeit, mit der das Fasten am Abend gebrochen wird, im Kreis der Familie einzunehmen, vollzieht sich in KAIRO und anderen Städten ein bemerkenswertes Ritual. Kurz vor Sonnenuntergang erreicht das Verkehrchaos seinen Höhepunkt. Jeder versucht, rechtzeitig zur ersehnten Mahlzeit nach Hause zu kommen. Busse sind heillos überfüllt, nervöse Taxifahrer verweigern Fahrten, die nicht auf dem Nachhauseweg liegen. Vor Lokalen und Garküchen sind Tische gedeckt, an denen bereits Gäste hungrig auf die Speisen blicken. Versinkt dann die Sonne und erschallt der Ruf zum Gebet aus den unzähligen Moscheen tritt ungewöhnliche Stille ein. Die Straßen sind wie leergefegt. Streift man durch die Straßen und Gassen, sieht man allerorts Grüppchen bei der gemeinsamen Mahlzeit. Vor den Moscheen, in den Straßen und auf Plätzen sind lange Tischreihen aufgebaut, die "Tische des Gnädigen" *(midan el-rahman),* die jedem eine kostenlose Mahlzeit sichern. Diese ***Volksspeisungen*** werden aus Geld- und Naturalspenden finanziert. Großhändler geben den Moscheen, die teilweise tausende von Essen an einem Abend ausgeben, Extra-Rabatte auf Lebensmittel. Viele, die es sich leisten können, bringen mehrmals im "Heiligen Monat" Speisen in die Nachbarschaftsmoschee, wo sie an Bedürftige verteilt werden. Barmherzigkeit und Almosen *(fitr)* gehören insbesondere während des Ramadan zur religiösen Pflicht. Die Volkspeisungen stellen sicher, daß auch die Ärmsten nicht vom kollektiven Ritual des *iftar,* in dem neben der islamischen auch die nationale Einheit zum Gegenstand erhoben wird, ausgeschlossen bleiben.

Wird das *iftar* zu Hause mit der Familie eingenommen, bedeutet das zunächst einmal stundenlange Arbeit für die Frauen. Vorausschauend müssen zum Teil beachtliche Einkäufe getätigt und Ideen für die ***ausgiebigen Mahlzeiten*** entwickelt werden. Nachbarinnen treffen sich, um aufwendige Arbeiten wie etwa die Zubereitung von *mahshi,* gefülltem Gemüse, gemeinsam zu erledigen und dabei Rezepte und Einkaufstips auszutauschen. Oft wird schon am vormittag damit begonnen, die Speisen für den Abend vorzubereiten. Fleischgerichte, Gebäck und Süßspeisen haben Hochkonjunktur. Bevor man sich an den reichgedeckten Tisch begibt, wird das Fasten meist durch ein Getränk gebrochen. Klassiker sind *amar el-din,* ein dickflüssiger Aprikosensaft, der aus Aprikosenpaste zubereitet wird, und *khoschaf,* für den Trockenfrüchte, vor allem Datteln, in Zuckerwasser eingelegt werden. Als appetitanregende Beilage zu den Speisen dürfen Mixed Pickles nicht fehlen. Der krönende Abschluß einer Mahlzeit besteht häufig aus *kunafa,* einem sirupgetränkten Kuchen oder *ataif,* kleinen, mit Nüssen und Rosinen gefüllten, Teigtaschen, die in heißem Fett ausgebacken werden.

Obwohl vielen Angestellten und Arbeitern Sondergratifikationen gezahlt werden, übersteigen die Ausgaben während des Ramadan oftmals bei weitem das monatliche Familienbudget, auch wenn für die Extraausgaben für Lebensmittel das ganze Jahr hindurch gespart wird.

Allerdings wird die Entwicklung hin zum verschwenderischen Konsum, der Völlerei und der Demonstration von Luxus während des Ramadan in den letzten Jahren mehr und mehr zum Thema kritischer öffentlicher Debatten. Sowohl staatliche als auch religiöse Instanzen beklagen - wenn auch aus unterschiedlichen Motiven - die Sinnentleerung des Heiligen Monats. Nicht mehr die religiöse Einkehr und kontemplative Auseinandersetzung mit den Inhalten der Religion stehe im Mittelpunkt dieser Zeit, sondern der vordergründige Konsum und die kulinarische Ausschweifung.

Konsequenzen für Reisende

All diese Aspekte des Ramadan haben auch für Besucher des Landes Konsequenzen. Diese fallen jedoch je nach Kontext unterschiedlch aus. Während man in Touristenrestaurants und -hotels nichts vom Ramadan spürt, verändert sich dies, sobald man diese Sphäre verläßt. Falls man während der Fastenzeit tagsüber eine muslimische Familie besucht, wird man trotz oder vielleicht gerade wegen des Ramdan besonders üppig bewirtet, und es wird von den fastenden Gastgebern erwartet, daß man die angebotenen Speisen und Getränke konsumiert, während die anwesenden Ägypter lediglich zuschauen. Wer denkt, er müsse sich aus Gründen der Pietät zurückhalten, liegt falsch. Man sollte das Angebotene dankend annehmen und die Gastfreundschaft respektieren.

In Ägypten ist es nicht üblich, nicht-muslimischen Europäern die für Muslime gültigen Ge- und Verbote des Ramadan aufzuzwingen. Es wird hier als angemessen empfunden, daß Nicht-Muslime tagsüber Nahrung zu sich nehmen, rauchen etc., solange sie nicht versuchen, einen Muslim dazu zu bewegen, es ebenfalls zu tun. Die den Besuchern gegebenüber erwiesene Toleranz sollte natürlich auch umgekehrt gelten und zu einer erhöhten Sensibilität bei Reisenden führen. Bevor man öffentlich raucht, sollte man sein muslimisches Gegenüber fragen, ob es gestattet ist, ähnliches gilt für die Handhabung des Essens und Trinkens. Mit ein wenig Taktgefühl kann Ramadan für den Reisenden zu einem wunderbaren Monat werden, denn wie oben bereits ausführlich dargestellt, sind die Menschen während dieser Zeit besonders festlich gestimmt. Um sich das lebendige Geschehen während der Nachtstunden nicht entgehen zu lassen, empfiehlt es sich, sich am frühen Abend etwas auszuruhen, um nachts am überschäumenden Straßenleben teilnehmen zu können.

Ramadan-Termine siehe am Ende des Glossars (Anhang)

Der Alltag des Reisenden – Zur Vermeidung von interkulturellen Mißverständnissen

"Ein Fremder wird gut daran tun,
sich den Sitten
so weit wie möglich anzupassen,
wenn sie auch außergewöhnlich und steif,
bisweilen sogar lästig erscheinen mögen."

Alfred Charles Smith, Ägyptenreisender des 19. Jahrhunderts

Pauschaltouristen und Individualreisende

Je nachdem, ob man sich als Pauschal- oder Individualreisender in Ägypten aufhält, wird man die im folgenden präsentierten Erfahrungen und Informationen während seines Aufenthaltes mehr oder weniger stark benötigen. Dem Mitglied einer Reisegruppe, das für gewöhnlich nur ein- oder zweimal auf eigene Faust in Stadt oder Land umherstreift, sind in Sachen ***Kommunikation mit Ägyptern*** sehr enge Grenzen gesetzt. Anders hingegen sieht die Situation der Individualreisenden aus, die als Selbstversorger, meist ohne professionellen Führer Stadt und Land erkunden und praktisch ständig mit Ägyptern kommunizieren.

Einige Dinge, die hier beschrieben werden, können dem Leser bereits aus vergangenen Aufenthalten in Nordafrika oder Vorderasien bekannt sein, andere wahrscheinlich weniger. Es sei an dieser Stelle auch vorausgeschickt, daß selbst der aufmerksamste und bestinformierteste Reisende im Ausland einmal ins Fettnäpfchen treten kann. Es darf als normal gelten, daß einem in der "Streßsituation Reisen" einmal die Nerven durchgehen, daß man überreagiert oder Situationen falsch einschätzt. Hier könnte wahrscheinlich jeder eigene Erfahrungen beisteuern. Der folgende Text zielt also nicht darauf ab, den Reisenden "perfekt" vorzubreiten. Auch ist zu berücksichtigen, daß die hier präsentierten Verhaltenstips zwar auf langfristig erworbenen Erfahrungen basieren, trotzdem sind diese natürlich subjektiver Natur. Es kann also sein, daß mancher Leser während seines Ägyptenaufenthalt einige der hier beschriebenen Punkte ganz anders wahrnimmt. Das ist ja gerade das Spannende an Kommunikation hier wie dort: Wer sich hineinwagt, wird eigene Erfahrungen machen. Wer dies nicht vollständig als "Greenhorn" tun möchte, dem seien die folgenden Erfahrungen und Empfehlungen ans Herz gelegt.

Reisende in Ägypten werden feststellen, daß ihre Gegenwart im Land verschiedenste ***Reaktionen bei der Bevölkerung*** provoziert. Auch nach etlichen Jahrzehnten des Massentourismus stellen Europäer heute immer noch ein Spektakel für die meisten Ägypter dar, ein Umstand, der nicht zuletzt durch die Darstellung westlicher Kulturen in den ägyptischen Massenmedien als "atemberaubend anders" verursacht wird (s. Kapitel "Medien").

Die meisten Besucher des Landes empfinden die Art und Weise, in der Einheimische auf ihre Anwesenheit reagieren, als zweischneidig: Einerseits sind die meisten vom ägyptischen Charme bezaubert, andererseits haben viele Besucher des Landes auch Probleme mit der auf den ersten Blick distanzlos wirkenden Art und Weise, in der Ägypter sich ihnen unter Umständen nähern.

Der Deutsche aus ägyptischer Sicht - ein Stereotyp

Die Vielzahl kultureller Unterschiede zwischen Deutschen und Ägyptern schlägt sich in einer Reihe von Stereotypen nieder, die den Umgang zwischen Angehörigen beider Kulturen zumindest am Anfang stark prägen. ***Die ägyptische Sicht des Deutschen*** trägt im wesentichen folgende Züge: Wichtigste Grundtendenz ist die große Sympathie und der große Respekt, den die meisten Ägypter gegenüber Deutschland empfinden. Eine typische Situation, in der Besucher des Landes dies erfahren, ist das Gespräch im Taxi, das hier als Beispiel zur Veranschaulichung der Kulturstereotypen herangezogen werden soll. Bereits kurz, nachdem man als Ausländer ein Taxi bestiegen hat, wird der Fahrer - meist in gebrochenem Englisch - fragen: "Where are you from?" Nachdem man dann geantwortet hat, daß man aus Deutschland kommt, wird man in der Regel mit Komplimenten überhäuft, die sich in der Regel auf die Stärke der deutschen Wirtschaft und des deutschen Fußballs beziehen. So werden als positive Merkmale deutscher Kultur sehr häufig "Mercedes Benz" und "Berti Vogts" genannt. Unangenehm ist die in Ägypten überaus häufige positive Identifikation der Deutschen mit dem Dritten Reich. Der Völkermord an den Juden, der von Deutschen während des Dritten Reiches verübt wurde, wird von den meisten Ägyptern heute als beste politische Tat dieses Jahrhunderts gewürdigt, da der Feind ihres Feindes Israel als bester Freund hohes Ansehen genießt. Die positive Identifikation der Deutschen mit den Greueltaten der Vergangenheit ist ohne Übertreibung als alltägliche Erfahrung deutscher Reisender in Ägypten zu bezeichnen und wird weiter fortgesetzt, so sehr Deutsche denn auch versuchen, sich von dieser Phase deutscher Geschichte zu distanzieren.

In anderen Zusammenhängen wird man erfahren, daß die Deutschen in Ägypten als fleißig, sauber und ordentlich gelten. Diese preußischen Tugenden, die seit den 70er Jahren - zumindest den führenden deutschen Meinungsforschungsinstituten zufolge - bei der Mehrzahl der Deutschen nicht mehr als zentrale Aspekte ihres Selbstbildes gesehen werden, zeigen in Ägypten noch starke Resonanz: Häufig wird in Gesprächen die ägyptische und die deutsche Kultur kontrastiert. So hört man typischerweise, daß in Ägypten alles sehr schmutzig und in Deutschland alles sehr sauber sei. Es wird dann häufig ein Postkartendeutschland beschrieben, das ins Reich der Phantasie gehört - ebenso wie das Postkartenägypten, das in den Werbeprospekten der ägyptischen Tourismusindustrie heraufbeschworen wird. Der Kontrast "sauber-schmutzig" wird im übrigen auch von vielen Deutschen zum Hauptmotiv der Wahrnehmung der Unterschiede zwischen beiden Kulturen herangezogen, ebenso wie "Ordnung-Chaos". Solche Polarisierungen sind sicherlich die leichteste, wenn auch nicht die differenzierteste Art und Weise, mit sozialen und kulturellen Unteschieden umzugehen.

Ein weiteres Stereotyp, das in Ägypten gegenüber Deutschen sowie Europäern allgemein besteht, ist das der moralischen Laxheit. Während die Deutschen einerseits als "fleißig" und "ordentlich" in hohem Ansehen stehen, werden sie andererseits als "unmoralisch" zum Gegenstand negativer Bewertung. Nicht zuletzt durch die immer stärker werdende Propagandamaschinerie der islamisch-fundamentalistischen Gruppierungen angeheizt, kursieren in Ägypten in wachsendem Maße ***Gerüchte über das Geschlechtsleben der Europäer,*** in denen diese als chronisch sexhungrige Geschöpfe beschrieben werden, die ohne Ansehen der Person von Bett zu Bett hüpfen. Wie weit diese Gerüchte verbreitet sind, zeigt die Tatsache, daß nicht nur die einschlägigen fundamentalistischen Zeitungen wie *"el-Muslimun"* (die Muslims) und jüngst auch *"es-schab"* (das Volk) regelmäßig über Orgien, westliche Pornoshops, Prostitution und geschlechtliche Exzesse in einer Weise berichten, die suggeriert, daß der gesamte Westen krankhaft sexbesessen ist, sondern auch staatliche ägyptische Zeitungen und Fernsehsendungen in wachsendem Maße die moralische Korruptheit und Promiskuität der Bevölkerung des westlichen Industrieländer an den Pranger stellen.

Als ganz normal und alltäglich können Gerüchte bewertet werden, die zum Beispiel ägyptische Angestellte im Tourismussektor über Europäer verbreiten. Leitmotive solcher wirklich weitverbreiteter Geschichten sind Orgien, die von Europäern auf Nilkreuzfahrten angeblich regelmäßig zelebriert werden oder Berichte über ganze Kommunen von in Nudismus und Promiskuität sich ergehenden Europäern in den Badeorten am Roten Meer. Auch kann es geschehen, daß einem früher oder später anvertraut wird, daß europäische Frauen ganz besonders sexhungrig seien und - wie könnte es anders sein - nach Ägypten reisen, um die potenten ägyptischen Männer zu verführen. Der reale Kern dieses Gerüchts ist sicherlich im Sextourismus einer Anzahl westlicher Frauen zu suchen, die in Ägypten leicht auf ihre Kosten kommen können, da die hiesigen Männer aufgrund der Tatsache, daß vorehelicher Sex mit Ägypterinnen oft nicht möglich ist, sehr stark an Europäerinnen interessiert sind und diese heftig umwerben. Ein weiterer Grund für die von vielen westlichen Frauen geradezu als überwältigend empfundenen positiven Reaktionen durch ägyptische Männer liegt in den hier gültigen ***ästhetischen Normen,*** denen zufolge hell als schöner gilt als dunkel und blauäugig attraktiver als braunäugig. Als ganz besonders schön gelten lange blonde Haare, blaue Augen und ein blasser Teint, die ägyptische Männer in helle Verzückung versetzen können. Wie stark diese Schönheits-Markierer wirken, belegt der Umstand, daß sogar Europäerinnen um die sechzig noch Heiratsanträge von zum Teil wesentlich jüngeren Männern erhalten, wobei man nicht vergessen darf, daß diese oft als Kompliment gemeint sind. Ein weiterer Grund dafür, warum westliche Frauen in Ägypten als so schön und begehrenswert gelten, ist deren ***Bekleidungsstil,*** der als "sexy" gilt. Wenn man sich vor Augen führt, daß in Ägypten bereits ein knieumspielender Rock als "Minirock" und "aufreizend" gilt (ebenso wie kurzärmlige T-Shirts oder Blusen) kann man verstehen, wie

Europäerinnen hier gesehen werden. Es gilt für weibliche Reisende im Alltag: Je weniger vom Körper bekleidet ist, desto höher wird der Sexappeal der Frau bewertet. Dementsprechend viel Aufmerkamkeit wird die betreffende Frau durch ägyptische Männer erfahren. Das Spektrum der Reaktionen reicht von anerkennenden Aussprüchen wie "you are very beautiful!" bis hin zum Angrabschen im Straßengewühl. Den Gipfel des Möglichen erreichte eine italienische Touristin auf dem Kamelmarkt im Kairoer Stadtteil IMBABA, wo sie nur mit einem spitzenbesetzten bodystocking bekleidet das traditionelle Markttreiben videofilmen wollte. Ihre nackten Beine und das weit ausgeschnittene Décolleté provozierten in der Marktszenerie sofort einen Volksauflauf; die mit Kamera ausgestattete Reisende sah sich im Nu von einer rasant wachsenden Menschentraube umringt und wurde ihrerseits zum Spektakel. Nach nur wenigen Minuten mußte sie den Markt verlassen, da sie zu sehr aus dem Rahmen fiel. Will frau solche Reaktionen reduzieren oder gar vermeiden, sollte sie knappe Shorts und kurze Röcke in der Stadt besser nicht anziehen - vom Land ganz zu schweigen.

Den gegenteiligen Effekt haben übrigens ***Männershorts.*** Während die zur Schau gestellten weiblichen Extremitäten als attraktiv gelten, provozieren nackte Männerbeine eine negative Reaktion und gelten als ganz und gar nicht schön. Die Würde des Mannes, der seine Beine öffentlich zeigt, ist zumindest latent in Gefahr. Wer ernstgenommen werden möchte, sollte das Beinkleid anbehalten!

Selbst wenn frau sich in Ägypten relativ moderat kleidet, wird sie gelegentlich ***von Männern auf der Straße angesprochen.*** Für gewöhnlich nähert sich das mänliche Gegenüber mit einem "How do you do?". Man sollte wissen, daß das Ansprechen von ausländischen Frauen durch Ägypter als weit weniger unhöflich gilt als die Kontaktaufnahme mit ägyptischen Frauen. Am besten ignoriert frau solche Annäherungsversuche, die meist von Mitgliedern männlicher Jugendgruppen kommen, die sich gegenseitig ihren Schneid beweisen wollen.

Ein anderes, in Ägypten weit verbreitetes, Vorurteil gegenüber Europäern ist deren ***vermeintlicher Reichtum.*** Während man hier den realen Kern des Vorurteils in den tatsächlich vorhandenen wirtschaftlichen Unterschieden zwischen Ägyptern und Europäern finden kann, so übersteigt die Vorstellung der meisten Ägypter die tatsächlichen Unterschiede bei weitem. Auch hier muß der Einfuß der ägyptischen Massenmedien betont werden, die in eigens für den Export gedrehten US-amerikanischen Serien allabendlich den utopischen Glanz abendländischen Reichtums in die ägyptischen Wohnungen transportieren. In welch starkem Maße diese Scheinwelten als realistische Darstellung der westlichen Gesellschaften ernstgenommen werden, zeigen Gespräche mit Ägyptern, die aufgrund des regelmäßigen Konsums solcher "Seifenopern" für sich in Anspruch nehmen, die gesellschaftliche Realität in den westlichen Industriegesellschaften zu kennen.

Für den Besucher des Landes kann dieses Vorurteil unter Umständen negative Konsequenzen nach sich ziehen. So kann man erleben, daß der ägyptische Gegenüber einen herzhaften Lachanfall bekommt, wenn europäische Reisende anmerken, daß sie nicht viel Geld besitzen. Die zum Teil ungläubigen, zum Teil auch offen negativen Reaktionen auf das Bekenntnis eines westlichen Reisenden, er oder sie habe nicht viel Geld, mag auch daran liegen, daß der ägyptische Wunschtourist Geld hat, viel und teuer konsumiert und damit die ägyptische Wirtschaft ankurbelt. Als legitime Erklärung für ein geringes Einkommen wird im übrigen der Studentenstatus akzeptiert. Studenten werden hier als - nur temporär - arme Europäer anerkannt.

Ebenfalls tendentiell negativ werden ***freakige Reisende*** wahrgenommen. Sie werden vielerorts pauschal als "Hippies" bezeichnet. Besonders negativ ist die Reaktion auf ***langhaarige Männer und kurzhaarige Frauen,*** zwei Dinge, die man in Ägypten nur äußerst selten findet. Beide entsprechen nicht dem ägyptischen Geschlechterstereotyp und gelten zumindest als "sonderbar". Reisende, die diese Kriterien erfüllen, sollten sich nicht wundern, wenn sie bei Ägyptern auf großes Unverständnis stoßen. Typischerweise werden langhaarige Männer als "unmännlich" belächelt oder gar verlacht, wohingegen kurzhaarige Frauen bei ihrem Gegenüber meist ein mißbilligendes "warum (so kurze Haare)?" provozieren.

Ganz und gar negativ ist die mehrheitliche Reaktion der Ägypter auf ***Homosexualität,*** wobei als Sexualitätshandlung nur die männlicher Homosexueller ernstgenommen wird. *Khawal* (Homosexueller) gilt als das schlimmste Schimpfwort unter Männern. Die meisten ägyptischen Homosexuellen leben ihre Sexualität nicht offen aus; einer der wenigen ägyptischen homosexuellen Promis, der Filmregisseur *Youssuf Chahine,* genießt die Privilegien internationaler Reputation und kann daher relativ unbehelligt von öffentlicher Kritik leben und arbeiten. Doch mit wachsender Bedeutung des islamischen Fundamentalismus verändert sich auch dies. Die wenigen "geouteten" Homosexuellen des Landes werden Opfer von Morddrohungen, und die wenigen ohnehin nur Insidern bekannten Homosexuellentreffpunkte wechseln immer häufiger ihre Örtlichkeiten, da auch sie mit Bombenanschlägen rechnen müssen. Homosexuelle Reisende werden also bei Bekenntnis ihres Schwulseins unter Umständen mit drastischen Reaktionen zu rechnen haben.

Bekanntschaften mit Ägyptern

Aus vielen Gründen erscheint der freundschaftliche Kontakt mit europäischen Reisenden vielen Ägyptern sehr attraktiv. Zum einen spielt mit Sicherheit die Faszination durch die in den Medien zum Zuschauerspektakel stilisierte europäische Kultur und der individuelle Wunsch, hierüber mehr zu erfahren eine Rolle, zum anderen gilt es als "chic",

Feundschaften mit Europäern und US-Amerikanern zu schließen, da sie das ***Sozialprestige*** des Ägypters positiv beeinflussen. Ein weiteres Motiv für viele Ägypter, den Kontakt mit westlichen Reisenden zu suchen, ist ihr Wunsch, ihre Sprachroutine in Fremdsprachen zu verbessern, ein durchaus legitimes Motiv. Neben diesen für beide Seiten unter Umständen sehr positiven Begegnungen gibt es auch ***Touristenschlepper,*** die zunächst als "Freunde" auftreten und die, nachdem sie das Vertrauen der Reisenden gewonnen haben, auf verschiedenste Weise versuchen, den Kontakt zu Reisenden auf wirtschaftlich auszunutzen. Häufig führt der nette Spaziergang dann am Ende zum Parfümgeschäft des vermeintlichen Onkels oder in ein anderes touristisches Etablissement. Es gibt neben diesen recht einfach gestrickten Manövern jedoch auch erheblich langwierigere und gerissenere Verfahren, an das Geld von Reisenden zu kommen. Besonders im Stadtzentrum, dem Gebiet um den TAHRIR-PLATZ herum, gibt es etliche Touristenschlepperbanden, die hier ihre Betrügereien seit Jahr und Tag betreiben. Leichtes Spiel haben die Schlepper häufig bei alleinreisenden Frauen, bei denen sie sich als Gigolos verdingen. Am Ende des Urlaubs werden die Frauen dann von ihren ägyptischen Traumprinzen bestohlen. Wenn dies nicht gelingt, werden häufig Geschichten erfunden, um auf die sanfte Tour an das Geld der Reisenden zu gelangen. Da ist die kranke Mutter, der Student, der nur noch ein Semester bis zum Examen hat, der in Not geratene Bruder, um nur einige der am weitesten verbreiteten Versionen zu nennen. Hier könnte man noch viele Geschichten von ***betrogenen Touristen*** erzählen, ja manche Schlepper sind gar so gerissen, daß sie ganze Gruppen von Reisenden mit ihren Geschichten um ihr Geld erleichtern - es sollte also gegenüber jungen charmanten Ägyptern in der Nähe des TAHRIR-PLATZES Vorsicht an den Tag gelegt werden. Zuviel Selbstbewußtsein in der Situation des Kennenlernens und das schnelle und routiniert wirkende Anzielen einer sexuellen Beziehung sollten nachdenklich stimmen und eine gesunde Skepsis wecken!

Das gleiche gilt übrigens für ***Homosexuelle,*** die gelegentlich nach der Fortsetzung einer langen Clubnacht im Hotelzimmer von ihren ägyptischen Bekanntschaften beraubt werden. Es sind übrigens zum Teil die gleichen "charmanten boys" von den Schlepperbanden am TAHRIR-PLATZ, die weniger das Geschlecht ihrer Opfer als vielmehr deren Portemonnaies interessiert.

Von diesen unersprießlichen Beispielen, die relativ selten sind, einmal abgesehen, können freundschaftliche Kontakte zu Ägyptern den Aufenthalt im Land wirklich sehr bereichern. Oft erfahren Reisende hier unvergleichlich großzügige Gastfreundschaft, Herzlichkeit und Hilfsbereitschaft. In der Regel fangen solche Bekanntschaften damit an, daß Reisende verunsichert wirken oder ihren Weg nicht finden und ein ***hilfsbereiter Mensch*** sich anbietet, ihnen weiterzuhelfen. In der Regel sind diese Hilfsangebote gut gemeint und können ohne Sorge angenommen werden. Oft bieten die freundlichen, meist jungen Ägypter dann weitere Dienstleistungen an. So verbringen viele ägyptische Studenten ihre Freizeit als ***kostenlose Touristenführer,*** einfach weil es ihnen Freude bereitet, mit Europäern zusammenzusein, etwas Neues aus der Welt zu erfahren und, weil es eben auch "chic" ist, mit Europäern zu verkehren.

Zu Gast bei einer ägyptischen Familie

In manchen Fällen werden die Reisenden von den ägyptischen Führern - manchmal bereits beim ersten Treffen - nach Hause eingeladen, wo entweder Tee oder *Sport Cola* serviert wird, und die Eltern und Geschwister Gelegenheit haben, sich mit dem Reisenden auszutauschen. Hierbei agiert der sowohl als Reiseführer wie auch als Gastgeber agierende Sohn als Übersetzer zwischen der Familie und den Reisenden.

Solche Einladungen sind dann am wahrscheinlichsten, wenn sich unter den ausländischen Gästen mindestens eine Frau befindet, da es als unschicklich gilt, einen alleinstehenden Mann mit nach Hause zu bringen. Der Grund dafür liegt in dem Umstand, daß die Anwesenheit eines alleinstehenden männlichen Gastes im Hause einer ägyptischen Familie den guten Ruf der weiblichen Familenmitglieder gefährden kann.

Eingelegtes Gemüse ist bei den Ägyptern sehr beliebt.

Meist sind diese Besuche in ägyptischen Familien wundervolle Erfahrungen, nachdem die Phase der ersten Schüchternheit einmal überwunden ist. Was wirklich hilft, die ungewohnte Situation schnell zu entkrampfen, ist Sinn für Humor, der von den ägyptischen Gastgebern reichlich honoriert wird. Man wird dann schnell das Kompliment empfangen, daß man "leichtes Blut" *(el-damm khafif)* und nicht "schweres Blut" *(el-damm ti'il)* wie die meisten Europäer habe.

Unter Umständen peinlich kann es werden, wenn unverheiratete Paare im Familienrahmen gefragt werden, ob sie zusammenwohnen. Da dies in Ägypten als moralisch verwerflich empfunden wird, kann es sein, daß man mit einer ehrlichen Antwort Irritationen bewirkt. Ein Weg aus der Klemme ist das Vortäuschen von Verlobten- oder Verheiratetenstatus, was jedoch nicht jedermanns Sache ist. So ziehen es einige Reisende vor, die Irritationen zu ertragen und zum Ausdruck zu bringen, daß das Zusammenleben von unverheirateten Paaren in den Augen der meisten Deutschen nichts Negatives ist. Wie man sich verhält, muß jeder selbst entscheiden.

Respektiert werden durch Höflichkeit

Überflüssig zu sagen, daß man mit höflichem Verhalten auch in Ägypten weiter kommt als ohne. Das Problem ist jedoch, daß sich deutsche und ägyptische ***Höflichkeitsnormen*** teilweise voneinander unterscheiden. Einige dieser Punkte sollen im folgenden angesprochen werden.

Höflich sein *(muaddab)* ist besonders für die gebildeten Ägypter eine sehr wichtige Tugend im Umgang miteinander. Diese bezieht sich auf die Kleidernormen, die weiter oben bereits angesprochen wurden, d.h. moderate körperbedeckende Kleidung für Männer und Frauen sowie einen ruhigen und gepflegten Umgangston miteinander. Für Paare umfaßt dieser Regelkatalog das Vermeiden von intimen Berührungen in der Öffentlichkeit, was konkret für alles gilt, das über Händchenhalten hinausgeht.

Ein Unterschied zwischen beiden Ländern ist, daß in Ägypten die, hierzulande aus der Mode geratenen, ***männlichen Tugenden des Kavaliers*** nach wie vor hoch im Kurs stehen. Ägyptische Frauen erwarten von deutschen Besuchern also ein entspechendes Verhalten, d.h. konkret, daß der Mann neben der Tatsache, daß er für das Essen bezahlt auch die Rolle des charmanten Unterhalters und Beschützers einnimmt. Bestandteil dieser Männerrolle ist auch die Respektierung der Unberührbarkeit der Frau, die in Ägypten in der Regel lange umworben werden will, bevor sie eine körperliche Beziehung zu einem Mann eingeht.

Bei Einladungen in eine ägyptische Familie bringt man ein ***Gastgeschenk*** mit, um sich für die entstehenden Kosten und Mühen erkenntlich zu zeigen. Dies sollte bei einer muslemischen Familie möglichst kein Alkohol sein! Stattdessen sind Desserts wie Törtchen, Plätzchen, Bonbons etc. sehr willkommene Mitbringsel. Der Gast sollte sich nicht wundern, wenn das vom Konditor kunstvoll eingepackte Mitbringsel vom Gastgeber scheinbar ignoriert und im Beisein des Gastes nicht geöffnet wird. Dieses scheinbare Ignorieren bedeutet nicht, daß das Geschenk nicht gewürdigt wird. Man kann sich sicher sein, daß es geöffnet wird, sobald der Gast die Wohnung verlassen hat.

Anders bewertet als in Deutschland wird in Ägypten generell der ***Konsum von Alkohol,*** der in der Öffentlichkeit bei weitem nicht den Raum einnimmt wie in Europa. Während es hierzulande vielerorts als "normal" gilt, sich einen (zuviel) hinter die Binde zu gießen, wird ein solches Verhalten in Ägypten als unkultiviert empfunden. In islamisch-fundamentalistischen Kreisen wird der Alkohol gar als eine der größten Sünden *(haram* = verboten) bewertet, die ein Mensch in seinem Leben begehen kann. Kurzum: die öffentliche Stimmung in Ägypten ist momentan nicht pro-Alkohol. Dies belegt auch der Umstand, daß die (übrigens ausschließlich in von ägyptischen Christen betriebenen Spirituosenhandlungen erhältlichen) Bier-, Wein oder Schnapsflaschen stets in Zeitungspapier eingewickelt werden, damit sie auf der Straße nicht negative Reaktionen provozieren. A propos Schnaps: Man lasse die Finger vom ägyptischen Schnaps, der in den vergangenen Jahren immer wieder zu Erblindungen oder gar zum Tod etlicher Konsumenten geführt hat. Das Destillat enthält evtl. Methylalkohol und ist nicht zum Verzehr geeignet. Es wird in Flaschen verkauft, die westlichen Marken in Form und Etikett nachempfunden sind.

Eine weitere Facette ägyptischer Höflichkeit umfaßt den Kanon der ***Begrüßungs- und Abschiedsformeln:*** Wenn man eine Familie besucht, wird man (besonders in den traditionellen Stadtvierteln) mit mehreren Willkommensrufen *"ahlan wa sahlan"* oder kurz *"ahlan, ahlan, ahlan!"* begrüßt. Darauf kann man mit *"ahlan bik(i)"* oder einem einfachen *"shukran"* antworten. Dann folgt eine Reihe von Komplimenten wie "Deine Anwesenheit erleuchtet unser Haus!" *(ta scharafna)* und anderen. Normal ist auch, daß die Schönheit der westlichen Gäste betont wird, während das Zeremoniell der Befragung nach Alter und Familienstand abgehalten wird. Der Gast steht hier im Mittelpunkt, eine Situation, die für schüchterne Gemüter unter Umständen nicht ganz leicht zu bewältigen ist. Doch sollte man sich, wenn man eingeladen wird, darauf einstellen, daß man mit Komplimenten und Fragen von allen Seiten überhäuft wird, daß oft sogar Nachbarn und Verwandte geholt werden, kurz, daß das Erscheinen eines Europäers hier vielerorts einer kleinen Sensation gleichkommt. Für den höflichen Gast bedeutet dies, daß er angebotetene Getränke und Speisen annimmt und die gestellten Fragen willig und, wenn möglich, mit ein bißchen Sinn für Humor beantwortet. Vor dem Verlassen der Wohnung sollte man sich von allen Anwesenden mit Handschlag verabschieden, vor allem den älteren Familienmitgliedern gegenüber sollte hier Respekt gezeigt werden. Überflüssig zu sagen, daß man sich auch hier für Speis und Trank bedankt, wenn man das Haus verläßt.

Zu Irritationen führt gelegentlich der Umstand, daß dem Gast hier manchmal im Scherz Dinge als ***Geschenk*** angeboten werden, die das ägyptische Gegenüber keinesfalls tatsächlich verschenken will. Folgende Situation ist ein typisches Beispiel: Ein weiblicher Gast aus Deutschland betritt das Haus einer ägyptischen Familie, schwatzt ein bißchen. Es betritt eine junge Frau den Raum, die ein neues Kleid trägt, das der Deutschen gefällt. Die Deutsche bringt ihre Bewunderung für das Kleid zum Ausdruck, und die junge Frau entgegnet mit einer gebenden Geste: Bitte sehr! *"ta faddali"*. In einer solchen symbolischen Geschenksituation wird vom symbolisch Beschenkten erwartet, daß er oder sie das Geschenk lachend mit "danke!" *(shukran!)* oder "tausend Dank!" *(alfi shukr)* annimmt, dabei aber signalisiert, daß verstanden wurde, daß der Transfer lediglich symbolischer Natur war. Es kann in solchen symbolischen Geschenksituationen auch passieren, daß einem Kinder, Eltern, Tanten und Onkel "geschenkt" werden, weil der Gast zum Ausdruck gebracht hat, daß er sie mag.

Mimik und Gestik

Zur Höflichkeit gehört auch das Beherrschen gewisser Mimik und Gestik. Als erste Regel für höfliches Benehmen gilt, daß beide, Frauen und Männer auf der Straße idealerweise den ***Blick senken.*** Da das beispielsweise im Straßengewühl KAIROS nicht möglich ist, sollte man Mitgliedern des anderen Geschlechts nicht direkt in die Augen schauen, sondern ihre Intimsphäre achten. (Daß dies in der Praxis keinesfalls von allen Ägyptern respektiert wird, wird jeder Besucher ziemlich schnell erfahren, die Norm existiert jedoch trotzdem). Auch gilt eine aufrechte Körperhaltung und ein gemessener Gang sowohl bei Frauen wie auch bei Männern als ideal.

Zu Mißverständnissen mag führen, daß in Ägypten das ***Handzeichen*** für "Habe bitte etwas Geduld" (die Finger und der Daumen der rechten Hand werden kegelförmig zusammengeführt und die Hand dann rhythmisch bewegt) mit der italienischen Beschimpfung "Du Arschloch!" identisch ist. Dies zu wissen, erspart einem unter Umständen eine Menge Ärger.

Ebenfalls irritieren kann es, daß viele Ägypter, wenn sie nicht verstehen, den ***Kopf schütteln.*** Dies ist nicht als Verneinung einer Frage gemeint, sondern signalisiert schlichtes Unverständnis.

Allgemein kann man sagen, daß die Ägypter es lieben, ihre Worte durch Mimik und Gestik zu unterstützen. Vor allem die Hände werden gerne zur Unterstützung der Stimme gebraucht. Der Besucher braucht also nicht mit ausladenden Gesten und bewegter Mimik zu geizen. Als temperamentvoller Mensch ist man hier unter seinesgleichen.

Handeln und Feilschen

Viele Reisende stellen sich Ägypten wie einen riesigen Basar vor. Die zum Teil begründete Angst vor Übervorteilung kann einerseits zu übertriebener Vorsicht, andererseits aber auch zu der Einstellung "Nicht mit mir!" und übertriebenem Kampfgeist in der kommerzielen Arena führen. Mit anderen Worten: Viele Touristen reagieren zu defensiv, andere zu offeniv auf die veränderten Rahmenbedingungen im Sozialen. Beides erleichtert den Alltag des Reisenden nicht gerade.

Zwar gibt es keinen "garantiert fettnäpfchenfreien Weg" durch Ägypten, doch wenn man folgende Hinweise beachtet, kann man einigen Ärger vermeiden. Man sollte grundsätzlich immer ***Kleingeld*** bei sich haben, um kleinere Dienstleistungen und Käufe problemlos bezahlen zu können. Darüber hinaus sollte man wissen, daß es in Ägypten üblich ist, *nicht* zu feilschen. So bezahlt man in Geschäften und Restaurants den Festpreis, Ausnahmen bestehen lediglich im Bereich der Tourismusmärkte und -geschäfte, wo das ***Feilschen*** mit zum Kaufritual gehört (ebenfalls ausgehandelt werden müssen Taxipreise). Es ist Bestandteil des Mythos vom Orient, und die meisten Reisenden erwarten einfach, daß hier mit Inbrunst gefeilscht wird. Viele Reisende feilschen in der Tat leidenschaftlich gerne, denn es ist ein Spiel, bei dem man verschiedene Fähigkeiten unter Beweis stellen kann. Wem es dabei wirklich um den wirtschaftlichen Aspekt geht, der sollte in Ägypten die gleichen Regeln befolgen wie in Deutschland auch. Die wichtigste lautet zweifellos: Vor dem Kauf Preise vergleichen, nicht gleich das erste Produkt, das gefällt, kaufen. Besonders in einem so riesigen postmodernen Nostalgie-Kaufhaus wie dem Kairoer Touristenbasar KHAN EL-KHALILI gilt, daß man erst einmal durch die Gänge schlendert und schaut, um einen Überblick über Preise und Waren zu bekommen. Erst im zweiten Schritt sollte man dann in die Verkaufsverhandlungen eintreten. Auch sollte man nicht vergessen, daß das erfolgreiche Feilschen nicht nur von einem selbst, sondern auch vom Gegenüber und dessen Fähigkeit und Lust zum Feilschen abhängt. Wichtigste Grundregel beim Feilschen: Bloß nicht zu ernst an die Sache herangehen, sondern stets nur zurückhaltendes freundliches Interesse am Produkt signalisieren. Man wird merken, daß das Gegenüber zwischendurch alle möglichen Fragen stellt, um abzulenken, aber auch, um das Vertrauen des Kunden zu gewinnen. Oft trinkt man beim Feilschen Tee und kreist eine halbe Stunde in kommunikativen Spiralen um das Objekt der Begierde. Man sollte den Akt des Verhandelns genießen und das Ganze auf keinen Fall zu eng sehen, denn eines darf man nicht vergessen: Der Händler wird einen für ihn lukrativen Preis niemals unterschreiten, was ja auch ganz verständlich ist. Da die Preisunterschiede, um die gefeilscht wird, häufig nicht wirklich bedeutend sind, sollte man den Ablauf des Feilschens für beide Seiten möglichst angenehm gestalten und sich hinterher als Gewinner fühlen, - das Gegenüber tut's garantiert auch.

Anhang

Lesetips

Hans-Günther Semsek: **Ägypten. Die klassische Nil-Reise,** DuMont Verlag 1993. Kurz, prägnant und doch voller detaillierter Landeskenntnisse präsentiert sich dieses mit Fakten gespickte Buch.

Wil und Siegrid Tondok: **Ägypten individuell,** REISE-KNOW-HOW Verlag Tondoks. Der wohl beste Reiseführer für Individualreisende in Ägypten mit ausführlichen Beschreibungen und Empfehlungen in bezug auf Unterkunft, Verpflegung und Transport. Der Führer wird regelmäßig aktualisiert. In gleicher Qualität und von den gleichen Autoren: ***Kairo, Luxor, Assuan***, REISE KNOW-HOW City-Guide.

Hans Strelocke: **Ägypten und Sinai. Geschichte, Kunst und Kultur im Niltal vom Reich der Pharaonen bis zur Gegenwart,** DuMont 1993. Das in annährend 20 Auflagen erschienene Buch darf als Standardwerk für alle kunstinteressierten Ägyptenreisenden gelten. Es enthält allerdings keine praktischen Reisetips.

Hans-Günther Semsek: **Ägyptisch-Arabisch – Wort für Wort,** REISE KNOW-HOW Verlag Peter Rump GmbH. Der kleine Sprachführer aus der Reihe *"Kauderwelsch"* hilft dem Ägyptenreisenden, alltägliche Situationen besser zu meistern. Da Ägypter es im allgemeinen lieben, wenn Besucher des Landes arabisches Kauderwelsch reden, ist die Anschaffung empfehlenswert.

Alexander Schölch/Helmut Mejcher (Hrsg.): **Die ägyptische Gesellschaft im 20. Jahrhundert,** Deutsches Orient Institut 1992. In verschiedenen Beiträgen werden politische, kulturelle und soziale Aspekte der modernen ägyptischen Gesellschaft behandelt. Die Lektüre lohnt sich für diejenigen, die sich eingehender mit dem Ägypten der Gegenwart beschäftigen wollen.

Erik Hornung: **Einführung in die Ägyptologie,** Wissenschaftliche Buchgesellschft 1993. Eine fundierte Einführung in Stand, Methoden und Aufgaben der wissenschaftlichen Disziplin.

Kristina Bergmann: **Filmkultur und Filmindustrie in Ägypten,** Wissenschaftliche Buchgesellschaft 1993. Das Buch vermittelt einen Überblick über Geschichte, Ökonomie und Stilrichtungen des ägyptischen Films.

Renate Germer: **Das Geheimnis der Mumien,** Rowohlt 1994. Die Autorin untersucht ausführlich Mythos und Realität der Mumifizierungspraktiken des Alten Ägypten.

Alan Gardiner: ***Geschichte des Alten Ägypten,*** Weltbild Verlag 1993. Der dicke Wälzer behandelt detailliert und anschaulich verschiedene Aspekte der altägyptischen Geschichte.

Jehan Sadat: ***Ich bin eine Frau aus Ägypten,*** Scherz Verlag 1989. Die spannende Autobiographie vermittelt im Plauderton "Insider-Informationen" aus der Perspektive der früheren First Lady des Landes.

Mohammed Heikal: ***Das Kairo Dossier,*** Verlag Fritz Molden 1972. Die "Aufzeichnungen aus den Geheimpapieren des Gamal Abdel Nasser" sind aus der Sichtweise des prominenten Journalisten und Nasserfreundes Heikal verfaßt und dokumentieren lebendig die Epoche des Arabischen Sozialismus.

Christiane Strauss-Seeber: DuMonts ***Lexikon der Ägyptischen Götterwelt,*** DuMont Verlag 1994. Ein griffiges Handbuch mit zahlreichen Zeichnungen.

E.W. Lane: ***Manners and Customs of the Modern Egyptians,*** East-West Publications 1978 (in englischer Sprache). Im klassisch ethnografischen Stil beschreibt Lane das Leben der urbanen Ägypter des 19. Jahrhunderts.

Hoffmann & Campe 1993. ***Merian Ägypten.*** Ein interessanter farbiger Überblick über Land und Leute.

Rifa'a al-Tahtawi: ***Ein Muslim entdeckt Europa,*** Verlag C.H. Beck 1988. Den Kulturschock eines Ägypters, der im 19. Jahrhundert Frankreich besucht, beschreibt die vorliegende lebendige und äußerst anschauliche Schilderung.

Gabriele Braune: ***Umm Kultum: ein Zeitalter der Musik in Ägypten,*** Peter Lang Verlag 1994. Die Autorin beschreibt die Karriere der Sängerin Umm Kultum, die während der Nasserära die bedeutendste weibliche Persönlichkeit in Ägypten darstellte. Es ist ebenso Biografie wie Zeitportrait.

Des weiteren seien dem Ägypten-Interessierten auch die zahlreichen Erzählungen des Autors und Nobelpreisträgers des Jahres 1988 Nagib Mahfuz empfohlen. Die prominentesten seiner Werke sind ***"Die Midaq-Gasse", "Der Dieb und die Hunde"*** und ***"Miramar".*** Ebenfalls empfehlenswert sind die Erzählungen von Taha Hussein, Fathi Ghanem, Yussuf Sharuni und Tayib Salih.

Reise Know-How

Reise Know-How Bücher werden von Autoren geschrieben, die Freude am Reisen haben und viel persönliche Erfahrung einbringen. Sie helfen dem Leser, die eigene Reise bewußt zu gestalten und zu genießen. Wichtig ist uns, daß der Inhalt nicht nur im reisepraktischen Teil „Hand und Fuß“ hat, sondern daß er in angemessener Weise auf Land und Leute eingeht. Die Reihe **Reise Know-How** soll dazu beitragen, Menschen anderer Kulturkreise näherzukommen, ihre Eigenarten und ihre Probleme besser zu verstehen. Wir achten darauf, daß jeder einzelne Band gemeinsam gesetzten Qualitätsmerkmalen entspricht. Um in einer Welt rascher Veränderungen laufend aktualisieren zu können, drucken wir bewußt kleine Auflagen.

SACHBÜCHER:

Die Sachbücher vermitteln KNOW-HOW rund ums Reisen: Wie bereite ich eine Motorrad- oder Fahrradtour vor? Welche goldenen Regeln helfen mir, unterwegs gesund zu bleiben? Wie komme ich zu besseren Reisefotos? Wie sollte eine Sahara-Tour vorbereitet werden? In der Sachbuchreihe von **Reise Know-How** geben erfahrene Vielreiser Antworten auf diese Fragen und helfen mit praktischen, auch für Laien verständlichen Anleitungen bei der Reiseplanung.

Welt

Abent. Weltumradlung (Rad & Bike)
DM 28,80 ISBN 3-929920-19-0
Achtung Touristen
DM 16,80 ISBN 3-922376-32-0
Äqua-Tour (Rad & Bike)
DM 28,80 ISBN 3-929920-12-3
Auto(fern)reisen
DM 34,80 ISBN 3-921497-17-5
Die Welt im Sucher
DM 24,80 ISBN 3-9800975-2-8
Fahrrad-Weltführer
DM 44,80 ISBN 3-9800975-8-7
Motorradreisen
DM 34,80 ISBN 3-921497-20-5
Um-Welt-Reise (Reise Story)
DM 22,80 ISBN 3-9800975-4-4
Wo es keinen Arzt gibt
DM 26,80 ISBN 3-89416-035-7

REISE STORY:

Reise-Erlebnisse für nachdenkliche Genießer bringen die Berichte der **Reise Know-How Reise Story**. Sensibel und spannend führen sie durch die fremden Kulturbereiche und bieten zugleich Sachinformationen. Sie sind eine Hilfe bei der Reiseplanung und ein Lesevergnügen für jeden Fernwehgeplagten.

STADTFÜHRER:

Die Bücher der Reihe **Reise Know-How City** führen in bewährter Qualität durch die Metropolen der Welt. Neben den ausführlichen praktischen Informationen über Hotels, Restaurants, Shopping und Kneipen findet der Leser auch alles Wissenswerte über Sehenswürdigkeiten, Kultur und „Subkultur“ sowie Adressen und Termine, die besonders für Geschäftsreisende wichtig sind.

Europa

Amsterdam
DM 26,80 ISBN 3-89416-231-7
Baltikum - Estl./Lettl./Litauen
DM 39,80 ISBN 3-89416-196-5
Bretagne
DM 39,80 ISBN 3-89416-175-2
Budapest
DM 26,80 ISBN 3-89416-212-0
Bulgarien
DM 39,80 ISBN 3-89416-220-1
England, der Süden
DM 36,80 ISBN 3-89416-224-4
Estland
DM 26,80 ISBN 3-89416-215-5
Gran Canaria
DM 36,80 ISBN 3-89662-152-1
Großbritannien
DM 39,80 ISBN 3-89416-617-7
Hollands Nordseeinseln
DM 24,80 ISBN 3-89416-619-3
Irland-Handbuch
DM 36,80 ISBN 3-89416-194-9
Island
DM 39,80 ISBN 3-89662-03-5
Lettland
DM 26,80 ISBN 3-89416-216-3
Litauen mit Kaliningrad
DM 29,80 ISBN 3-89416-169-8
London
DM 26,80 ISBN 3-89416-199-x
Madrid
DM 26,80 ISBN 3-89416-201-5
Mallorca
DM 34,80 ISBN 3-927554-29-4
Mallorca für Eltern und Kinder
DM 24,80 ISBN 3-927554-15-4
Oxford
DM 26,80 ISBN 3-89416-211-2
Paris
DM 26,80 ISBN 3-89416-200-7
Polen: Ostseeküste/Masuren
DM 36,80 ISBN 3-89416-613-4
Prag
DM 26,80 ISBN 3-89416-204-X
Provence
DM 36,80 ISBN 3-89416-609-6
Pyrenäen
DM 36,80 ISBN 3-89416-610-X
Rom
DM 26,80 ISBN 3-89416-203-1
Schottland-Handbuch
DM 39,80 ISBN 3-89416-621-5

Europa

Skandinavien - der Norden
DM 36,80 ISBN 3-89416-19
Südtirol/Dolomiten
DM 36,80 ISBN 3-89416-61
Tschechien
DM 36,80 ISBN 3-89416-60
Ungarn
DM 32,80 ISBN 3-89416-18
Warschau/Krakau
DM 26,80 ISBN 3-89416-20
Wien
DM 26,80 ISBN 3-89416-21

Deutschland

Berlin mit Potsdam
DM 26,80 ISBN 3-89416-22
Frankfurt/Main
DM 24,80 ISBN 3-89416-207
Kärnten und Osttirol
DM 26,80 ISBN3-89662-10
Mecklenburg/Vorp. Binnenland
DM 19,80 ISBN 3-89416-615
München
DM 24,80 ISBN 3-89416-208
Nordfriesische Inseln
DM 19,80 ISBN 3-89416-601
Nordseeinseln
DM 29,80 ISBN 3-89416-197
Nordseeküste Niedersachsens
DM 24,80 ISBN 3-89416-603
Ostdeutschland individuell
DM 32,80 ISBN 3-921838-12
Ostfriesische Inseln
DM 19,80 ISBN 3-89416-602
Ostharz mit Kyffhäuser
DM 19,80 ISBN 3-89416-228
Oberlausitz/Zittauer Gebirge
DM 24,80 ISBN 3-89416-165
Ostseeküste/Mecklenburg-Vorpom
DM 19,80 ISBN 3-89416-184-
Wasserwandern Mecklenb./Brand
DM 24,80 ISBN 3-89416-221-
Rügen/Usedom
DM 19,80 ISBN 3-89416-190-
Freistaat Sachsen
DM 26,80 ISBN 3-89416-177-
Schwarzwald
DM 24,80 ISBN 3-89416-611-
Land Thüringen
DM 24,80 ISBN 3-89416-189-
Westharz mit Brocken
DM 19,80 ISBN 3-89416-227-

Afrika

anische Reise
Story)
26,80 ISBN 3-921497-91-4
abenteuer Afrika
& Bike)
28,80 ISBN 3-929920-15-8
h Afrika
56,80 ISBN 3-921497-11-6
ten individuell
36,80 ISBN 3-921838-10-x
ihrer Ägypten: Kairo
32,00 ISBN 3-921838-91-6
ihrer Ägypten: Luxor, Theben
29,80 ISBN 3-921838-90-8
ir, Marrakech
der Süden Marokkos
32,80 ISBN 3-89662-072-x
, Luxor, Assuan
29,80 ISBN 3-89662-460-1
erun
39,80 ISBN 3-921497-32-9
en
39,80 ISBN 3-921497-05-1
agaskar, Seychellen,
ritius, Réunion, Komoren
39,80 ISBN 3-921497-62-0
okko
44,80 ISBN 3-921497-81-7
ibia
39,80 ISBN 3-89662-320-9
ria – hinter den Kulissen
Story)
26,80 ISBN 3-921497-30-2
sien
44,80 ISBN 3-921497-74-4
siens Ferienzentren
29,80 ISBN 3-921497-76-0
afrika
49,80 ISBN 3-921497-02-7
Wolken der Wüste
Story)
24,80 ISBN 3-89416-150-7
babwe
39,80 ISBN 3-921497-26-4

Asien

Bali & Lombok mit Java
DM 39,80 ISBN 3-89416-604-5
Bali: Ein Paradies wird erfunden
DM 29.80 ISBN 3-89416-618-5
Bangkok
DM 26,80 ISBN 3-89416-205-8
China Manual
DM 44,80 ISBN 3-89416-167-1
China, der Norden
DM 39,80 ISBN 3-89416-229-5
Indien, der Norden
DM 44,80 ISBN 3-89416-223-6
Reisen mit Kindern in Indonesien
DM 26,80 ISBN 3-922376-95-9
Israel/Jordanien
DM 39,80 ISBN 3-89662-450-4
Jemen
DM 39,80 ISBN 3-921497-09-4
Kambodscha
DM 29,80 ISBN 3-89416-219-8
Komodo/Flores/Sumbawa
DM 36,80 ISBN 3-89416-060-8
Ladakh und Zanskar
DM 36,80 ISBN 3-89416-176-0
Laos
DM 29,80 ISBN 3-89416-218-x
Malaysia & Singapur mit Sabah & Sarawak
DM 39,80 ISBN 3-89416-178-7
Myanmar (Burma)
DM 36,80 ISBN 3-89662-600-0
Nepal-Handbuch
DM 36,80 ISBN 3-89416-193-0
Oman
DM 39,80 ISBN 3-89662-100-9
Phuket (Thailand)
DM 29,80 ISBN 3-89416-182-5
Rajasthan
DM 36,80 ISBN 3-89416-616-9
Saigon und der Süden Vietnams
DM 32,80 ISBN 3-389416-607-X
Singapur
DM 26,80 ISBN 3-89416-210-4
Sri Lanka
DM 39,80 ISBN 3-89416-170-1
Sulawesi (Celebes)
DM 36,00 ISBN 3-89416-172-8
Taiwan
DM 39,80 ISBN 3-89416-614-2
Thailand Handbuch
DM 39,80 ISBN 3-89416-625-8

Asien

Thailand: Küsten und Strände
DM 29,80 ISBN 3-89416-622-3
Tokyo
DM 36,80 ISBN 3-89416-206-6
Vereinigte Arabische Emirate
DM 39,80 ISBN 3-89662-022-3
Vietnam-Handbuch
DM 39,80 ISBN 3-89416-620-7

Ozeanien

Neuseeland Campingführer
DM 24,80 ISBN 3-921497-92-2
Neuseeland (Reise Story)
DM 24,80 ISBN 3-921497-15-9
Bikebuch Neuseeland
(Rad & Bike)
DM 39,80 ISBN 3-929920-16-6

Rad & Bike:
Reise Know-How Rad & Bike sind Radführer von lohnenswerten Reiseländern bzw. Radreise-Stories von außergewöhnlichen Radtouren durch außereuropäische Länder und Kontinente. Die Autoren sind entweder bekannte Biketouren-Profis oder „Newcomer", die mit ihrem Bike in kaum bekannte Länder und Regionen vorstießen. Wer immer eine Fern-Biketour plant – oder nur davon träumt – kommt an unseren Rad & Bike-Bänden nicht vorbei!

Amerika

Atlanta & New Orleans
DM 28,80 ISBN 3-89416-230-9
Durch den Westen der USA
DM 39,80 ISBN 3-927554-20-0
USA mit Flugzeug und Mietwagen
DM 39,80 ISBN 3-89662-150-5
Amerika von unten (Reise Story)
DM 22,80 ISBN 3-9800975-5-2
„Und jetzt fehlt nur noch John Wayne..." (Reise Story)
DM 22,80 ISBN 3-927554-18-9
USA/Canada (Rad & Bike)
DM 46,80 ISBN 3-929920 17-4
USA/Canada
DM 44,80 ISBN 3-927554-19-7
Als Gastschüler in den USA
DM 24,80 ISBN 3-927554-27-8
Canada Ost/USA NO
DM 39,80 ISBN 3-89662-151-3
Durch Canadas Westen m. Alaska
DM 39,80 ISBN 3-927554-03-0
Hawaii
DM 36,80 ISBN 3-89416-860-9
Argentinien/Urug./Parag.
DM 44,80 ISBN 3-921497-51-8
Costa Rica
DM 36,80 ISBN 3-89416-166-3
Ecuador/Galapagos
DM 39,80 ISBN 3-921497-55-8
Guatemala
DM 36,80 ISBN 3-89416-214-7
Spuren der Maya
DM 32,80 ISBN 3-89416-623-1
Honduras
DM 36,80 ISBN 3-89416-608-8
Mexiko
DM 36,80 ISBN 3-9800975-6-0
Panama
DM 36,80 ISBN 3-89416-225-2
Peru/Bolivien
DM 36,80 ISBN 3-3929920-20-4
Radabenteuer Panamericana
(Rad & Bike)
DM 28,80 ISBN 3-929920-13-1
Traumstraße Panamerikana
(Reise Story)
DM 24,00 ISBN 3-9800975-3-6
Trinidad & Tobago
Barbados, St. Lucia, Grenada, St. Vincent & die Grenadinen
DM 36,80 ISBN 3-89416-174-4
Venezuela
DM 39,80 ISBN 3-921497-40-X

Glossar

abu banat	Vater von Töchtern
'afwan	danke
Ahram	wörtlich: *Pyramiden,* bezeichnet auch die bedeutendste Tageszeitung Ägyptens
aila	Familie
awlad el-balad	wörtlich: *die Kinder des Landes*, bezeichnet einen traditionellen städtischen Lebensstil
bakschisch	Trinkgeld, Bestechungsgeld
baladi	wörtlich: *ländlich*, bezeichnet die traditionelle städtische Kultur
baraka	Segen Allahs
bawab	Türsteher bzw. Mädchen für alles in den größeren Wohnhäusern. Traditionell sind viele Bawabs Nubier oder Oberägypter
burqa	traditionelle Verschleierung der ägyptischen Frauen
dschihad	der Heilige Krieg und der Weg eines Muslims zur Frömmigkeit
dschinn	Geist
'eisch	Brot
fa's	traditionelle Hacke
fellahin	Bauern, Dörfler (Plural)
fez	traditionelle Kopfbedeckung der beys, d.h. der Osmanen in Ägypten, findet sich heute noch auf Touristenbasaren
ful	Brei aus braunen Bohnen mit Öl und Limonensaft, eine der ägyptischen Nationalspeisen
galabiyya	langes hemdartiges Gewand, das sowohl von Männern als auch von Frauen getragen wird
gama islamiya	bezeichnet islamische Gruppierungen, die zum Teil mit militanten Mitteln für einen islamischen Staat kämpfen
gamusa	Kuh
Gineh	ägyptisches Pfund, gängige Währung
hadith	die mündlichen Überlieferungen über das Leben des Propheten Mohammed
hadsch	die Pilgerfahrt nach Mekka, die jeder Muslim wenigstens einmal in seinem Leben vollziehen soll
hallal	nach religiösem Recht erlaubt
hammam	Badezimmer, Toilette, aber auch Badehaus
hara	Gasse, Nachbarschaftsbezirk
haram	religiös verboten

hidschra	Flucht der muslimischen Urgemeinde von Mekka nach Medina im Jahr 622; später auch Beginn der islamischen Zeitrechnung
higab	islamische Kopfbedeckung, die von einer wachsenden Zahl von Ägypterinnen getragen wird
hodd	Becken zum Auffangen von Nilwasser
'ibadat	islamische Pflichtenlehre
ibn el-balad	wörtlich: Sohn des Landes; bezeichnet einen traditionell orientierten Städter
ikhwan el-Muslimin	Muslimbrüder
infitah	wörtlich: *Öffnung,* bezeichnet auch die Politik der wirtschaftlichen Liberalisierung
kebab	Fleischspieß
khedive	Perisch-türkischer Adelstitel, den die Herrscher der Dynastie *Mohammed Alis* trugen. Nachdem bereits *Mohammed Ali* und sein Sohn diesen Titel inoffiziell benutzt hatten, wurde er 1867 offiziell durch *Ismail* erworben, der hierfür einen hohen Geldbetrag an den ottomanischen Sultan *Adel Aziz* entrichtete.
khimar	islamische Kopfbedeckung, welche an die einer Nonne erinnert
khodr	Grüne Partei Ägyptens
kufiyya	traditionelle Kopfbedeckung der Männer (um den Kopf gewickeltes Tuch)
madrasa	Schule, auch islamische Schule
mahr	Brautpreis
mawlid	Geburt, Geburtsfest
mawlid el-nabi	Geburtstag des Propheten, hoher islamischer Feiertag
mihrat	traditioneller Holzpflug
miliyya	traditionelles Frauenkleid
misr	Ägypten auf arabisch, wird auch zur Bezeichnung Kairos gebraucht
mu'allim	Meister, jemand, der etwas zu sagen hat
musalsal	Fernsehserie, Seifenoper
niqab	islamische Gesichtsschleier
nuriyya	taditionelles Wasserrad
Qahira	wörtlich: Siegreiche, Kairo
Qur'an	der Koran: Gottes Offenbarung, Heilige Schrift der Muslime
Ramadan	heiliger islamischer Monat, an dem die Mehrzahl der Muslime tagsüber fastet
Ramesseum	Totentempel von König *Ramses II.*
Saiyids, Scherifen	Nachfahren des Propheten

salamu aleykum	wörtlich: *Friede sei mit dir*, offizielle Grußformel
salat	das Pflichtgebet, das fünfmal am Tag zu entrichten ist
saum	das Fasten im Monat Ramadan
schabka	Goldschmuck, den der Bräutigam der Braut zur Hochzeit schenkt
schaduf	traditioneller Schöpfbrunnen
schahada	das islamische Glaubensbekenntnis
schai	Tee
scharia	Weg, Straße, auch islamisches Recht
Scheich	religiöser Würdenträger
scherbet	traditionelles, süßes Getränk
schischa	Wasserpfeife
shukran	danke
sunna	vorbildliches Handeln des Propheten Muhammed
suq	Markt
ta'amiyya	Sesampaste, wird in Ägypten häufig mit Brot gegessen
tanbur	die "archimedische Schraube", traditioneller Brunnen
'umal tarahil	Wanderarbeiter (plural)
um banat	Mutter von Töchtern
wafd	wörtlich: *Delegation,* bezeichnet eine einflußreiche, liberal orientierte Partei Ägyptens
zabalin	Müllsammler, die auf Eselskarren die Abfälle von den Häusern abholen und ihn anschließend sortieren
zahma	Verkehrsstau
zakat	die islamische Armensteuer

Der islamische Kalender

Der europäische Kalender richtet sich nach der Erde, die um die Sonne wandert. Der arabische Kalender richtet sich nach dem Mond, der die Erde umkreist. Aus diesem Grunde wandern die Daten für Festtage rückwärts durch unsere Zeitrechnung. Alle Daten verschieben sich jährlich um etwa 11 Tage nach vorne. Auch die Jahreszahl unterscheidet sich von unserer, momentan (Mitte 1996) schreiben Moslems das Jahr 1417.

Termine der wichtigsten Feiertage

(leichte Verschiebungen sind aus astronomischen Gründen möglich)

Jahr des Heschra	***Geburtstag d. Propheten***	***Beginn des Ramadan***	***Ende des Ramadan***	***Opferfest***
1416	09.08.95	21.01.96	19.02.96	29.04.96
1417	28.07.96	10.01.97	08.02.97	18.04.97
1418	17.07.97	30.12.97	25.01.98	07.04.98
1419	06.07.98	19.12.98	14.01.99	27.04.99

Notizen

Notizen

Die Autorinnen

Dörte Jödicke, geboren 1962, ist Diplom-Soziologin und verbrachte erstmals 1987 sechs Monate in Ägypten, um Land und Leute zu studieren. Ihr Interesse galt dem gesellschaftlichen Wandel, insbesondere in bezug auf die Situation der ägyptischen Frauen. Bei wiederholten Aufenthalten in Kairo hatte sie die Möglichkeit, Menschen der unterschiedlichen sozialen Schichten kennenzulernen und schätzt sich glücklich, dauerhafte Freundschaften "von Gamaliyya bis Heliopolis" geschlossen zu haben.

Bettina Mann, geboren 1962, ist Soziologin. Im Rahmen von Studien- und Forschungsaufenthalten beschäftigte sie sich mit unterschiedlichen Aspekten der ägyptschen Alltagskultur. Im Zentrum ihres letzten Forschungsaufenthaltes stand eine Untersuchung zur ägyptischen Eßkultur, die ihr auch jenseits von Restaurants und Straßenimbissen praktische Einblicke in die ägyptische Küche erlaubten.

Karin Werner, Jahrgang 1960, studierte Entwicklungssoziologie und kam 1981 das erste Mal nach Ägypten, um dort im Rahmen ihrer Ausbildung zu forschen. Nach etlichen weiteren längeren Aufenthalten im Land und einer Diplomarbeit über weibliche Überlebensstrategien im Kairoer Stadtviertel el-Gamaliyya begann sie nach einer mehrjährigen Tätigeit in einem Softwarehaus 1992 mit ihrer Dissertation über islamische Fundamentalisten in Ägypten. Im Rahmen dieses Vorhabens verbrachte sie ca. ein Jahr im Land am Nil. Nach Abschluß des Dissertationsvorhabens begann sie mit dem Verfassen ihrer Habilitation, die sich ebenfalls mit Veränderungen in der ägyptischen Gesellschaft befaßt.